JN058314

土地支配の系譜

濱本　満

東京図書出版

目　次

1 はじめに

　門外の不動産鑑定士にとって、土地支配の系譜というテーマは、歴史的・法的・政治的・経済的範疇にあることから、能力の限界を超えており、挑戦しようと考えるだけでもおこがましいことで、無知・認識・見解の違いから、かなりの批判に晒されそうである。尤も、批判してくれる人がいれば光栄で、ありがたいことであるが、大方無視されることとなろう。しかし、挑戦しなければならない。

　以下、フィクションであるが、小生の友人であるペマ一家の話をしよう。

　ペマ一家の住むチベットの高地には、岩塩が無尽蔵にあり、岩塩を切り出すことが容易である。しかし、人間も家畜も塩だけでは生きてゆけない。そこで、ペマ一家は、家族と家畜を養うに足る分を除いて、他の生活物資と交換するため数十日をかけ、塩を運んで生計を立ててきた。一方、低地では、塩は貴重である。塩なくしては家族も家畜も生きてゆけない。しかし、塩はないが、トウモロコシは取れる。そこで、その地域に住む人々は、家族と家畜を養う分を除いて、他の生活物資と交換するため数十日をかけ、トウモロコシを運んで生計を立ててきた。高地と低地との中間地帯に自然発生的にバザールができる。これ即ちマーケット（市場）である。かつて、塩とトウモロコシは物々交換されていたが、今や、信用（貨幣）で取引される。貨幣ならなんでも良い。他の物と交換できるなら、ルピーでも円でも、特にドルは汎用性が高く好評である。要は信用さえあれば塩やトウモロコシ以外のものでも手に入れることができる。トウモロコシの豊作が続けば在庫が放出され、相対的に塩は高く売れ、余剰が増える。余剰が増えれば、衣服やチョコレートも持って帰れる。更に余剰があれば、飾りや電卓等ぜいたく品も持って帰れる。始末すれば、来年のため蓄えておくこともできる。

　やがて、ペマ一家の蓄えは大きくなり、ある時、こんなものがあるのかと感心して見ていた岩塩の切り出し機械がバザールで売られていた。人手で切り出す岩塩にも限界があることから、この機械を使えば、大

量の岩塩を切り出すことができる。確かに機械を使うにも人手がかかるが、村人達に労賃（蓄えた貨幣）を払って切り出し、運べば、各地のバザールで大量の岩塩を売ることができる。そこで、不安もあったが、期待もあって、ペマは、蓄えをはたいてこの機械を買うことにした。この期待は、みごとに当たり、蓄えは期待以上に増え、更に機械を買い増しした。しかし、笑ってばかりはいられない。機械が増えても人手が足りないのである。それに、どうも村人達は、労賃に不満があるみたいである。不作によりトウモロコシの値段が上がり、これでは生計が立てられないということがその理由であるらしい。労賃を上げてもらえねば、この仕事をやめたいという。ただでさえ人手不足に加え、更に人手を失うと、増やした機械が無駄になる。そこでやむなく、ペマは、労賃を上げることにした。トウモロコシの値段が上がり、相対的に塩の値段が下がっているのに、労賃を上げたその結果、蓄えはたちまち底をつき、ペマ一家の生計は立ち行かなくなり、もとの生活に戻る結末となった。ペマは、後悔している。なぜ、機械を買い増ししたのであろうか？　なぜ、村人達も仕事を無くし、困ることになるのであろうから、話し合いができなかったのであろうか？　これが経済社会の宿命というのであろうか。

　岩塩は無尽蔵にあって、それを切り出せば、それはペマの所有するところとなり、その所有物の一部は自家消費し、残りは、他の財貨と交換する場さえあれば、商品として、自由に処分することができた。村人達も労賃さえ頂ければ、切り出した岩塩はペマのものだと思っており、横流ししたり、盗んだりすることは罪なこととして、大切に扱ってきた。

　しかし、「切り出される前の岩塩は、俺のものだから返せ、もし返さなければ盗んだことになり罰を受ける。さもなくば、この土地を買い取るか、使用料を毎年支払え」という村があるらしい。いったい俺とは何者であろうか？　俺のものとはどういうことであろうか？　ペマは知らなかった。聞くところによれば、俺とは、村であったり、登録証とかいう紙切れを持った人であったりするらしい。俺のものとは、その場所に権利があるということらしい。その場所に権利があるとは、その人や村全体で利用・処分したりできることで、そんな人や権利があるとは考えてもみなかった。俺と称する人は、国王から利用・処分をまかされた人

4

らしい。中には、国王から利用・処分する権利を買い取った人もいるらしい。岩塩を産する場所は、かつて湖があったところで、今は干上がった荒地となっている。時々野生の鹿や馬が現れるほか、牧羊が草を食み、一面茫々たる自然が続いている。昔から、水や空気と同じような天地と考えられてきた。こんな場所に労を費やして切り出した岩塩と同じ価値の権利があるなんて信じられない。

　土地を所有する権利がある？　そういえば、村の場所の一角に、ペマは自宅を構え、一家で暮らしている。村人達は、そこをペマ一家の場所として暗黙のうちに了解している。その場所はペマ一家のものであることを証明する書類などみたこともないが、自由自在に利用する権利があると信じ、日々土手や壁の改修に努めて暮らしてきた。しかし、なにもしない人に土地を所有する権利があるのか？　ペマは、この疑問を村の長老に尋ねてみた。

　長老は、「なあ、ペマよ！　お前さんは切り出した岩塩をバザールで売り大儲けしたろうが、その時、岩塩はバザールで売るまでお前のもので、バザールでは立派な商品になり、大儲けした。つまり、岩塩は売る前までお前に所有する権利があったのだ。家で使うことも自由、売ることも自由、人に恵むことも自由、捨て去ることも自由であった。尤も、捨て去ることは神の罰を受けるはめになるだろうが、ともかく、岩塩を誰からもとやかくいわれず支配し、処分・使用することが自由であった。家で使うことによって生命を得、バザールで売ることによってトウモロコシと貨幣を得、人に恵むことによって徳を得、捨て去ることによって神の罰を得る。なぜなら、神から授かったものだからじゃ。この権利のことを所有権といって、古来、神聖不可侵のものとしている。つまり、神の掟に逆らうことあたわずということだ。この権利は、岩塩だけでなく、お前の生命・精神・身体・財産など、お前の正当な行為により得た全てのものに及んでいる。これは、洋の東西、神の如何を問わず、自然の理法として、天地を統べている。尤も、この自然の理法に人間が気付くまで多くの時間と生命の浪費があり、また、人間の規律（法）として整備するにあたり、地域や社会的経済状況により、その解釈と適用は異なるがなあ。

ところで、お前の質問であるが、岩塩だけでなく、昔から色々な物（商品）がバザールで交換されてきた。その時、その財貨が盗品など売主の物でなければ、買主は困るであろう。聞いた話であるが、所有権の不可侵性と取引の安全性を侵害されないため、様々な対抗措置が付与され、こうした持ち運び可能な商品（動産と称されている）の所有権は、物を全面的に支配する権利（物権と称しておる）が認められているとのことじゃ。しかし、土地については遅くまで認められていなかった。というより、認めることができない状態にあったのじゃ。最初、部族・家族等の団体に認められた場合が多く、また個人に認められた場合にも、その内容は種々の社会的統制に服しており、誰の権利に属するものか判然としなかったからじゃ。つまり、領域を支配する複数の権力・権利があって、そこに属する土地に、二重三重に所有権らしきものが重なり合っていたとも聞いている。こんな状態にあったので、まず、土地の権利関係を整理する必要があり、複雑な権利関係にある土地に所有権を認める作業が遅くなってしまったらしい。しかし、時代は、土地に所有権を認めることを必要としたのじゃ。それは、権利が重なり合うことによって起こる紛争をなくし、国家の基盤を安定させ、財源を確保するためであり、事業家が安心して投資し、事業を行うためである。お前の場合、岩塩切り出し場所が無主の地であったが、岩塩切り出し場所の権利者が複数いる場合、誰が本当の権利者かはっきりしなければ、権利者の了解を受けて岩塩の切り出しはできず、ましてや岩塩切り出し機械を設置することもできない。突然、権利者（土地の支配者と称する者）が現れて、岩塩の盗人扱いされ、切り出した岩塩を根こそぎ没収されることとなる。折角苦労して蓄えた財産を岩塩切り出し機械に投資することができなくなる。お前は、蓄財と事業意欲により、一端の事業家になり投資家になったが、資本を投資するのに不可測な危険がある場合、安心して事業を続けることができないであろう。国境も定かでない僻遠の高地にある我が村の場合と違い、他の村は、ある国に属していて、国王がいて、権力者がいて、村人の知らない世界で土地の権利者が決められ、その権利者が突然やってきて、腕力にまかせ、"俺のものだから返せ、さもなければ、土地を買い取るか、税金や使用料を毎年支払え"というこ

とになったのであろう。こんな話、土地の権利関係がはっきりするまではよくあることだ。

　ペマよ、よかったな。我が村には、土地の支配者などいないし、自然を利用するのに村人達は異議を唱えず、自由自在に生きてゆける。しかし、やがて我が村にも他の村のような出来事がおこるかもしれない。その時はその時じゃ。それにつけても、ペマのような事業家が育つ環境が我が村にないのは残念じゃ」というなり、長老はこくりこくりと居眠りを始めた。

　長老の長話を聞いても、ペマはよく分からなかった。土地の所有権について、まだ釈然としなかったからである。神聖不可侵といわれた所有権、そしてその属性、即ち、処分・使用・収益の自由が、岩塩の場合にはよく分かるが、土地の場合にはよく分からず、ましてや、岩塩の所有権と異なり、なぜ、土地の所有権は遅くまで認められなかったのか、なぜ、岩塩は公認する必要がないのに、土地は公認される必要があるのか、所有権が公認されれば、なぜ、突然、変な人がやってくるのか、もう少し詳しく知りたいと思った。ペマから詳しく教えてくれと頼まれたが、小生とて全く分からず、ペマと同じように無知な小生と二人で、学者先生の説明を聞きながら考えてみることとした。

2　土地所有権への道

　ペマの知らない世界には、多くの人が住み、支配権力を巡って争いが
絶えなかった。支配権力が統一され、国らしくなり、やがて、安定・固
定化して、古い支配権力による所有権の属性に対する制限が発展の枷と
なり、時代に合わなくなっていた。フランスでは、1789年革命が起こ
り、王朝を倒し、それまで土地に緊縛されていた人々は解放され（分割
地農民、以後ナポレオンの支持基盤となる）、土地の領有を廃し、共和
制となった。しかし、古い体制（アンシャン・レジーム）が変わり、新
しい体制に移行するには産みの苦しみを伴い、多くの命が失われた。混
迷する体制に終止符を打ったのは、武力を背景とするナポレオンであっ
た。武力といっても、ナポレオンの武力は国民軍であり、古い体制での
武力（常備軍・傭兵）と異なっていた。ナポレオンは、所有・平等・自
由を眼目とする憲法を制定し、国民の支持を得、カリスマ性を発揮して
皇帝にまで上りつめた。ナポレオンは、革命の限定相続人として、国民
軍を指揮し、ドイツ・オーストリア、イタリア、ロシア方面に進出し
て、旧体制の打破に努め、特に、ドイツの領邦国家（約300からなる領
主を戴く封建国家）の解体を促し、旧体制に楔を打ち込んだ。しかし、
ナポレオンのカリスマ性は、戦勝を前提としており、兵站を伸ばしすぎ
たロシアからの撤退、独裁と革命に危機を抱いたイギリス・プロシャと
の戦いに敗北して、国民の支持を失い終焉した。独裁により、国民を欺
き多くの生命を犠牲にして、国を私物化した罪は深いが、旧体制に楔を
打ち込み、弱体化させた功績は大きく、功罪相半ばすというところであ
ろう。ところで、分割地農民（独立自営農民）のことであるが、封建的
土地所有が解体され、近代的土地所有に至る通過点として生み出された
ものなので、少し、学問的になり、堅苦しくなるが、学者先生による詳
しい説明を聞いてみよう。

　　　分割地農民 Parzellenbauer または分割地的土地所有は、地代

論的（経済的）範疇としては次のように規定される。以下、
（　）内小生挿入。

「農民はこの場合には、同時に、彼の土地（彼の主要生産用具
として、また彼の労働と資本のための不可欠な充用場面として
現れる土地）の自由な所有者である。この形態では何等の借地
料も支払われず、従って地代は剰余価値の分立した形態として
は現われない。」

　即ち、この土地所有形態のメルクマール（目印）の第一は、
直接生産者たる農民が彼の土地の自由な所有者たることであ
り、第二に地代支払義務から解放されていることである。これ
を経営様式に即してみるならば、自営農民の小経営であること
は明らかである。……労働者（生産者）が自分の生産手段を私
有することは小経営の基礎であり、社会的生産の、労働者自身
の自由なる個性の発展のための一つの必要条件である。……同
時にそれ自身のうちに一定の限界を内包している。すなわち、
分割地的土地所有が小経営ゆえに土地その他の生産手段が個人
的に分散されており、生産諸手段の社会的集積を排除してい
る。従って、協業や分業、大規模な牧畜（規模メリット）、科
学の累進的応用等々、要するに社会的生産力のより以上の発展
が排除されているのである。

　だから、それは生産力の発展とともに、その内部から自らを
解体せしめる物質的諸条件を生み出しつつ、自己否定されるべ
き運命を担っているのである。

　その意味で、分割地土地所有は、かかる二面的性格を包蔵し
ながら、労働の社会的生産力発展のためのすぐれて経過的な
「通過点」なのである。

　上記のような矛盾に満ちた性格を体現しながら、歴史上に現
われた分割地農民（歴史的範疇としては独立自営農民）こそ、
近世西ヨーロッパの農民、たとえばイギリスのヨーマン、フラ
ンスや西ドイツのナポレオンによって解放された農民等にほか
ならない。

以上、『西洋経済史講座IV』頁275　船山栄一「分割地農民・小農地代及び資本制地代」から。

　イギリスとフランスでは、分割地農民の形成は、異なっている。フランスでは、革命により生み出されたが、イギリスでは、運動法則的に、体制内で変容し生み出されていた。イギリスでは、薔薇戦争（1455～1485年）により国内貴族は二派（ヨーク家、ランカスター家）に分かれて戦い、その結果、ランカスター派のヘンリー＝チューダーが大勝を得て、ヘンリー7世によりチューダー王朝が築かれた。この戦争は、貴族間の私闘であり、共倒れとなって、領邦国家としての体を為さず、ヘンリー8世により絶対王制が確立された。既にこの時点で封建領主は解体されたと考えられている。当初ルターを批判しカトリックを擁護していたヘンリー8世は、離婚問題と教皇への不信感から、宗教改革（1534年）を断行し、当時全土の3分の1を占めていた修道院を解散（1536～1539年）し、王領に組み込んだ。しかし、王領として維持するだけの力はなく、結局民間へ転売、払い下げが行われ、商工業者・自営民による議会勢力が台頭した。

　イギリスでは二度の「囲い込み、即ちエンクロージャー」が行われている。一度目は、15世紀末から17世紀半ば、それまで毛織物工業の先進地フランドル地方（ベルギー）への原料供給国であったが、毛織物工業の生産国へ移行するに伴い牧羊地転用目的で、耕地・共有地が囲い込まれた。二度目は、18世紀半ばから19世紀初め、これまた農業の先進地フランドル地方から飼料作物の輪作農法を導入し、条播機の発明により大規模農法（ノーフォーク農法）を確立した。同農法は広大な土地を必要とすることから耕地・共有地が囲い込まれた。

　この囲い込みの過程で、分割地農民は、土地を集積し、資本家に転じる者と土地を手放し、労働者に転じる者に二分した。

　　※中世ヨーロッパでは三圃式農法が主流であった。同農法は、村落の全農地を三つに区分し、その一つに冬穀（小麦・ライ麦）、他の一つに夏穀（大麦・燕麦）を栽培し、残りの一つは休耕地として放牧し、年々この割り当てを交

替させる農法で、共同体管理が行われていた。従って、農地は開放耕地、共有地で構成されており、境界もなく、土地の所有権・保有権等権利関係を特定することができなかった。囲い込みは、この農地に柵を設けることによって共同体を解体に導き権利関係を明確にする一方、そこから農民を排除した。

　かくして、分割地農民は生み出され、囲い込みの過程で、土地占有権は所有権らしきものとなる一方で、資本家と労働者に二分し、当時のイギリスでは、既に産業革命を経て、労働者を必要とする工業化が進展しており、囲い込みにより発生した労働者を吸引して世界に先駆け資本主義の道を辿っていた。

　以上、学者諸先生の説明は、ペマと小生には、なんのことだかさっぱりわからず、小首をかしげながら、学問とは難しいものだと溜め息をつきつつ、閉じる瞼を叱咤して耳を傾けていた。

　突然、ペマは小さな目を大きく見開き、ところで、世界には知らない人や国が多いが、一体人はどこから来て、どのようにして異なった国になり、どのようにして土地所有というものができるのであろうか、あなたの国はどうなのか？　と質問してきた。これにはまいった。

　土地が商品となる前提として、土地所有権が確立されていなければならないことは分かるけれど、日本において、どのように土地所有権が確立されたのか？　というペマの質問に対して、勉強不足で、即座に答えることが出来なかった。

　小生は、長期間土地に関する仕事に携わり、この仕事を通じて生活の糧を得てきたが、どのように土地所有権が確立されたのか？　など考えてみたこともなかった。尤も、学生時代、農林経済学科で農史を専攻し、土地に関する本を読んだり、講義を聴いたりしたことがあって、まんざら無縁でもなかったが、考える前に実務の世界に入り、土地所有権とその商品性を前提として、現体制下における土地とその用益から派生する様々な価値体系を理解することに忙殺されてきた。

　しかし、ペマの質問に対し、答えなければならない。

そこで、ペマの質問を契機に、書棚に封印され、黴に塗れた本を取り出し、書店で最近の本を買い増し、時に図書館に通い、主に中公文庫『日本の歴史』全26巻を中心として、仕事の合間に読書し、素人ながら要点を纏めてみた。

3 日本における土地支配の系譜

　土地商品化は、商品経済に組み込まれた土地所有権の確立を前提としている。この土地所有権とは、その属性を享受しうるところの所有権であり、属性が制限された所有（人は封建的土地所有と称している）から解放された所有（人は近代的土地所有、更に資本が自由に機能する資本制的土地所有とも称している）のことである。そのためには、身分・財産が保障された近代市民社会が成立していなければならない。一方、土地は、商品経済に組み込まれるとともに、それまで曲がりなりにも進展していた土地の集積を飛躍的に拡大させることとなる。

　例えば、分割地農民の土地所有の多くが小規模零細農民であり、そこでは小農経営が行われていたが、大規模経営に太刀打ちできず、商品経済の農民社会への加速的浸透により、淘汰が進んだといわれている。

　イギリスでは、農民層が、旧い諸関係を払拭しつつ事実上の分割地農民となりながら、その形式上＝法制上の確立をみることなく、農民層自身が急速に資本と賃労働との両極へ分解し、一つの階級（分割地農民）としては完全に消滅し、資本の側に振れる者は、集積された土地の保有者として、また集積された土地の定期借地権者として、両土地を更に集積し、ノーフォーク農法の実践者として、賃労働の側に振れる者を雇用し、大規模経営、大規模借地経営を行い、更に、産業革命により、蓄積された資本は投下されて企業の簇生を生み、賃労働を吸収し、大量商品の市場を拡大し、資本制的生産への道を歩んでいた。

　フランスでは、革命により分割地農民が多量に生み出され、分割地農民の権利をナポレオンが保障する形で、土地の集積が進み、遅々とした展開を遂げながら、イギリスほど極端でないが、資本制的生産へ移行してきた。

　残念ながら、わが国での近代市民社会成立の日は浅い。では、いつごろか？

　この見解には、十人十色の意見がある。いまだ完全な市民社会になっていないとする意見もあれば、小生のように室町時代、博多・堺等の自

由都市や地方の惣村に市民社会の萌芽がみられるとする意見もあり、その差約500年以上あるが、室町期の市民社会は近世都市等の一部にみられるもので、上部権力から侵略され、干渉され、依然厳しい制限があった。また、第二次世界大戦後の財閥解体・農地改革・労働改革等一連の民主改革後とする意見、明治維新後とする意見がある。土地所有権は、地租改正を通じて明治政府により確認され、商品として取引され、土地の集積が進んだが、工業は未発達で、労働者を必要としておらず、抵当流れから、小農経営のまま小作人化し、寄生地主を生みだした。

　そこで、わが国の土地支配を通じて、土地所有権の確立と土地商品化へ至る経緯を、古代まで遡り、当時からの土地支配と商品経済の変容の様子から、ペマの質問に対する準備をすることとする。

1）土地支配前史

　原始・古代史には、ロマンがある。断片的資料により推理・推定して、夢想する面白さがある。小説家は、大胆に推理・推定を行い、その文章力により、臨場感を与え、分かりやすく、読みやすいものにしてくれる。しかし、学者の文章は難しい。ことさら難しい表現のため、読みづらい。これには、理由があるのだろう。批判や論争に耐えねばならず、実証を重んじるあまり、推理・推定が制約され、その結果、分かりにくく、読みにくいものとなるからであろう。

　一方、学者側にとっても、著書が売れるのは、喜ばしいことで、そのため、より分かりやすく、読みやすい著書とするための努力がなされている。その努力の成果の一つが、中公文庫『日本の歴史』全26巻であろう。

『日本の歴史』（井上光貞著）第1巻のあとがきで、森浩一氏（同志社大学）は、「あるシンポジュームに作家の松本清張さんも参加され、討論の進め方を巡って井上さんと松本さんが対立され、学問のことでは、作家とは一線を画したいとする井上さんの厳しさを知ることができた。」と書いている。

　従って、この『日本の歴史』を中心に、専門書とその対極にある小説

家の著書を加えて、小生なりに土地支配の背景となる歴史を考えてみることとする。

　ただ、日本の原始・古代史についてみれば、今日にいたるまで、多くの考古学資料が発掘・発見され、中国の歴史書等を通じて、多くの学者により、一定の事実が判明し、著作され、推理・推定する範囲が狭くなっている。

　文字（漢字）が身につき、712年に『古事記』、720年に『日本書紀』の神話・歴史が編纂された。井上光貞氏によってこの神話の内容が検討されている。世界中の多くの国・地域には、創世神話があって、神話の内容は、いずれも荒唐無稽なものであるが、同氏は、神話の内容の類似性により、どの地域から影響を受けたものか、推理されていて、興味がひかれる。以下、同氏著『日本の歴史』第1巻等を参考として、原始・古代史を概観する。

　考古学者により、旧石器（打製石器）時代、新石器（磨製石器）時代、農耕時代に区分されている。日本では、1万年以上前の洪積世に人が住み（当時大陸と地続きで、狩猟動物を追って移動してきたと推定されている）、新石器時代の後期から農耕時代に入り、縄文時代・弥生時代に区分されている。縄文時代・弥生時代は共に土器が出現する時代であるが、出土した土器に付着した植物の放射性炭素の測定により、1万年前の数値が検出され、旧石器時代既に土器が使用されていたとの学説（土器自生論）がある。若し、この学説が正しいなら、「世界的にみて、土器を伴う新石器時代は7,000～8,000年ぐらい前、西アジアに起こり、農耕文化の波及に伴って世界各地に普及していった。それ以前は旧石器時代である」という定説を覆すことになり、この学説は今もって論議中であり、今後の課題であるという。

　次頁の図は、Wikipediaから引用した「人類の移動」と「氷河期」の概要である。「氷河期」は、海面が低下し、移動が容易となって、暖かい場所に向かって動物が移動し、それに連れ人類も移動する。日本人は、モンゴロイドに属し、南方モンゴロイドと北方モンゴロイドの混合であり、古モンゴロイド（南方モンゴロイド OR 北方モンゴロイド）が

まず先住し、その後、新モンゴロイドの数波にわたる移住により、新旧モンゴロイドが混合したのではないかと勝手に推測している。つまり、縄文人と弥生人のことである。

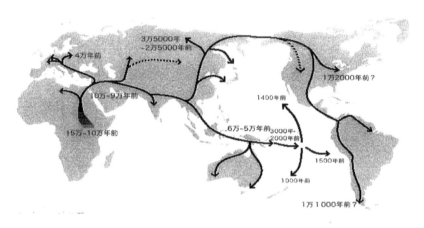

亜氷期と亜間氷期

氷期もしくは間氷期が続く間に、更に細かな気候の変動が見られることがある。寒い時期を亜氷期 (stadial)、温暖な時期を亜間氷期 (interstadial) と呼ぶ。最終氷期終了前後から現在にかけてはヨーロッパの泥炭湿地で発見された花粉層序がしばしば用いられ、現在では最終氷期終了～後氷期にかけての気候変化を表現する際に幅広く使われている。

			ヨーロッパの花粉帯		
花粉帯	花粉層序	年代	植生	ヨーロッパの考古学的時代区分	気候
IX	サブアトランティック (Sub-Atlantic)	500 BCE-現在	草本類、マツ類、海岸性森林帯の拡大	鉄器時代	冷涼-温暖湿潤（亜間氷期）
VIII	サブボレアル (Sub-Boreal)	3000 - 500 BCE	ナラ類の混合林	青銅器時代-鉄器時代	温暖乾燥（亜氷期）
VII	アトランティック (Atlantic)	5500 -3000 BCE	ナラ類の混合林	新石器時代-青銅器時代	温暖湿潤（亜間氷期）
V and VI	ボレアル (Boreal)	7,700 - 5,500 BCE	マツ/カバノキ林混合林の増加	中石器時代	温暖乾燥（亜氷期）
IV	プレボレアル (Pre-Boreal)	8,300 - 7,700 BCE	カバノキ林	後期旧石器時代-前期/中期中石器時代	冷涼（亜間氷期）
III	ヤンガードリアス (Younger Dryas)	8,800 - 8,300 BCE	ツンドラ	後期旧石器時代後半	寒冷（亜氷期）
II	アレレード (Allerød Oscillation)	9,800 - 8,800 BCE	ツンドラ、カバノキ林	後期旧石器時代後半	温暖（亜間氷期）
Ic	オールダードリアス (Older Dryas)	10,000 - 9,800 BCE	ツンドラ	後期旧石器時代後半	寒冷（亜氷期）
Ib	ベーリング (Bølling Oscillation)	10,500 - 10,000 BCE	park ツンドラ	後期旧石器時代後半	冷涼-やや温暖（亜間氷期）
Ia	オールデストドリアス (Oldest Dryas)	13,000 - 10,500 BCE	ツンドラ	後期旧石器時代後半	寒冷（亜氷期）

新人アフリカ単一起源説

出典：フリー百科事典「ウィキペディア（Wikipedia）」

　ところで、縄文人と弥生人は同一の種族であろうか？　異なった種族であろうか？　「縄文人はアイヌ人である」「縄文人はアイヌ伝説の小神人（コロポックル）である」という説があるが、両説ともに縄文人は先住民族であるということに変わりはない。縄文時代と弥生時代を区別する要素は、狩猟・採集と農耕にあるという。縄文時代は、狩猟（動物魚類）・採集（くり等の堅果類）を中心とした時代であったが、ある時期から、植物の栽培、即ち農業が行われたとする説が多い。縄文時代に農業が始まった根拠として、土掘道具として使用された打製石斧や製粉用の石臼として使用された石皿が縄文遺跡から発掘されているからである。一方、弥生時代は水田稲作を中心とした時代である。稲そのものは、自生説、外来説いろいろあり、弥生時代以前からのものであると考えられている。稲作は、当初、農具が木製であったため地盤の柔らかい低湿地（豊葦原瑞穂国）に杭・柵を設けて土留し、湿地の水を人工の溝によって排除して行われたが、生産力が低いため、縄文時代同様堅果類も多く食用に供されていたという。つまり、生活の上では、縄文時代後期と弥生時代前期は画然と区別されていない。弥生時代中期以降、鉄器がもたらされて堅い地盤の耕作が可能となり、稲作は、灌漑工事により遠方から水路を引き、じめじめして住みにくい低湿地を避け、平野周辺の丘陵部や山間地帯で行われるようになる。この鉄器導入により、弥生時代中期以降、石器は完全に姿を消すこととなる。この鉄器をもたらした弥生人が縄文人と交代したという説があるが、大正時代に入って、各地の貝塚から夥しい人骨が発掘され、人骨の人類学的研究が進むにつれ、「縄文人、即ち日本石器時代人は、頭骨においても、四肢骨その他においても、その計測値は、これを総合的に比較した場合、現在の日本人に近い。日本石器時代人は、それぞれの地で、環境や生活状態の変化、および、大陸から渡ってきた人々その他の混血によって、現在の日本人となった」「縄文人が、数次にわたる渡来人との混血と生活状態の変化によって弥生人になり、さらに古墳時代人へと発達して今日に至った」という説が大勢を占め、「縄文人が、採集経済を脱し、水稲耕作を経済的に受け入れて弥生時代へと入っていった」とみることが定説となっている。弥生時代は、縄文時代と異なり、その中期以降鉄器※の

導入により、生産力が著しく拡大し、弥生時代後期には籾の貯蔵庫として壺に代わり高倉がつくられるようになる。また、中国や朝鮮から青銅器の鏡や剣、その他の品物が多く輸入されている。生産力の拡大は、その発達の過程で、村落に住む集団が共同体として強く結合することが必然となり、高倉を建設して、収穫物は集団全体の管理に委ねられる。そして、規模が大きくなった共同体に余剰が生まれ、格差が生まれ、共同体間に抗争が起こり、原始的部族国家から原始的統一国家形成へとつながってゆく。

※鉄器：最近まで、鉄器は弥生時代のはじめから存在していたと考えられていた。しかし、最近の考古学の成果によると、弥生中期即ち1世紀末までに少数の鉄器は輸入されていたが、はたして普及していたかどうか疑わしいことが分かってきた。例えば、中期以前の弥生遺跡から発見された石包丁形鉄器は、遺跡表面の水田から採集されたもので、その物自体は、明治末年以降九州で使われるようになった鉄製犂の破片であることが分かり、こうした例が多くみられたからである。一方、弥生後期から俄かに鉄器が多くなり、しかも日本製鉄器が含まれていることが明らかになってきた。

鉄は、共同体支配の道具となり、世界を支配する契機になったと考えられているので、しばらく、鉄について考えてみたい。

鉄は、原料に鉄鉱石（磁鉄鉱・黄鉄鉱）若しくは鉄鉱石が風化した砂鉄が使われ、高熱で鉄原料を溶解し、酸化鉄から酸素を除き鉄分を取り出して生産されるが、炭素の含有量により、錬鉄・銑鉄（鋳鉄）に区分される。含有量の多い銑鉄は、硬いが脆く加工しにくい。一方、含有量の少ない錬鉄は、加工しやすいが、摩耗変形が著しい。その中間に鋼鉄がある。製鉄の歴史は、まさに良質の鋼鉄を得るための歴史であり、良質の鋼鉄を得たものが共同体を支配し、世界を支配する。

メソポタミアの紀元前3300～3000年の遺跡から鉄片が見つかっており、その原料は隕鉄であったと考えられている。中国では、河北省で、殷・周時代（BC10C）のものと考えられる鉄鉱石を原料とする最古の鉄器が見つかっており、紀元前4～6Cには銑鉄と錬鉄の両方が生産されていたと考えられている。銑鉄を脱炭して鋼とする紀元1Cの製鉄炉が出土しており、前漢時代（BC202～AC8）に活躍した武将「霍去病」（BC140～117）は、青銅器から鉄の鏃に変えて匈奴を撃退したといわれている。後漢時代（AC25～220）には、青銅の溶解や陶器の製造に必要な高温溶解技術を使って、世界に先駆けて溶融製鉄法が行われていた。前漢時代（AC108）に、朝鮮半島の鉄資源を

求めて、楽浪郡を設置し、後漢時代には朝鮮半島南部に帯方郡を設置した。この影響から、日本に鉄がもたらされたと考えられる。

当時、朝鮮半島南部には、任那を拠点とする日本の勢力が及んでおり、その目的の一つは鉄であったと考えられている。朝鮮南部で生産される鉄は、鉄鋌（鉄の延べ棒）で輸入され、農具・武器等に加工され、支配の道具となっていた。

このため、朝鮮半島南部の拠点を確保すべく、大和王朝により、数次にわたる遠征が行われたが、AC663年、唐・新羅連合軍に白村江の戦いに敗れて拠点を失い、大和王朝と連携する百済も滅び、鉄の輸入が途絶えた。一方、朝鮮南部の製鉄技術は、早くから、九州や出雲地方に伝えられており、出雲地方には良質の砂鉄と豊富な森林資源を産するところから、輸入の途絶えた鉄の生産が一挙に拡大し、江戸末期に近代的製鉄法が導入されるまで、日本の鉄生産を支えた。

1727年釜石市で磁鉄鉱が発見され、1856年反射炉を利用して、八幡製鉄所より早い時期に近代的製鉄が行われている。

近代的製鉄といえば、産業革命であろう。農具・武器等に鉄が不可欠なのは万国共通である。ヨーロッパでも当然、鉄は生産されており、その手法は、鉄鉱石に大量の木炭を加え、送風高温加熱する溶解製鉄が主流であった。

特に、イギリスでは、鉄需要の増加により、森林資源が枯渇し、シャーウッドの森も消滅し、深刻な事態となっていた。

木炭に代わり着目されたのが石炭であった。イギリスには森林資源に恵まれないが、石炭には恵まれていた。しかし、石炭には硫黄分が多く含まれ、鉄を脆くする性質があった。そこで、石炭を蒸し焼きにして硫黄分を除いたコークスが利用され、コークス高炉が発明され、これを契機に産業革命が興ったといわれている。

石炭を採掘する過程で、排水に蒸気機関によるポンプが必要である。蒸気機関に必要なものは、シリンダーとピストンで、シリンダーには穴を穿つ必要がある。ウィルキンソンにより中繰り盤が発明され、蒸気機関がワットにより発明され、更に、運河による石炭輸送に代えて、スチーブンソンにより蒸気機関車が発明された。しかし、蒸気機関車を走らすには、レールが必要で、錬鉄を使ってみたが、炭素分が少なく、加工しやすかったが、変形・摩耗が激しく、使い物にならなかった。また、銑鉄を使ってみたが、炭素分が多く、硬いが、脆く、これも使い物にならなかった。そこで、錬鉄と銑鉄の中間にある鋼鉄が、「るつぼ製鋼法」により発明された。「るつぼ製鋼法」とは、錬鉄（炭素分が少ない）と木炭を炉に入れてコークスで加熱して、錬鉄

に炭素を加える手法であるが、生産量に限界があった。

そこで、逆に、銑鉄（炭素分が多い）から炭素を減じる「ベッセマー法」が発明され、300年に及ぶ繁栄がもたらされたといわれている。

ともかく、鉄は歴史を変える触媒であった。

2）原始部族国家から律令国家へ

　原始ゲルマン人のことが知られるようになったのは、紀元前52年のカエサル『ガリア戦記』、西暦98年ローマ帝国時代の作家タキトゥス著『ゲルマニア』出版後のことである。これと同じことが、日本の歴史にもみられる。当時、東アジアの世界でローマ帝国のような地位を占めていたのが、中国の王朝である秦漢帝国であり、この官撰の史書『前漢書』に、はじめて文字によって、弥生中期の日本の社会状態が記述されている。「夫楽浪海中に倭人あり、分かたれて百余国となり、歳時を以って来たり、献じ見ゆ」という簡単なものであった。

　これは、およそ西暦紀元前後の日本の状態を記録したものとみられる。「楽浪」とは、漢の武帝が、西暦紀元前108年に朝鮮半島をその領土とし、四つの郡に分けて支配したその一つであり、その役所は今の平

壊あたりにあったとされている。その役所に当時「倭人」が定期的に通貢し、弥生中期の日本が多くの政治集団、つまり「国」に分かれていたことが漢人の知るところとなったのであろう。

　その後、西暦25年前漢は滅び、後漢の光武帝が漢朝を再興したが、依然楽浪郡を根拠地として朝鮮半島を支配していた。この支配は、土着民の大部族長に中国の官職を授け、大部族長に権威と交易特権を与え、懐柔することによって行われた。当然「倭人」に対してもこの懐柔方法がとられ、西暦5世紀末の宋の范曄の書いた『後漢書』の中に、「建武中元2年（西暦57年）倭奴国貢を奉じて朝貢す、使人自ら大夫と称す、倭国の極南界なり、光武賜うに印綬※を以てす。」と記されている。

　　※この時の印綬（金印）「漢委奴国王」が1784年偶然志賀島で発見されている。

　それからおよそ半世紀後、後漢の安帝の代に洛陽に使者が遣わされ、『後漢書』の「東夷伝」に「永初元年（西暦107年）倭国王帥升等生口160人を献じ願いて見えんことを請う。」と記されている。なお、ここでいう生口は、生きた人間という意味で、奴婢等のことをいうのであろう。

　この三つの記録から類推されるのは、当時日本は、多くの部族国家が乱立し、そのヘゲモニーのため朝貢を行っていた程度のことであり、全く詳細は明らかでない。当時の漢にとって日本の存在などどうでもよかったのかもしれない。

　次に、3世紀頃の古代日本の輪郭を2,000文字で記録された『魏志倭人伝』が登場する。『魏志倭人伝』は、30に及ぶ倭人の国々への距離や戸数、衣食住や習俗について、次に、これらの国々を統合した「邪馬台国」と女王「卑弥呼」の政治・外交の順に記されており、途中の国々の名・距離等から、「邪馬台国」の所在地を巡っての論争があり、未だ決着していない。

　この『魏志倭人伝』2,000字の中から、「……旧百余国。漢時有朝見者、今使訳所通三十国。……住七八十年、倭国乱、相攻伐暦年、及共立一女子為王、名曰卑弥呼、……」に注目したい。

『前漢書』100国から、70年余りの戦争により30国に減り、その統一国

家の代表者が邪馬台国の卑弥呼である。

　このことから、次のような図式が考えられる。

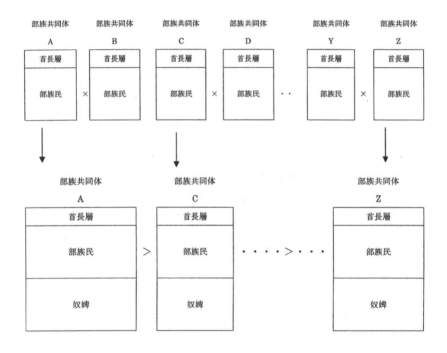

　部族共同体は、富を巡って争い、C……ZがAに服従し、Aが連合統一する。

　イギリスの経済学者 William Petty（1623-1687）は、「労働は富の父であり、土地は富の母である」と述べている。

　大塚久雄氏は『共同体の基礎理論』において、「この富の包括的な基礎というべき土地こそが他ならぬ共同体がまさにそれによって成立するところの物質的基礎となるのであり、従って共同体がなによりも占取するところの対象となるのである。」としている。即ち、富の源泉たる土地の占取は、共同体が生成する成因となり、共同体間の抗争を引き起こす原因にもなるということでもある。

　不条理なことだが、必ず、人間は、支配する側と支配される側、使う

側と使われる側に分かれる。古代社会は、この傾向が顕著で、抗争の結果、勝者は支配する側、敗者は支配される側に回り、階級社会が生み出される。階級社会が、世襲され、固定されれば、奴隷制となる。

　和辻哲郎氏は、その著『風土』の中で、古代ギリシャ社会について触れている。小生なりに要約すれば、次の通りである。

　農牧の民であったギリシャ語を話す民族（ギリシャ人）が、北方より現在のギリシャの土地に侵入したのは、人口増加による食糧不足により、他部族の食糧を奪掠するためであり、侵入が開始されたのは、紀元前2000年までさかのぼると言われている。侵入は、先住民との軋轢を生み、戦闘を必然化させる。その舞台は、エーゲ海であり、農牧の民は海賊の民へと変容する。略奪のみが生存の基礎となれば、農牧の民は海賊となり、戦士へ転化し、戦闘団体を結成する。戦勝すれば、その土地を占領し、家畜と女達を自分のものとし、混血がおこる。今や、彼らは「力」によって屈服せしめた土着民に労働せしめ、その成果をむしり取る。彼らの新しい仕事は、「力」を練ることで、武器の製作、武術の練達が中心となる。このようにして、農牧の民は戦士に転化するとともに、ギリシャの「ポリス」もまた初めて形成された。

　戦士は、生命を賭するということから、競闘の精神が生まれ、競闘は創造を生み出し、努力により自尊心を高める。これが、ギリシャに多くの天才を生んだゆえんである。

　競闘の精神は、農牧生活からの解放、従って物資生産のための奴隷の使用を前提とする。ギリシャの奴隷は、家畜と同じように「生きた道具」として取り扱われている。ギリシャのポリスは、かくまで徹底した奴隷を作り出した。

　人間は、ここで神々のごとく生きるポリスの少数の人々（ギリシャ市民）と家畜のごとく生きる奴隷とに分裂する。アテナイの盛時の人口50万人に対して市民は2万1千人、実に約96％が奴隷であったとする報告がある。

　古代ギリシャと日本では、異なる面（ポリスが形成されなかった）もあるが、多島海に位置する点で相似する面（部族国家はポリス的性格を持つものであった）もあり、人口増加と食糧不足から、国内外から、数

次にわたり侵入が繰り返され、先住民との軋轢を生み、戦闘が日常化し、武器（鉄器）や武術に練達した部族が戦勝者となり、支配者となって、賤民（奴婢）が生み出される前掲の構図は当たらずとも遠からずということではないだろうか。

　卑弥呼が没したのは、西暦240〜248年の間（唐代の『北史』）とされている。

　後に、男王を擁立したが、人々は服さず、戦乱により千余人の命が失われ、13歳の少女「壱与」が女王となるに及び、戦乱は収まり、魏に朝貢して、生口30人等を献上した（『晋書』によれば西暦266年のこととされている）。

　その後、南朝の史書『宋書』「倭の五王」の記録に至るまで、1世紀半の間、歴史から消え、「謎の世紀」とされている。

　この1世紀半の間、大和の地を巡る覇権争いがあったと考えられる。なぜ、古代勢力は大和にこだわったのか？　大和は、「国のまほろば」といわれている。大和は、当時、勢力を養うのに恰好の場所であったにちがいない。

　今、大和を概観すれば、東西15km、南北30km、標高100m以下の断層盆地で、周囲を山で囲まれ、この山々から、葛城川、高取川、飛鳥川、初瀬川等の小河川が盆地で合流し、大和川となって、大阪湾に注いでいる。

　古代の大和盆地は、小河川が乱入する低湿地であったと推定され、居住し、食糧を生産できる空間は限られていたと考えられる。ましてや、当時の大阪平野は、淀川・大和川を含め諸河川が注ぎ込んで巨大な河内潟や低湿地帯が広がり、海から塩水が浸入して、上町台地を除き、とても人間が住めるような場所でなかったことは確かであろう。この低湿地を制御できるようになるのは、よほど後の時代である。

　原始状態にある自然を切り拓いて人間が住めるようにするには、あくなき人間の労働と気の遠くなるような時間が必要である。まず、人間を支配しなければ、土地（加工された自然）を支配することができず、土地を支配しても、人間がいなければ、土地からの恵みを享受できないと

いうことである。

　縄文人は自然に溶け込み、そこからの糧を得て、脈々として生き続けたが、稲を糧とする弥生人又は稲を受け入れた縄文人は、河川上流から運ばれた土砂が堆積した自然堤防に居住し、湿地に稲を植えて生活の糧を得た。なによりも、稲は多くの人を養うのに恰好の食糧であった。

　大和盆地にもこうした人々が、限られていた場所に居住していたものと推測される。そこへ外部から鉄器を携えた

昔の大阪湾
約2000年前　弥生時代の地形

新来の古代人が、在来の人々を征服し吸収したと勝手に想像している。なぜなら、鉄は、武器にも、農具にもなり、在来の人々が抗ってみても、文明の利器にはかなわないからである。

　この征服者達こそ、一説によれば、出雲族（カモ族、ミワ族）であり、当時の土木技術では開発不能であった盆地の低湿地を避け、盆地周辺の山々山麓から流れ出る小河川から灌漑して水田を拓き、農具を与えて使役し、武器を与えて兵士とし、その役割が終わると農具・武器を回収して、保管し、勢力を養った。こうした勢力を養うのに、盆地に注ぐ小河川は恰好の条件を有しており、盆地の山麓部に、多くの部族が蟠踞し、やがて、各部族は、時に抗争し、共闘・連合して、外部からの征服が容易でない状態まで、大きな勢力に拡大したのではないかと勝手に想像している。

　かくして大和の地は、勢力の一大拠点であり、大和を制さずして覇権は成立しえない状況となっていた。

　こうした大和の地に、割り込んだのが『宋書』「倭の五王」に登場する応神王朝である。

倭の五王とは、讃・珍・済・興・武をいい、西暦413年から502年まで数次にわたり朝貢があったことが記録されている。『日本書紀』に照らして、珍は反正天皇、済は允恭天皇、興は安康天皇、武は雄略天皇、讃は仁徳天皇若しくは履中天皇であると比定され、仁徳天皇・履中天皇・反正天皇の陵は堺市内にあり、謎の世紀とされた古墳時代の最盛期であったと推定される。特に、仁徳陵は全長486ｍに及ぶ日本一の古墳であり、この古墳に投じられた労働力※は計り知れず、諸国の大部分を統一した「応神王朝」（河内王朝）の支配体制の大きさがしのばれる。

　　※京都大学工学部の高橋逸夫氏の計算があり、この数字を基に、仮に１ｍ³の
　　　土を一人が１日に250ｍ運べるとすれば、延べ140万６千人が墳丘の造営に
　　　要したと推定されている。従って、１日1,000人を使っても４年近くの歳月
　　　を要したわけである。こうした労働力は、御陵ばかりでなく、畿内地方の灌
　　　漑用の水源としての池の造成にも利用されたらしい。（井上光貞著、中公文
　　　庫『日本の歴史』第１巻頁419参照）

　謎の世紀であった４世紀は、東アジアの激動期でもある。316年、朝鮮半島に勢力を及ぼしていた晋帝国が滅亡するとともに、鴨緑江集安に拠点を持つ高句麗が南下し、朝鮮半島に勢力を及ぼしてきた。この頃の南朝鮮は、辰韓諸国は新羅に、馬韓諸国は百済に統一され、南部の弁韓は、小国分立し、任那を通じて倭国が支配を及ぼしていた。新羅に先立ち、百済は倭国と同盟し、援軍を得て、高句麗を撃退した。同盟を機に、大和朝廷は新羅に迫り、新羅は高句麗に援軍を請い、即位した高句麗新王「広開土王」は、百済・倭国同盟軍を撃破した。このことが、広開土王の後継者長寿王により414年碑文に記され、この碑は、1880年高句麗旧都集安において偶然発見されている。

　高句麗との戦いで騎馬民族化した倭国か？　高句麗そのものか？　不明であるが、江上波夫氏の「騎馬民族征服王朝説」によれば、朝鮮半島を経由し、直接日本に侵入し、倭人を征服・支配したある有力な騎馬民族があり、その征服民族が、大陸北方系文化複合体をもたらしたとするのが自然であろうとしている。

　続けて、この征服民族が北九州から畿内に進出したのは、応神が筑紫の出身であることは記紀の伝えるところであり、これが応神天皇であろ

うとしている。畿内に進出した征服王朝は、しばし、河内・南摂津に留まり、地盤を固めた。

　なぜなら、大和盆地には、武内宿祢を祖とする葛城・平群・紀・羽田・巨勢・蘇我等の豪族が蟠踞し、その力は侮りがたく、容易に制圧できなかったからである。当時、任那を支配していたとされる倭国が、この大和の豪族連合体であるのかどうか不詳であるが、任那を介して鉄を仕入れ、応神王朝に対抗する武器類を備えていたのであれば、倭国は大和の豪族連合体であったとも考えられる。記紀伝承を基に『古事記』『日本書紀』が編纂されたのは、8世紀に入って、後の天武天皇の時代であり、記録として信用できるのは、応神王朝（倭の五王）以後のことであるとされている。それ以前の王統は、闇の中にあり、この闇の王統は葛城王朝であったとする説もある。

　　（この説は、橿原考古学博
　　物館の付属資料館を見学中、
　　見知らぬ人から教えても
　　らった説である）

　応神王朝期に「王仁が千字文と論語をもたらし、漢字が伝来した」と言われているが、漢字の読み書きができるようになるのは後のことである。それまで鉄を求めて往来久しかったが、5世紀になれば、大和朝廷の支配は南朝鮮に及び、渡来人の文筆家も増え、朝廷内で漢文を用いていたことは確かで、西暦478年の倭王武（雄略天皇）が南朝の宋に奉った上表文はみごとな漢文であったことが知られ

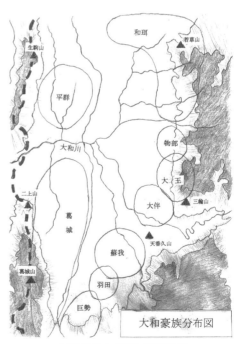

大和盆地に蟠踞する豪族

ている。しかし、いずれにしても、記録の方法がなかったのであるから、全ては謎の世界であり、謎の世紀とは、まさしく古墳時代のことであった。但し、『前漢書』において「献じ見ゆ」とあり、その後度々朝貢しているのであるから、使者となったものが漢字に接する機会は多々あったものと推定され、使者が漢字をもたらした可能性は否定できないが、読み書きは別である。

ところで、古墳や水利灌漑施設を造営する労働力はどこから生み出されるのであろうか？　百済の援軍に送られる厖大な兵力はどこから生み出されるのであろうか？　答えは、前図（頁22）で示せば、統一部族国家Aは、闘争・懐柔により、他の統一部族国家や弱小部族国家を服従させ、巨大化し、権力を集中して、強制力を発揮し、各部族国家から労働力・兵士等を役務として提供させるからである。

統一部族国家Aたる大和朝廷は、未だ手付かずの部族国家（地方豪族、国造）を残しつつ、最大の支配権力を持ち、ここに、統一国家としての体裁を整えた。

この支配権力は、東国（東夷）・九州（熊襲）・中国（出雲）・朝鮮南部等の諸地域に及んだとされ、その平定は、倭建命による熊襲・蝦夷征討、神功皇后の新羅征討によるものとされているが、全て神話の世界で、事実は闇の中である。

井上光貞氏は、前掲『日本の歴史』第1巻頁362～364において、倭の五王（讃・珍・済・興・武）の一人である武（雄略天皇に比定）が西暦478年に南宋の皇帝にたてまつった上表文に「昔より祖祢（二三代前の祖先）自ら甲冑をつらぬき、山川を跋渉し、寧処に遑あらず、東に毛人を征すること五十五国、西に衆夷を服すること六十六国、渡りて海北を平らぐること九十五国……」として、大和政権の版図を拡大していった功業を語っており、上表文は、神話と照応するものがあるとしている。

倭の五王一人である済（允恭天皇に比定）は、飛鳥の地へ移動しているが、なぜ南大阪（なにわ津）から奈良へ移動したのであろうか？　允恭天皇の三代前、仁徳・履中・反正陵が徐々に小さくなっているのも気になるし、なにわ津に注ぐ大和川を遡っていったのか？　若しくは二上

山付近の鞍部を越えたのか気になる。1704年河川付替が行われるまで、大和川は、桜井市山岳部に源を発し、奈良盆地を南東部から北西部にかけて貫流し、生駒山地と金剛山地の間、現在の大阪府（柏原市）・奈良県（王子町）の境から、石川と合流し、一気に大阪平野に流出して、上山台地北側を迂回し、淀川に注いでいた。この大阪平野流域に、難波の宮、屯倉（天皇直轄地）、物部・大伴氏等（連）の田荘があったことが知られている。

　江上氏は、しばし河内・南摂津に留まった騎馬民族の征服王朝は、記念碑的巨大建造物を好むといってしまえばそれまでであるが、征服王朝による徒民政策（武力・威力により征服民を駆り出す政策、前掲『風土』参照）により、応神王朝は、巨大な応神陵・仁徳陵・履中陵を築き、大和の豪族共同体を威圧し、平和裡に帰順・帰服させる目的があったのではないかとしている。

　応神王朝と大和の豪族共同体との間の交渉・工作は、応神・仁徳・履中の三代にわたり根強く繰り返され、この威圧政策が功を奏して、次の允恭天皇の時代となると、河内・南摂津を地盤とした天皇家、大伴・物部両氏などの軍事勢力と大和の豪族共同体との連合・合作が完成し、允恭天皇は大和盆地の一角、飛鳥の地に移動した。

　ここで一服して、応神王朝が飛鳥の地へ移動して後、それまで、この地の大勢力であった葛城王朝と応神王朝（河内王朝）との確執に関する話が司馬遼太郎氏『街道をゆく』第1巻「葛城みち」に出ているので紹介する。

　司馬氏はこの中で、「5世紀の後半、大和の初瀬（桜井市）に住んでいた王が雄略天皇である。『日本書紀』の筆者が、ひとびとはこのひとを大悪天皇とよんだ。……この帝は、皇位継承権をもつ兄たちを殺したが、ついでに先帝の重臣であった葛城の円という者を殺し、葛城氏を滅ぼした。雄略帝のころには大和国家も強大となり、大和における古代国家の一つである葛城国も一地域になり、その当主も朝臣として臣従せざるをえなくなっていたのである。」、続けて、「葛城の主である一言主命を葛城山からたたきだし、土佐国へ流してしまった。」と書いている。

天皇と豪族の連合政権が即ち大和朝廷である。天皇政権と豪族政権は合従連衡し、天皇の下に結集した。連の大勢力たる物部・大伴氏は、天皇政権の軍事面を担う勢力として機能し、特に、物部氏は、軍事のみならず警察・宗教の面をも担っていた。一方、臣の大勢力たる蘇我氏は、百済からの帰化系氏族と結び、財務・文部面を担い、進歩・開明的勢力として機能した。物部氏は、保守的氏族の代表として、排仏派の急先鋒であり、蘇我氏は、進歩的氏族の代表として、当時伝来した仏教興隆派として、対立を深めていた。

　なお、前掲『日本の歴史』第1巻頁484において、井上光貞氏は、「応神王朝のもとに統一された日本は、国家という名にふさわしいものだったろうか。わたくしたちが古代国家というとき思いうかべるのは、いわば東洋的な専制国家だが、応神王朝下の古代日本は、このような意味での古代国家であったとは思われない。」と疑問を投じ、「大和政権は、地方の諸国家の上に君臨し、その首長である国造を支配していたが、吉備国の例でもわかるように部族連合的な族制を多分に残した原始国家だった。また、大和政権自身も、大和やその周辺の地方豪族の連合であった。だから、日本（日本という名を使ったのは大化の改新のときからとされている）を統一したといっても、地方国家の首長である国造に広汎な自治を許さないわけにはいかなかった。」と結んでいる。

　ここで、仏教伝来について、概観する。

　中国に仏教が伝来したのは、後漢の時代、西暦67年のことといわれている。

　その後、南北朝時代（439〜589年）に最盛期となり、広開土王の前帝期、日本では応神天皇期、高句麗に受け入れられ、523年晋の伝道僧を介して百済に、527年には、高句麗の伝道僧を介して、新羅にも受け入れられたとされている。

　前掲頁541において、井上光貞氏は「仏教は朝鮮半島に早くから伝来したが、保守勢力から迫害をうけつつ、国王が積極的に古代国家を樹立しようとする努力する時期になると、仏教が保護され興隆するという事実である。」としており、日本でも同様の傾向があることが認められる。

　日本へ仏教が伝来したのは、何時か？　小生は、語呂合わせのように

552年（『日本書紀』）と覚えている。しかし、井上光貞氏によれば、前掲頁542〜550において、正式に伝来したのは、百済王が仏像・経論を伝えた538年であるとしているので、詳細は同書を参考とされたい。

　仏教伝来の詳細は勉強不足のため省略するが、7世紀の日本を描いた『隋書』の「倭人伝」に「文字無し、ただ木を刻み、縄を結ぶのみなり」という記述（前掲頁441）にみられるように、日本は文字を持たない、読めない民として、相当蔑まれていたことは確かであった。主に東国から召集した物部・大伴氏の軍事力を背景に、武器・農具に必要な鉄を確保するため朝鮮南部に圧力をかけてきたが、それとともに、多量の仏典や経論等が主に高句麗・新羅・百済を中心とした大陸からの帰化系氏族によってもたらされ、仏典や経論の読み書きを通じて、漢字は実用化され、帰化系氏族が重用された。

　国家を組織し、統治するシステムには、文書の読み書きが必要である。そこで、漢字と仏典や経論は、大和朝廷を新たなる統一国家に変容させる触媒として働いたものと考えられる。また、帰化系氏族と結び財務・文部面を担う大臣（蘇我氏）が、軍事面を担う大連（物部氏）を駆逐する必然的要因があったようにも思える。

　この対立局面を直木孝次郎著『日本の歴史』第2巻からみてみよう。

　果たして、用明天皇の皇位継承を巡って、先々代欽明天皇の子穴穂部皇子を奉ずる排仏派（物部守屋）と異母の欽明天皇の子泊瀬部皇子を奉ずる仏教興隆派（蘇我馬子）の対立が顕在化した。この時、用明天皇の子厩戸皇子（聖徳太子）は、蘇我馬子の側にあり、大連たる大伴氏も、欽明天皇の始めに失脚し、蘇我馬子側にあった。馬子側に、紀・巨勢・葛城・阿部・平群・春日等（臣）の地方豪族が結集したのに対し、守屋側は、八十物部といわれるほど多数の同姓氏族乃至隷属民を全国にわたり擁し、軍事力の基礎としていたが、朝廷の権威により支配していただけで、物部氏独自に支配しておらず、遠国にあるためこの召集は困難で、伴造系中級氏族の応援だけで、河内にいる一族だけで戦わねばならず、最初から勝敗は決していた。馬子側が、守屋の頑強な抵抗により、苦戦していた時、厩戸皇子が白膠の木に四天王の像を刻み、戦況を逆転させたという説話が残されている。この請願成就により、後の聖徳太子

は四天王寺を建立し、蘇我馬子は飛鳥寺を建立したとされている。

　とにかく、こうして物部守屋は滅び、全国にある田処や財産は、没収された。

「物部氏だけでなく、大伴氏も、蘇我氏も難波に地方の貢納品を納める倉庫を持っており、収納管理するだけでなく、難波の市を舞台に、一種の商業活動を行っていたかもしれない。難波はもうこの時代から経済上の中心地であった。」と『日本の歴史』第2巻頁51で直木孝次郎氏は指摘している。

　この乱後、泊瀬部皇子は、崇峻天皇に即位し、仏教興隆・東国経略・任那復興に注力したが、その途上、蘇我馬子との不和から、謀殺された。その後、初の女帝推古天皇が即位し、厩戸皇子が皇太子として摂政を務めることとなったが、この背後に、蘇我馬子の影があり、仏教興隆等において利害が一致するものの、天皇権力と豪族連合との確執から、微妙な関係が生じていた。

　そんな中、推古天皇期において、国家としての体裁を整えるべく、西暦600年、100年ぶりに遣隋使が派遣され、その後607年、608年、614年の計4度、人・物の派遣交流が行われ、国家統治機構整備のため、「冠位十二階の制」「十七条憲法」が定められている。

　推古天皇在位中、厩戸皇子は没し、その後、推古天皇、蘇我馬子が没し、蘇我氏権力は馬子の子蝦夷に譲位された。推古天皇の皇位継承において、候補は聖徳太子の子山背大兄王と敏達天皇の孫田村皇子（舒明天皇）の二人に絞られたが、蝦夷は、豪族連合の権益を削ぐものとして、天皇権力の台頭を極端に警戒し、聖徳太子の系統を外し、田村皇子を推して、舒明天皇が即位した。その後、山背大兄王は蝦夷の子入鹿により謀殺され、聖徳太子の系は途絶えた。

　舒明天皇期は、統治機関の整備や、はじめて天皇自身が寺院（百済寺）を建立する等、聖徳太子を引き継ぎ、仏教興隆に努め、蘇我蝦夷との仲も険悪でなかったが、皇太子未定のまま没した。

　皇太子未定のまま、その繋ぎとして、またもや女帝皇極天皇（舒明天皇の皇后）が即位し、蘇我蝦夷の子入鹿が父をおしのけ、政に介入してきた。傲慢で、天皇権力をないがしろにする入鹿の介入によって、天皇

権力と豪族連合の確執は、最高潮に達し、ここに大化の改新（645年）が実行された。

　その実行者が、蝦夷が推した舒明天皇の子中大兄皇子（天智天皇）と豪族連合と交代する中臣連鎌足（藤原鎌足）であった。

　とにかく、蘇我入鹿は、斬殺され、蝦夷は甘樫丘の邸宅に火を放ち、自殺し、ここに、蘇我宗族の長は滅んだ。

3）律令と班田収授

イ．律令への道

　大化の改新の目的はなんであったのか？

　聖徳太子が意図していた対外的国家統一に遠因があり、この国家統一に、豪族連合体制が支障となっていたのではないだろうか。目指すところは、部族制（氏族制）から官司制（官僚制）への脱却であったのではないだろうか。

　ともかく、大化の改新により、天皇権力が強化され、豪族連合が後退することとなる。

　皇極天皇は、位を中大兄皇子に譲ろうとしたが、皇太子として背後から政に関与することを希望し、皇極天皇の弟軽皇子を推薦して、孝徳天皇が即位した。

　改新後の基本方針は、官制を唐風にすることである。中国では、隋が滅び、618年に唐が建国されている。推古天皇から舒明天皇期にかけて、遣隋使・遣唐使が派遣されており、632年遣隋使に同行し渡海した学問僧旻が帰国し、更に640年には30年に及ぶ留学を終えた高向玄理が帰国しており、その他派遣された学問僧が続々と帰国している。こうした学問僧達が律令の基礎作りに関与したものと考えられる。革新的政策は、

　①東国に中央の有力豪族から国司を任命し、朝廷所属の民と豪族所有の民の戸籍の作成（670年「庚午年籍」）と、田積調査を行うこと。東国が選ばれたのは、この地方に天皇・朝廷の部民が多く存在し、天皇への隷属性の強い国造も多く、強力な豪族が少なく、公地・公

民制を実施するのに適していたことによる。同様な理由で、大和の天皇直轄領である六県についても造籍・校田を行うこと。

②朝廷に櫃（投書箱）と鐘を置き、伴造（下僚）や族長の裁判に不服があるものは投書し、なお、不満がある者は、鐘を鳴らして訴えること。

③戸籍作成にあたって、有力者・豪族の奴婢所有を確認するなどのため、男女の法を定めること。つまり、男女間に子が生まれたとき、子を父母のどちらの所属にするかを決めた法で、良男と良女間の子は父につけ、良男と婢（賤女）間の子は母につけ、良女と奴（賤男）間の子は父につけ、主人の異なる奴婢間の子は母につけると定めた。

④僧侶を統制するための十師と、寺院を統制するための寺司・寺主・法頭を任命すること。

こうした施策は、公地・公民制により、班田し、税（租庸調）源の基礎を固めることにあり、具体化されるのは、尚後のことと考えられるが、今後の方針を明らかにした点で、中央集権国家の行政組織をたちあげるための画期的なものであった。但し、実際には、国司の任期が短く、度量衡も未整備で、国司への賄賂、豪族の反発等があり、なかなか一筋縄ではいかなかったものと考えられる。また、豪族の私地・私民の収公は無償でなく、食封（収入源となる戸のことで、「大宝令」では租の半分）が与えられ、有償であったが、減ることに違いはない。そこで、天皇以下臣・連らの豪族にいたるまで私有の部民を収公すると同時に、百官と位階を設け、官と位を授けることを約束し、私地・私民を廃されても、中央に特権的地位を保証した。

孝徳天皇は、難波長柄豊崎宮に遷都したが、皇后間人皇女を巡り、中大兄皇子としっくりいかなかった。その後、中大兄皇子が皇極上皇や間人皇后を引き連れて大和へ戻ることによって不和が表面化し、おきざりにされた孝徳天皇は、不遇の内に没した。不遇の孝徳天皇の子有間皇子は、皇位を継承する立場にあったが、やがて、中大兄皇子によって謀殺された。なお、謀殺の背後に、依然、隠然たる力を保有する蘇我一族が関与している。

　孝徳天皇の没後も依然中大兄皇子は皇太子にとどまり、皇極上皇が、再び、斉明天皇として即位した。斉明天皇期の重大事は、阿倍比羅夫による蝦夷征討と百済救援を契機とする朝鮮支配の喪失であろう。

　斉明元（655）年から同2年、越（北陸道）の蝦夷と東の蝦夷約200人が入朝し、百済の使者150人、高句麗の使者81人が調を捧げて来朝したことは、天皇権力の威信が高まったことを示している。

　阿倍比羅夫は、越の国守に赴任し、658年と660年の二回、日本海沿い北部の蝦夷を征討している。一回目は秋田付近まで、二回目は青森県竜飛岬付近に及び、蝦夷地（北海道）に渡ったという説もある。二回目の征討において、蝦夷と異なる粛慎（みしはせ）に遭遇し戦闘を行って、かなりの被害を受けるが、49人粛慎を捕虜とした。この粛慎こそ現在のアイヌではないかといわれているが不明である。なお、司馬遼太郎氏は、『街道をゆく』シリーズ第10巻「佐渡のみち」において、この粛慎を、大陸沿海州ツングースと想定している。青森県各地に縄文遺跡・弥生遺跡が残されており、前掲したように、縄文人から弥生人に自然変容し、蝦夷は、縄文人と弥生人との混成から派生し、ただ大和朝廷にまつろはぬ（服ろはぬ）民であったのではなかろうか。ただ、この征討は、日本海沿いを対象としており、内陸部から太平洋岸にかけての地域は、不明かつ手付かずで、まつろはぬ蝦夷の多くが住むところであったと想像される。この征討は後のこと、坂上田村麻呂まで待たねばならない。この征討途上、朝鮮半島は、風雲急を告げていた。新羅が唐と連合し、百済・高句麗を圧迫した。百済の救援から、斉明天皇自ら、中大兄皇子・弟大海人皇子（天武天皇）を従え、出兵するものの、663年、唐・新羅連合軍に、白村江の戦いで敗れ、百済は滅亡し、朝鮮に対する権益を全く失った。この時、多くの百済人が日本に亡命している。唐・新羅連合軍の逆襲を恐れ、東国の各地から出兵により徴用された兵士は、防人として、対馬・壱岐・筑紫等の各所に配備されたが、唐・新羅連合軍の矛先は高句麗に向けられ、小憩を得た。また、この敗北は、後の近江遷都の原因の一つともされている。この事件は、強化された天皇権力の失墜を惹起し、有力豪族の私民所有を可能とする等、有力豪族との妥協を余儀なくされ、国家統一における基本政策に影響を与えた。

斉明天皇は、百済救援途上没しており、孝徳天皇との確執の原因でも
あった間人皇女も没し、中大兄皇子は、近江京に遷都し、668年に大化
の改新から実に23年を経て、天智天皇に即位した。

　天智天皇の子大友皇子の成長に伴い、次に皇位を継ぐべき大海人皇子
との間に、皇位継承を巡って不和が生じた。大海人皇子は、天智天皇病
床の席で、一旦、剃髪僧形となって帰順を示し、吉野に下った。天智天
皇没後、大友皇子が即位する前、天智天皇陵を築くため、多くの人夫が
徴用されたが、吉野側の猜疑心から、大海人皇子は挙兵し、これに急進
的な天智天皇の政策に不満を抱く地方豪族※が呼応して、有力豪族を含
む近江側を敗北に追い込み、大友皇子は即位せぬまま自刃した。壬申の
乱（672年）である。

> ※前掲『日本の歴史』第2巻頁366～367において、直木氏は、古代史家北山
> 茂夫氏の説を紹介している。それによると、「専制的な中央集権体制の進行
> とともに、徭役を中心とする租税が重くなり、朝廷に連なる官人・貴族・豪
> 族層と生産者である公民層との間に、基本的な対立関係があり、その公民層
> の不満は地方豪族に吸収され、地方豪族が大海人皇子側に加担した。」とし
> ている。

　壬申の乱で勝利した大海人皇子は、飛鳥に帰り即位した。天武天皇で
ある。

　天武天皇は、天智天皇が有力豪族と妥協して認めた私民所有（部曲）
を廃止し、親王諸王及び諸臣、並びに諸寺等に与えた山林原野などの地
の返還を求め、公地公民主義の徹底を期し、改新の基本に戻り、中央集
権化を強化した。

　その主な施策は、軍事力を強化すること、官制を充実させること、東
国支配の前進基地伊勢地方伊勢神宮を天皇家の氏神とすること、仏教を
保護・奨励しながら監督すること、国史を編纂すること、律令「飛鳥浄
御原律令」を編纂することである。なお、軍事力強化は、地方兵士の徴
発権・動員権は国司が持つが、効力は国造等地方豪族の力を必要とし
た。そこで、国司の動員権を確実なものにし、地方豪族の権限を制限し
た。しかし、近江朝廷が敗北したのは、地方豪族の協力を得られなかっ
たことにあり、また、地方豪族が味方したから勝利したのであるから、

この軍事力強化は、地方豪族の反発を免れないが、地方豪族の軍事権を制限する代わりに、文官として中央に進出する道を与えることで、妥協を図った。その後、天武朝は、その皇后持統天皇に引き継がれ、文武天皇が即位し、大宝律令が誕生した。

ロ．班田収授法

　大宝律令は、唐律をベースに701年に制定された。大宝律令は現存しないが、56年後に施行された養老律令には律の一部と令の大半が残されており、江戸時代から復元作業が行われ、現在ほぼ全容が解明されているとのことである。

　今、律令の構成を青木和夫著『日本の歴史』第3巻頁63からみてみれば次の通りである。（　）内は推定。

律令	巻	項目	条文数	項目	条文数
律	I	目録	7	名例（みょうれい）上	25
	II	名例下	(25)		
	III	衛禁（えこん）	(33)	職制（しきせい）	56
	IV	戸婚（ここん）	(46)		
	V	厩庫（くこ）	(28)	擅興（せんこう）	(24)
	VI	賊盗	53		
	VII	闘訟	(59)		
	VIII	詐偽	(27)		
	IX	雑	(62)		
	X	捕亡	(18)	断獄	(34)
令	I	官位	19		
	II	職員	80	後宮職員	18
		東宮職員	10	家令職員	8
	III	神祇	20	僧尼	27
	IV	戸	45	田	37
		賦役	39	学	22
	V	選叙	38	継嗣	4
		考課	75	禄	15
	VI	官衛	28	軍防	76
	VII	儀制	26	衣服	14
		営繕	17		

VIII	公式	89		
IX	倉庫	(22)	厩牧	28
	医疾	(27)	仮（け）寧	13
	喪葬	17		
X	関市	20	捕亡	15
	獄	63	雑	41

　律令の内、班田収授等一般国民に関する部分は、戸令・田令・賦役令であるが、その詳しい説明は、国土庁土地局土地情報課監修『日本の土地』（ぎょうせい）を参考とされたい。更に詳しい説明は、『体系日本史叢書　土地制度史Ⅰ』（山川出版社）、『新体系日本史　土地所有史』（山川出版社）、虎尾俊哉著『班田収授法の研究』（日本史学研究叢書）等があるが、いずれも学問的・専門的で、詳細を尽くし、小生には、その理解に能力と忍耐の限界を感じざるを得なかった。

　その前に、班田収授法を可能ならしめた公地公民制について考えておきたい。

　従来、天皇支配地の部民（子代・名代）と豪族支配地の部民は私有民であり、支配地は私有地であり、前述したように、天皇集権化により豪族の支配権が削がれ、豪族支配地は公地に、豪族支配民は公民に再編成された。豪族の私地・私民の収公は無償でなく、食封が与えられ、有償であったが、減ることに違いはなく、そこで官と位を授けることを約束し、私地・私民を廃されても、中央に特権的地位を保証している。

　部民は、良民と奴婢（賤民）で構成され、各豪族は多数の部民を支配していた。この構成比は、奴婢が5〜10％（角川書店『日本史辞典』）としているが、これは納得いかない。なぜなら、そもそも良民と奴婢との境界線が奈辺にあるのか判然とせず、また、前記男女の法が、男女間に子が生まれたとき、子を父母のどちらの所属にするかを決めた法で、良男と良女間の子は父につけ、良男と婢（賤女）間の子は母につけ、良女と奴（賤男）間の子は父につけ、主人の異なる奴婢間の子は母につけると定めているからである。この法は、奴婢が増加する掟となっており、良民が90％以上いることは、ギリシャの例があるように、征服者の論理ではない。公民（良民）には、貴族を含む有位・無位の官人が含

まれ、豪族※は、公民として班田を支給されている。

> ※郡司（大領）の例
> 筑前国嶋郡大領猪手の場合（『日本の歴史』第3巻「奈良の都」頁197〜199）
> 亡父の後妻、妻、妾3、妻・妾の子、子の妻の子（孫）、甥の家族、従兄弟の家族、夫々の奴婢、合計124人（内奴婢37人）、口分田合計13町6段120歩。

　公地を班給するためには、戸籍・校田を必要とし、大化の改新後、庚午年籍（670年）・校田帳の作成に着手され、合わせて条里制が畿内・関東において着手されており、その完成は742年以降のこととされている。

　班田収授制は、中国の均田制に倣ったもので、当時の国情に合わせて施行され、6歳以上の良民男子に2段（約2,300㎡）、女子にその3分の2、奴婢に良民の3分の1の口分田を班給し、6年ごとに作成される戸籍に基づいて収授したとしている。

　戸籍は、公民の確保であり、校田は、公地の確保であって、班給を行うには、度量衡を定め、これに基づき土地を区割りする条里制※1が必要であった。

　全く無知による小生の私見であるが、学者にもこうした見解を示す人がおり、班田収授制は、一種の耕地割替制度※2であったのではないだろうか。

> ※1 条里制
> 班田収授制は、北魏から隋・唐時代の均田法を模範としたもので、宅地・畑・園地は排他的占有（所有）を認め、売買できるが、耕地は、定期的に割り換えられた。従って、耕地について、条里制が施行された。
> 均田法では、永業田は認めず、宅地・畑・園地についても班給されているのが、班田収授制との違いである。条里制の概要は次の通りである。

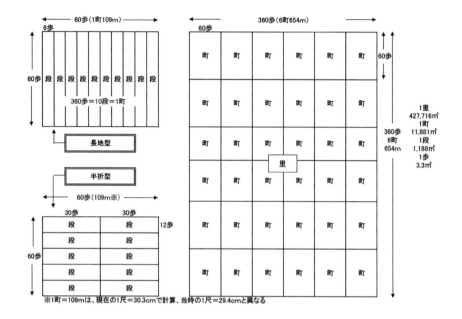

※1町＝109mは、現在の1尺＝30.3cmで計算、当時の1尺＝29.4cmと異なる

なお、度量衡は流動的で不明瞭な時代が長く続き、幾度か改定され、太閤
検地の時代に１間＝６尺３寸の棹を使って検地され、１反（段）＝300坪に
改定され、明治時代メートル法を導入するに伴い、１坪＝3.30578㎡に改定
されているので、時代によって１反の面積は1,000～1,200㎡程度と異なり、
段収など生産量の比較は容易でない。『日本の歴史』第３巻において青木和
夫氏は、１町を105.5mとしており、この計量方法だと、１尺28.5cm、６尺
1.71m、６尺四方（歩）2.924㎡、１段約1,050㎡（10.5a）として計算してい
る。

因みに、この小論の中で採用しているのは、１尺29.64m、６尺1.778m、６
尺四方（歩）3.16㎡、１段1,139㎡である。田租・収量・庸調・徭役等は全
て、稲束・把で表示されているのであるから、この内容は、度量衡が変われ
ば、全て変化する。

※２耕地割替制度

戸籍・条里制は、班田収授制の起源と関連させて、農業共同体の定期割換慣
行に必要不可欠な条件であり、前掲頁236において、耕地の肥瘠の差によっ
て、村内から没落者がでないように、耕地面積を規格化しておいて、定期的
に耕地を交換させる習慣があったという。

　しかし、良民とは名ばかりで、大半の良民は奴隷同様の暮らしを強いられ、私奴婢は家畜同然の扱いを受けた。

　公地は、初めに、官田・功田・位田・神田・寺田・職田・国造田・采女（女官）肩布田等、地子田（賃租予定地）を取り、残りを口分田として班給した。班給後の余りが乗田で、官人の雑費に充当されたとされているが、最初から一定面積を公乗田として確保されていたとする説もある。口分田は班給されたが、租庸調徭役が課された。租そのものは収穫の３％程度で低いものであったが、一般の良民の口分田は十分でなく^(注1)、加えて徭役等の義務^(注2)が課せられたのであるから、１年の５分の２は飢える計算になるはずであるとしている（『日本の歴史』第３巻頁241）。また、班田農民は５〜６カ月の食料しか賄えなかったとも言われている（前掲『日本の土地』頁33）。

（注１）班田農民の食糧事情
▪収穫量
　前掲『班田収授法の研究』第２編第４章「口分田の経済価値」において、班田収授法の施行における収穫量は、多々見解があるが、田租から逆算して、町別平均の実収高を450束としている。また、同節の文面において、「穀２斗５升即ち稲2.5束」と書かれているので、稲１束は穀１斗ということになるが、この時代の度量衡は異なっており、１段＝1,139㎡として、１反＝1,000㎡に換算し、更に１斗は現在の0.4斗に相当するといわれているので、これに従えば、現在に換算して反収0.8石、１束＝玄米1.8升と推定される。延喜式：穎稲１束＝穀（籾）１斗＝玄米0.5斗＝白米0.45斗（4.5升）。
▪食糧事情
　標準房戸（家族労働による小規模農業経営単位で、正丁２、小子１、緑児１、丁女３、老女１、小女１、緑女１の一家族10人）、口分田合計１町２段240歩、一人平均1.27段と郡司等大規模郷戸（前掲、筑前国嶋郡大領猪手家父長的大規模農業経営単位で、亡父の後妻、妻、妾３、妻・妾の子、子の妻の子〈孫〉、甥の家族、従兄弟の家族、夫々の奴婢、合計124人〈内奴婢37人〉）、口分田合計13町６段120歩、一人平均1.10

段の食料事情についてみてみることにする。

（標準房戸一人）：1.12反（1.27段/1.139）×0.8石/反÷365≒2.45合/日人
（郡司一族一人）：0.97反（1.10段/1.139）×0.8石/反÷365≒2.13合/日人

　但し、郡司大領の場合、6町の職田が支給されるので、これを合わせると、1.37反（1.56段/1.139）×0.8石/反÷365≒3.00合/日人となるので、標準房戸とは比較にならない。

　但し、上記は、上田1・中田1の二分法による結果であって、下田・下々田が班給される場合、厳しい状況となる。しかも、これ以外に国司に納める租庸調徭役及び出挙の利稲が必要である。田租は3％程度と少ないが、庸・徭役・出挙※の利稲を支払えば、口にできるのは、2合を割り込み、副食が限られている当時にあって、生存限界圏を超えていた。

　　　　※出挙：古代における利息付貸付のこと、3〜5割の利息で返還させる。

（注2）徭役等の義務

　この徭役（強制労働）の有り様を『日本の歴史』第3巻頁90〜95からみてみよう。

「太政官の朱印を一面に押した役夫動員の通達書が各国の国司の手元に届くと、国司はただちに計帳の原簿から必要な人数を選びだす。まず、賦役令により、正丁、即ち21歳から60歳までの健康な男子の中からである。この際、逃亡に備え、補欠も用意しておく。人選が終われば、郡司を通じて里長に命令され、笞を手にした里長が巡回して、いきなり不幸な正丁を呼び出す。正丁は干飯のような携行食を都までの旅の日数分用意して集合する。そこへ国司が来て、点検し、一群の正丁達は、兵士の護衛（監視？）つきで歩いて行く。都では工事現場に配属され、その後の食料は官給される。工事現場で配給される食糧は、一日に玄米8合と塩一勺で、役夫十人につき一人の炊事係がこれを炊く。雨が降って仕事がない時や病気の時、食料は半減される。飯場には各地から役夫が召集されており、言葉が通じず、郷愁に悩まされる。逃げ出すとどうなるか？　捕亡律が適用され、逃亡一日につき笞で30回たたかれ、現場に引き戻される。

　運よく逃げおおせても、途中の食料がない。それでも逃げた。その度

に補欠が補充された。無事役務が終れば、帰りの駄賃として賃金が銭
で支払われた。当時（708年）和同開珎が鋳造され、この通貨が賃金と
して支払われた。しかし、都ならいざ知らず、帰る途中の田舎では、流
通※（信用）しておらず、誰も物を売ってはくれず、銭など使いようが
ない。都で要領よく食料を手にした者以外、帰路次々に落伍し、飢え死
にしていった。働き手である正丁を失うことは、残った人にとっていか
ばかりのことであったであろうか。雇役は、その帰途が最も悲惨であっ
た。尤も、さすがにこれを見かねた朝廷は、後に、勅を発し、沿道の
国・郡司は役夫に食料を売ることを命じたそうである。」

　こうして、良民（公民）は極度に搾取され、疲弊した。それでも、要
領の良い者、余裕のある者は上昇し、要領の悪い者、余裕のない者は下
落した。二極化は必然となり、公出挙により債務が弁済できない者は、
債務奴隷として、官奴婢に、私出挙による者は私奴婢に、転落する者が
あったと想像できる。

　　※蓄銭叙位法（銭で冠位が買える制度）を制定し、銭流通のきっかけが作られ
　　ている。
　　奴婢、特に私奴婢ともなれば、更に悲惨である（前掲頁256〜260参照）。
　　「奴婢は、牛馬と並ぶ財産で、それぞれの主人から牛馬同様かわいがられた。
　　当時、奴婢の総数は良民の1割程度と言われているが、辺鄙な農村では少な
　　く、もっぱら中央政府や、貴族・豪族の財産であった。奴婢は、商品として
　　売り買いされ、その値段は、牛より高く、馬より低かった※。」
　　これが、律令体制化の人々の姿である。つまり、公地公民制は、前駆する私
　　有私民制と同様、一種の奴隷制度であり、支配者に属する民の領域を出ず、
　　土地及びそれに付属する人を支配する首長制的土地所有であったことは否め
　　ない。
　　※牛1頭：稲500〜600束、馬1頭：稲800〜1,000束（玄米18石）。

　それでも、律令は、法による中央集権国家としての官僚機構を整備
し、位階を通じて法を実践し、統治する社会の基礎を作った。
　位階は、選叙令、考課令により決められる。昇任の規準として、徳行
（人徳）、才用（才能）、労効（精勤）の三つであるが、情実が入らざる
を得ず、情実の最たるものは家柄であったとされている。また、蔭位の

制もあった。

　蔭位の制は、三位以上は孫まで、四位・五位では子までが、たとえ凡庸な息子であっても、仕官の際、最初から高い位階を授かる制度である。

　位階により給与が異なる。以下の表は前掲頁156の抜粋である。

位　階	位田	位封	位　　禄				季　　禄				位分資人
				綿	布	庸布		綿	布	鍬	
	町	戸	疋	屯	端	常	疋	屯	端	口	人
一品	80	800					30	30	100	140	100
二品	60	600					20	20	60	100	80
三品	50	400					14	14	42	80	60
四品	40	300					8	8	22	30	40
正一位	80	300 (600)					30	30	100	140	100
従一位	74	260 (500)					30	30	100	140	100
正二位	60	200 (350)					20	20	60	100	80
従二位	54	170 (300)					20	20	60	100	80
正三位	40	130 (250)					14	14	42	80	60
従三位	34	100 (200)					12	12	36	60	60
正四位	24	(100)	10	10	50	360	8	8	22	30	40
従四位	20	(80)	8	8	43	300	7	7	18	30	35
正五位	12		6	6	36	240	5	5	12	20	25
従五位	8		4	4	29	180	4	4	12	20	20
正六位	・		・	・	・	・	3	3	5	15	・
・			・	・	・	・	・	・	・	・	・
・			・	・	・	・	・	・	・	・	・
従八位							1	1	3	10	
大初位							1	1	3	10	
少初位							1	1	3	5	

品は親王、一位から五位までは王と臣、六位以下は臣、（　）内は、706年改正。

　以上は、中央官人に対する給与であり、在外諸司の大宰府官人と国司の史生以上に職田が、郡司には郡司職田が給与されている。

　官田・位田等の説明は省略するが、詳細は、前掲『土地制度史Ⅰ』『日本の土地』参照のこと。当時の富は、農業を主体とする土地からの

収穫物に依存しており、農業を維持するための生活の場（園地・宅地）や山川藪沢は、口分田や位田等の内から除外されて、私的所有が認められ、売買及び賃租が可能であったとされているが、律令が制定された段階で、貴族層だけでなく班田農民層までもが、どの程度こうした園地・宅地の私的所有を実現していたのかどうか疑問が残るとしている（前掲『日本の土地』頁36）。

　なお、水田総面積を各区分ごとに列記すれば次の通りである。

各地目規模推定一覧　天平15（743）年以前

水田総面積約600,000〜700,000町歩		
区　分	面積（町）	構成比（％）
口分田	約500,000	約80.0
乗田	約100,000	約15.0
職分田	約8,000	約1.5
位田	約2,000	
墾田	約10,000	約1.5
官田	約13,000	約2.0
神・寺田		
功田		
雑色田		
荒廃田	約130,000	

資料：前掲『土地制度史Ⅰ』頁77

　口分田の班給は十分でなく、口分田の不足分を、上記乗田以下の賃租（約20％）で補わねばならず、班田農民の飢えは必然となり、世情の変化とともに、班田収授制は、やがて有名無実なものに変容せざるを得なかった。

　その理由を、前掲『土地制度史Ⅰ』から列記すれば次の通りとしている。

- **受田者（人口）と受田耕地（口分田）とのバランスの破綻**

　耕地の不足については、積極策として、722年百万町歩開墾計画、723年三世一身の法、743年墾田永年私財法があるが、公田の増加につながるものでなかった。消極策として受給年齢の引き上げ、班給停止等があるが、一層班田農民を疲弊させた。そこにはもはや従来の口分田班給の社会政策的特徴は却けられ、「公家の口分田を班つ理由は、調庸を収め、正税を出挙せんがためである」という完全な課役負担にのみ対応する班田という経済（財政）政策的班田観が強く現れてきている。口分田の不足は、単に人口の増加によるというだけでなく、貴族・寺社・富豪層の土地所有による圧迫といった点にも重要な原因があった。彼らの土地所有が多く上田を先取するとすれば、百姓への班給口分田は逆に下田・下々田の下等地が多くなり、さらに口分田不足による班給はそれら耕地の細分化と散在的形態を甚だしくし、そこに、耕地の損田化……荒廃化と百姓の労苦と窮迫の増大をもたらすことになっていったのである。

- **班田手続の煩雑化**

　班田を施行するには、太政官の命令を受けて、まず授口帳と校田帳を作り、それを太政官に上申し、その査定後、着手の指令を得て、はじめて開始される。校田の煩雑化と困難さは、墾田永年私財法以後、私的土地所有の発展に伴って増大したものと思われる。従って、中央における査定も容易ではなくなり、更に律令行政力の低下も加わって、一層遅延することとなる。

- **偽籍の進行と浮浪人の増大**

　課役の負担が少なくてなるだけ多くの口分田を班給されるように班田の基となる戸籍の工作を行う。そのために、年齢・性別を偽り、死亡や逃亡を隠したりして、虚偽の申告をすることがあるが、逆に、戸籍を離脱し、口分田耕営を放棄することによって課役を忌避しようとしたものもあった。

　以上の偽籍・浮浪人化は、律令国家の公地公民支配に対する二つの主要な闘争形態を示すものでもあった。

▪地方官（国司郡司）の不正怠慢

　不課口の増大を逆用し、中央への調庸等を進納する負担の減少を図るという不正行為であり、空閑地開墾権に基づく土地の独占と耕営により、班田に際して、常荒不用田を班給したり、また貴族や富裕な百姓とともに、下田を上田に、不便な田を便利な田に換え、良質田だけを占有するといった状況さえ現れるようになっている。国司の関心と熱意は、いかに適正に法を運用し、班田制を施行するかにしかなく、法の盲点をいかに巧みに利用し、それによって自己の責任負担を軽減し、私利を図り、いかにしてより多くの私有地を獲得するかにあったのである。

▪貴族・寺社・富豪層などの大土地私有の展開と公民（農民層）の分化

　墾田永年私財法が施行されて後、貴族・寺社・富豪層による山野の占有、墾田の開発、土地の兼併が積極的に進められ、一方において、耕地を錯雑化し、公田を圧迫し、班田制の施行を妨げるとともに、その労働力の確保を通して農民層の分化を促進した。

　以上の通り、班田収授を有名無実にした五つの理由が挙げられており、その内容に墾田永年私財法が大きく関与している。墾田永年私財法は、どのようにして生まれ、公地公民制を変容させて、その後の土地支配のあり方に影響を与えていったのであろうか？

　律令制度における田令は、中国の均田法に倣ったものであるが、均田法における永代にわたって所有を許された土地即ち永業田の規定がなかった。班田収授法施行後の人口増加による口分田不足による耕作地拡大が必然化しており、こうした状況に対して三世一身の法が施行されたが、私有期限後収公されることから、積極的開墾が行われず、また、収公後荒廃するケースが多かった。そこで、墾田の荒廃地化を防止するため、743年、三世一身の法を廃止して、墾田永年私財法が施行され、開墾面積や開墾期日を限定し、所有期間・処分を制限しない墾田の永年私有（私財化）を認めた。しかし、この開墾面積は、次の通り冠位により制限されており、加えて、口分田を含む公田を大きく圧迫し、律令制的土地制度たる公地公民制を大きく変質させ、班田農民の逃亡、逃亡農民の吸収により、中世荘園への道を開くところとなったといわれている。

墾田私有制限額		前掲『土地制度史Ⅰ』頁63より
1位	500町	
2位	400町	
3位	300町	
4位	200町	
5位	100町	
6〜8位	50町	
初位〜庶人	10町	
郡司（地方豪族・元国造）		
大領・少領	30町	
主政・主帳	10町	

　上表の通り大土地私有は、貴族・豪族等権門家に限られている。私地私民制への回帰とも思われるが、小生には無縁の世界である。ただ、全く乱暴な推論であるが、公地公民に編成替えする代償として旧支配層に冠位を与え、位階に即して食封を給付する官司制にあって、蔭位や蓄銭叙位等により、食封総量と給付総量にバランスがとれず、食封不足が慢性化しており、不足分を補うため墾田永年私財法を生み、位階に即して墾田規模が割り当てられたと考えられる。

　そもそも、「土地」が有益なものをもたらすためには、「人」と「自然（大地）」がなければならない。「人」は「自然」に働きかけ、「自然」は「土地」に変容する。そして、「土地」と「人」は、位田・位封の他、位階を有する有位者の支配対象となる。なぜなら、「土地」から有益なものが「人」によって取り出されるからである。

　班田収授法が崩れて、荘園化する過程は、極めて煩雑であり、理解に苦しむところが多い。土地から切り離された人の支配、土地と人の重畳的支配、土地と人との一体的支配等、「土地」と「人」の複雑な支配関係がこれから展開する。

　そこには厖大な史料が残され、多くの解説書があり、議論があり、よほど整理して考えなければ理解不能であるが、忍耐と理解力を欠く小生

には限界がある。これから書く部分は、的外れとなることは否めないが、乗りかかった舟なので、乗るしかない。なによりペマの質問にも答えなければならない。

４）荘園

　荘園とはなにか？　荘園定義の概略は次の通りである。

　奈良時代から戦国時代まで存在した田地を中心とする私的所有地。所有者がおもに京都や奈良に住む政治的地位の高い都市貴族や寺社であることが特徴。所有者が現地の経営のために事務所や倉庫を設け、そこを荘所といったことから、その土地を「〇〇荘」といった。現在確認できる荘園は全国で4000に及び、その形態から３類型に分けて理解される。第一は、初期荘園で、８Ｃ前半の三世一身法、墾田永年私財法を契機として成立した。しかし多くは輸租田で、10Ｃまでに没落。第二は免田・寄人型荘園で、10Ｃ以降の王朝国家体制のもとでの荘園。領域性をもたず、国衙から認可を受けた免田１筆（１区画）ごと、寄人一人ごとに個別に経営された。第三は領域型荘園で、11Ｃ後半以降中世を通じて存在し、中世社会の根幹を形成した。11Ｃ後半以降隆盛する寄進地系荘園の多くはこの形態の荘園である。このような荘園は12Ｃ前半から中葉にかけてピークをむかえるが、平均すると一国の田地の50％前後は公領（国衙領）として存続した。

（角川書店『日本史辞典』から）

イ．初期荘園とその展開

　母・姉の二代女帝（元明・元正）が続き、710年、都は平城京へ遷都し、聖武天皇が即位した。仏教興隆は一段と加速され、特に、東大寺に

は4,000町の墾田規模が与えられ、東大寺造営には、都の築造に加え、厖大な徭役が投じられ、民衆は疲弊した。

　初期荘園を説明するにあたって、多くの学者は、越前東大寺領桑原荘を引き合いに出している。当時、越前や越中には、開墾可能な未墾地が多く、桑原荘もその一つであった。墾田を請け負ったのが、生江臣東人というこの地方の豪族である。位階により墾田規模が制限されており、東人は既に開墾した100町歩の墾田を東大寺に差し出し、墾田請負人となり、その支配下の公民や浮浪人を駆使して墾田開発を行った。この請負により生み出された墾田は周辺班田農民に賃租（売田）に供され、収穫物を東大寺に納入し、官位を得た。その後、なにがあったか不明であるが、東大寺が直接経営管理を行うようになり荘司が派遣された。しかし、賃租に応じる者がなく、たちまち作付不能の荒廃田となり、初期荘園は短命なまま終わった。この場合、荒廃田になったというよりも、東大寺に入る収入が途絶えたというべきで、東人のような在地豪族達が次第に力をつけ、東大寺と対立するようになったとも考えられる。

　一方、桑原荘が開墾される4年ほど前の751年、太政官符は「殷富の百姓」達が銭や米を「貧民」に貸し付け（私出挙）、高利を貪るため、逃亡する者が続出していることに対し、警告を発している。この「殷富の百姓」は私出挙を通じて急速に富を蓄え、没落した人々を奴婢にし、家族ごと隷属させて、労働力とし、大規模な農業経営を行っていたが、律令体制下の国司監視の目は厳しく、正式に許可を受けていない墾田は、国司に没収された。

　そこで、「殷富の百姓」達は、諸院諸宮王臣家等五位以上の権門勢家に渡りをつけ、これら中央貴族と連携して未墾地を囲い込み、形式上「諸院諸宮王臣家」の荘園にして、国司の没収から免れた。8〜9世紀の初期荘園は、諸院諸宮王臣家等五位以上の権門勢家や東大寺のような官大寺に認められたもので、下級官人や在地首長並びに殷富の百姓には認められなかった。

　時代は、天武系から天智系へ皇位がバトンタッチされ、光仁天皇を経て桓武天皇が即位した。

　この時、奥州で大反乱事件が勃発した。当時、多賀（仙台市の北東、

現在の多賀城市）は、大和朝廷の前進基地であり、陸奥に桃生・伊治、出羽に雄勝等の新しい拠点を設け、蝦夷を圧迫していた。伊治公呰麻呂（あざ）は、伊治を拠点とする地域の首長であったが、懐柔されて、伊治郡大領の地位にあった。しかし、夷俘としての屈辱的扱いに我慢しきれず、780年、多賀城を襲い、鎮守府庫を略奪し、城に火を放って北方の蝦夷と手を結び、反乱をおこした。

　この鎮圧は容易ならず、この経過を北山茂夫著『日本の歴史』第4巻から概観すれば次の通りである。

　この反乱に対し、朝廷は、788年、陸奥按察使多治比宇美を鎮守府将軍に、紀古佐美を征東大使に任命し、約5万2800人を動員して多賀城に集結し、胆沢を目指して北進を開始した。この最前線に陣をはり、征東大使麾下の進撃軍の出端をしたたかにたたいて勇名をとどろかせたのが、奥地の賊首阿弖流為（あてるい）であった。征東大使紀古佐美とその幕僚らは、この惨憺たる敗北に全く戦意を喪失し、東海・東山両道から徴発した軍士は敵と干戈を交えることなく撤退し、紀古佐美は節刀を返還し、第一次征討は失敗した。

　桓武天皇は、皇位を巡って異母兄弟他戸親王母子謀殺による怨霊に悩まされ、784年に平城京から長岡京への遷都を行い、長岡遷都の提案者藤原種継の暗殺事件から皇太弟早良親王を憤死させ、これまた怨霊にとりつかれ、794年長岡京から平安京に遷都した。この間わずか10年である。794年には、再び征夷大将軍大伴弟麻呂のもと、10万人に及ぶ征東軍が派遣され、副将軍坂上田村麻呂の指揮のもとに第二次征討が開始されたが、蝦夷人の共同戦線による必死の抵抗は熾烈を極めるばかりで征討に至らず、797年田村麻呂を征夷大将軍とする第三次征討が行われ、ようやくにして胆沢の地を占領し、大和朝廷の版図に組み入れられた。その後、阿弖流為は配下500余人を従え、軍門に下ったが、田村麻呂の助命むなしく、河内国杜山で斬首された。

　二度の遷都と三度の征討、これらは全国の農民の生活を痛めつけずにはおかなかった。前に班田収授法の変容の理由の一つとして、偽籍の進行と浮浪人の増大、墾田永年私財法による労働力確保を列記したが、まさしくこのことこそ班田収授の限界を招来し、荘園化を加速させたと考

えられる。

　貴族・国司・郡司・富裕農民は、下田を貧民の上田ととりかえ、不便な口分田を便利な口分田と交換し、荒れた口分田を一般の農民におしつけた。徭役と出挙の負担に耐えかねて、口分田を放棄して逃亡する農民が続出し、良と賤の通婚が恒常化し、律令体制下の田制・戸籍制はくずれた。逃亡民は、浮浪人となって、労働力を必要とする公営田や土着した貴族等の墾田（私営田）に吸収され、奴隷化すると共に、群盗となって都に流入し、治安を悪化させ、明らかに律令制度は崩壊の危機に瀕していた。

　それでも、桓武朝は、治世25年間に班田収授の前提となる校田（土地調査）を3回、班田を2回行ったとしているが、農民達は、徭役などの諸税基礎となる土地を不十分にしか配給されておらず、徭役と出挙の負担は軽減されることはなかった。その後、嵯峨朝810年、淳和朝828年に班田が行われているが、結果は、桓武朝同様、焼け石に水であり、仁明朝に至っては校田が行われたが、班田は行われなかった（桓武 ― 平城 ― 嵯峨 ― 淳和 ― 仁明）。

　国司は、中央の帰属が6年の任期で地方の政治に携わったが、公廨稲（政府米）の配分と任地の営田等役得があり、この頃、公廨稲を3割の利息を付して貸付け暴利を貪り、農民や兵士を勝手に使役して墾田所有者となり、土豪の娘を娶って土着するものが多くなった。

　ここで、『日本の歴史』第4巻頁168中井王の記事からこの様子をみてみれば次の通りである。

「地方を場として、農民の上に、いっそう強大な勢力が伸びつつあった。国司の土着化がそれである。797年に、桓武天皇は法令をだして地方官のあいだのそうした傾向を阻止しようとした。それ以後この問題がどうなったかは、中井王のケースの検証によってほぼ明らかになってくるであろう。

　正六位上中井王は豊後介であった。その任期中に、日田郡をはじめ近隣の諸郡で、広く土地を手に入れて盛んに農業経営を拡大し、稲を農民に貸し付けていた。このようにして任地に根をはった中井王は、交替期がきてもこの地に留まり、先の介として郡司・百姓にのぞんでいた。か

れは、豊後国だけでは満足せず、筑後・肥後などの国にも勢力をのばしていたという。かれは、農民の調・庸未進の分を代納して倍の利息を強奪していた。豊後国府では、たまりかねて、大宰府を通して政府に中井王の暴状を報告した。842年仁明期のことである。

　前介中井王の土着のよりどころが、その土地経営にあったことはいうまでもない。しかしそれだけではない。諸郡の土豪・有力農民のなかには、この前介を迎え、これと結ぶものが少なからずいたのだ。中井王は、かれらとの間に党を結んでその首領となり、国府の権力に抵抗していたのである。地方の不平分子は前介を中核として結合するという形態が生じていた。これはそれ自体、まだ武士団とはいえないけれど、歴史的にはそれへの露払いをやっていたようなものである。国府はいうまでもなく、中央でも、中井王を無法者として本籍地に環住させる処置をとった。この王が政府のいいなりになったかどうか、かなり疑わしいとおもう。中井王その人は、すでにしっかりその任地に根をはって、国府に手向かうほどの実力をたくわえており、そのまわりに、この前介を支援する地方民が党として結合していたからである。……国司の土着化を禁圧した桓武朝797年から40余年の歳月が流れ、いま国家の法に抗して中井王のごとき土着をめざす貴族が、はっきり平安朝の初期に登場してきた。」としている。

　文徳朝（仁明 ― 文徳 ― 清和 ― 陽成）以降は、親政から摂政に移行する時でもある。藤原良房は、文徳天皇に一人娘明子を娶わせ、その子（文徳天皇第4子）を、第1子を差し置き、無理やり皇太子とし、文徳天皇崩御の後、9歳の清和天皇の外祖父として、摂政となり、貴族政治の幕開けとなった。基経の後、宇多帝・醍醐帝の時一旦親政が復活するが、道長によって、摂関政治の最盛期を迎えることとなる。

　良房は、全く班田に興味を示さなかったが、その養嗣子である基経の代、50年振りに班田収授が実施された。この50年間に生まれた大部分の農民は、全く国から土地が与えられていなかったのである。耕地を必要とする農民は、土豪・有力農民から土地を借りて高率地子稲を巻き上げられるか、貴族・寺社の墾田（荘園）に繋がれてその渇を癒やすしかなかった（前掲『日本の歴史』第4巻頁272）。

878年、50年振りに五畿内において校田が実施され、翌879年に班田使が任命されたが、この地域は権力を集中した土豪・有力農民が多く、かれらは、50年間の班田途絶の間に多くの零細農民から夥しい口分田を様々な方法で略奪し、各私営田に組み込んでいたため、班田を歓迎しなかった。

　令制では、男子2段（1段120歩）、女子はその3分の2（160歩）の班給とされていたが、既に828年の班田において、京の女子は僅か30歩しか与えられず、880年の班田は全くなく、その分を男子にまわしていた。山城国では、男子への班給は水田1段180歩、陸田60歩であったとされている。

　それでもまがりなりにも班田が実施されたことは、基経らの政府は、国司らの尻をたたく政治力をもっており、律令的支配の瓦解をくいとめるために何ほどかの寄与をしたものと判断しなくてはならない（前掲頁275〜276）。

　しかし、班給対象となる耕地の内容が不明であり、農民の逃亡、戸籍の乱れ等があって、満遍なく一様に班給されたか否か、些か疑問の残るところである。

　東大寺・興福寺などの大寺あるいは権門勢家は、墾田永年私財法により墾田に努め、私営田を増加させていたが、こうした荘園に対して、9世紀後半期ころから太政官符や民部省符を出して、不輸不入の特権を認めはじめていた。不輸不入とは、一種の治外法権であり、租庸調の諸税・立入に対し国家権力を介入させない権利である。大寺・権門勢家はなんらかの国家権力と結びついているのであるから、符を出して国家権力を除外することは、自ら国家権力を否定することになる。最初、不輸租の権利を獲得し、次に国衙使の検断のための立入禁止の権利を獲得し、11世紀には国家権力の介入を全面的に排除し、独立国として機能する荘園が一般化すると共に、多くの墾田型荘園が、不輸不入の特権を求めて、大寺・権門勢家に寄進され、権利関係を複雑化させることとなる。

　50年振りの班田も、東大寺・興福寺などの大寺が蟠踞しており、校田・班田に支障があったとしている。また、南都の大寺に続いて、桓武

朝期、唐の留学生となった最澄・空海は、帰朝後、比叡山にて天台宗を、高野山にて真言宗を開き、朝廷からの篤い保護と地方布教により、その基盤としての寺領荘園を寄進により拡大させていた。

　ところで、不輸不入の特権を認める時代背景は那辺にあったのだろうか？

　前に述べたように、国司（任地に赴く者を「受領」といい、任地に赴かず得分のみ取得する者を「遙任」という）にあって、受領の関心は、公廨稲（政府米）の貸付にあった。しかし、逃亡者は、その労働力を必要とする権門寺社や土豪・有力農民等の私営田（荘園）に吸収され、戸籍の乱れから、受領は、土民・浮浪民、貴賤の区別なく、土地の規模に応じて正税を取り立てた。家族の数をごまかしたり、男を女にし、あるいは働き盛りの者を老人にすることができたが、受領の眼から土地を隠すことはできなかった。ところが、中央諸宮司の下僚や良家の子弟、あるいは諸院・諸宮・王臣家の人々などは、多く耕地を領作していても、中央に働きかけ、不輸の特権を得て、受領の貸付を拒否した。また、土豪・有力農民は、権門勢家とのコネを通じてこうした荘園において荘長として采配をふるっており、受領につけ狙われた田地を寄進して庇護を求め、その用益権を手元に留保した。こうしたいきさつで、学説上「寄進地系荘園」（それまでの「墾田地系荘園」に対し）といわれるものが、9世紀後半から諸国に出現し、そこで諸院・諸宮・王臣家・寺社はこの形勢に乗じてこの種の荘園の獲得に熱を入れた（前掲頁337〜339）。

　この時代、地方（京の外）の情勢はどのようであったのか？

　前述の「寄進地系荘園」といわれる荘園が勢力を伸ばす一方で、諸郷の百姓の生活は著しく侵害された。かれらが荒田・空閑地を開こうとしても、こういう勢力におしのけられてしまう。また、東大寺以下南都の大寺院は広大な山林を占拠してしまうが、その中に百姓の宅地・口分田や治田が散在しており、それらの田地から地子をとる慣習ができて、国衙領を犯し、国家財政が年々悪化して、受領の実入りとはうらはらに、受領以下の下級官人や弱小貴族への給付が不安定となり、律令的政治力が後退していた。

　こうした下級官人や弱小貴族の突き上げから、公地公民制の崩壊を食

い止めるため、政府稲を耕田の面積に応じて貸付けて、土豪らの脱税に対抗したのが道真・時平による寛平の改革であったが、班田収授を実施するに至らなかった。

班田不履行の地方政治への影響は甚大であり、口分田をもたない課丁が増え、一方、不課の戸が多く田を領作しており、戸籍や耕地の調査が不明を極め、その癌となっていた諸院・諸宮・王臣家・寺社の荘園にメスをいれたのが、時平期の「延喜荘園整理令」である。この内容について、『土地制度史Ⅰ』頁140からみてみれば次の通りである。

整理令において９通の太政官符が発布されており、その内２官符が土地制度に関するものとされている。

一つは、「応に諸院諸宮王臣家、民の私宅を仮り、庄屋と号し、稲穀等の物を貯積するを禁断すべきの事」。一つは、「応に勅旨開田並びに諸院諸宮及び五位以上、百姓の田地舎宅を買取り、閑地荒田を占請するを停止すべきの事」である。

その理由は、「新たに荘家を立て、多く苛法を施し、課責尤も繁く、威脅耐えがたし」と述べられているように、本来の勅旨田の経営方式が行き詰まり、それに代わってあらわれた荘家経営方式も多くの弊害をはらんでいたことによる。

官符によれば、当時諸院諸宮王臣家等五位以上の権門勢家が、民の私宅などをかりて荘家をたて、使・専当・預等の名称をもつ代官をおき、出挙・営田にあたらせていたといわれる。班田農民の分解による労働力徴発の困難や、農業経営の集約化による奴隷制的直接経営の破綻により、それにかわる経営方式としてあみだされてきたもので、その経営の担い手は、班田農民の分解の中からあらわれた富豪層であった。富豪層は弱小農民の調庸代輸を請負うことによって、未進に苦しむ国衙の収納を保障し、その反対給付として私出挙活動の保障を得ていた。この限りにおいてかれらは律令国家にとっても国家財政の危機を補うものとして重視されたが、九世紀末にはようやく一定の社会的勢力となり、主体的に権門と結びついて、国家＝国衙に対立するようになった。官符が、"諸国奸濫の百姓"とよび、「課役を遁れんがため、ややもすれば京師に赴き、好んで豪家に属し、或いは舎宅を以って巧んで売与と号し、遂に

使を請い牒を取り封を加え膀を立」て「出挙の日、事を権門に託して正
税を請けず、収納の時、穀を私宅に蓄えて、官倉に運ばず、賦税済まし
難し」と述べているのがそれである（「封を加え、膀を立つ」まさに封
建の嚆矢をここにみる）。

　このような動きを厳罰で止めようとし、民をもって負作せしめ、国衙
と公民の矛盾を緩和し、公田を維持しようとしたのが「延喜荘園整理
令」であるが、（官符を発する側に権門勢家があり）一定の社会的勢力
となった富豪層の動きは一片の法令をもってはとどめることはできず、
荘園寄進はますます増加の一途をたどり、延喜の国政改革も、全く効果
がなかったようである（荘家と対立する国衙領の下級官人や弱小貴族に
対するパフォーマンスというしかない）。

　時平の後、氏の長者となって台閣を占めたのが時平の弟藤原忠平であ
る。

　忠平は、宇多・醍醐帝の逸楽（豪奢と風流）を追随するのみで、天下
の政治を亡失し、地方政治の立て直しに熱意を欠いていた。宇多・醍醐
帝が崩御して後、醍醐帝を継いで即位した朱雀帝（醍醐 ― 朱雀 ― 村
上）は弱年8歳で、その外舅忠平による摂政政治が復活した。

　この時代935〜940年、東の将門と西の純友による「承平・天慶の乱」
がおこっている。乱の様子は、乱後書かれたとされる作者不明『将門
記』に詳しく述べられ、『将門記』を題材に書かれたフィクション小説
『平の将門』吉川英治著は、乱の様子や当時の坂東地方と京の様子に対
し、想像をたくましくしてくれる。

　桓武帝の三代目高望王は、臣籍を得て上総介平高望となり、坂東に赴
任し、受領となったが、任期が終了しても帰らず土着した。前掲した中
井王と同じようなケースである。坂東地方には、嵯峨帝等から臣籍を得
て降下し土着した源護や藤原秀郷など受領の子孫が割拠していた。

　将門は、高望王の子息良将の長子であるが、高望王には、国香・良
兼・良将・良広・良文・良持・良茂の男子があり、受領任期中に広大な
権限を活用し、農民を使役して土地を開墾し、土豪・有力農民と婚姻関
係を結び結託して、各自各地に生産拠点をつくっていた。かれらは、こ
の生産拠点たる土地を中央の権門勢家、特に摂政忠平に各自寄進し、陸

奥鎮守府将軍や坂東諸国の受領の地位を得て、生産基盤を一層強固にしようと画策した。この地位を得るため、権門勢家に接近し「課役を遁れんがため、ややもすれば京師に赴き、好んで豪家に属し、或いは舎宅を以って巧んで売与と号し、遂に使を請い牒を取り封を加え牓を立」を地で行った。

　将門も、若い頃京にでて、忠平に名簿を捧げて従者となったようであるが、仕官して地位を得ることなく故地に帰還している。一方国香の息貞盛は、左馬允の地位を得て中央への足掛かりとしている。

　故郷に帰還した将門を驚かせたものは、恐るべき叔父達の侵食である。

　ここにおいて、叔父達との確執が始まり、将門の怒りは、戦乱へと発展する。

　この様子は、小説『平の将門』に詳しく書かれているので省略する。

　結果は、坂東を征し、国府権力を一掃して神託により親皇に祭り上げられた将門に対し、将門追捕の官符を得た貞盛は、藤原秀郷（俵藤太）の協力を得て将門を破り終結したとされている。尤も、政府派遣の征夷大将軍はなにすることもなく、坂東を平定したのは、土着の受領系実力者であり、いまや解体期にある律令国家は、なかばこうした受領系実力者らのものであるというべきであろう。かれらはいまこそ国府の側にたっているが、地方に根をはっているかぎりは、いつ反権力的な行動にでるか予測できなかった。こうした中、忠平による政務は、旧態依然たるマナリズムから一歩もでていない（『日本の歴史』第4巻頁467）。

　朱雀帝には後嗣がなく、醍醐帝の第十四皇子村上帝（朱雀 ― 村上 ― 冷泉）が即位して親政を行い、台閣の中心を忠平の息師輔が踏襲した。しかし、承平・天慶の乱の彼方に、醍醐帝の延喜の昌栄を追想し、政務は忠平時代同様蔑ろにされ、文雅を旨とし、政務は中級以下の貴族・官人に託され、一方都を出ては受領として地方民に抑圧を加え、収奪の限りを尽くしていた。

　承平・天慶の乱の後の平安京は、すでに衰頽の色を次第に濃くしていた。わずかに歓楽と風流で賑わっているのは、一握りの権門と田舎で荒稼ぎしてきた受領たちだけであった（前掲頁510）。

　都では群盗が続出し、悪病がはびこり、地方では土着した受領の後裔に連なる遊蕩放縦の輩が威勢をはるという実状にあった（前掲頁499）。

　空也聖人が、市井において諸所に井戸を掘り、卒塔婆を立て、囚人をも見捨てることなく念仏をすすめたのはこんな時代のことであった。

　一方、天台・真言、あるいは南都の大寺の僧たちは、民衆に背を向けて貴顕への奉仕に汲々としていただけでなく、その寺領荘園の関係において、そこに働く農民や土豪と対立を深め、紛争をひきおこしていた（前掲頁518）。

　師輔と皇后安子の死は、村上帝の心身に異常をきたし、その親政は18年に及んだが、政務指導という点ではなんら寄与せず、42歳の壮齢で崩御した。

　ここに、村上帝と安子の第一皇子、冷泉帝（冷泉―円融―花山）が即位したが、親王時代からの狂気は癒えず、台閣の中心をなす藤原実頼・源高明・藤原師尹と三人並んだ大臣が、直面した問題は立太子の件であった。ここで安和の変が起こる。

　安和の変（969年）は、村上帝の皇子、為平親王と守平親王の立太子を巡って、源高明を外舅とする為平親王を忌避した藤原北家が守平親王を新東宮と決定したため、為平親王を東国に迎えて乱を起こそうとする相談に加わっていた源満仲の密告により生じたもので、この結果、事件に連座して源高明は大宰府に左遷された。

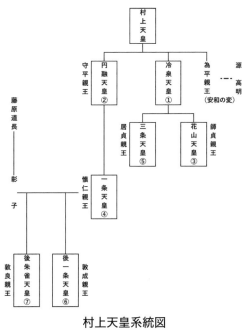

村上天皇系統図
①〜⑦は皇位順番

守平親王は円融天皇に即位したが、源高明を廃して後、藤原氏内部の勢力争いが活発となり、師輔の子、兼通・兼家兄弟が激突した。各兄弟達は後宮に娘を送り出していたが、その幸運を得たのは兼家であった。兼家の娘（超子）と冷泉上皇との間に居貞親王（後の三条天皇）等三親王があり、兼家の娘（詮子）と円融帝との間に懐仁親王があって、兼家は外舅として磐石の地歩を固めた。はたして、円融帝が譲位し、花山天皇が即位すると、新東宮懐仁親王に定められ、後に花山天皇は兼家の子通隆・道綱により体よく出家させられ譲位して、懐仁親王が一条天皇に即位し、ここに藤原道長の登場となる。道長は、兼家の末男で、兄達との年齢差があり、相次いで兄達が他界したため、結果として、藤原氏の長者を継ぐこととなったのである。また、道長は、娘にも恵まれ、彼女達を後宮に送り込んで、外戚関係を作り、本人をして「この世をば我が世とぞ思ふ望月の欠けたることもなしと思へば」といわしめた栄耀栄華を極めることとなる。この道長は、台閣の頂点にたち、人事権を一手に掌握して叙位（位を授ける）除目（官職を任じる）を行い、より良い叙位・除目を求める中央官人や地方官である国司等から莫大なサービスを受け、寄進により地位を得る荘園領主はあとをたたず、大きな経済力を持つに至った。その経済力の一部は寄進による荘園収入であ

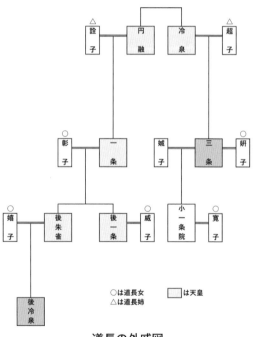

道長の外戚図

○は道長女　□は天皇
△は道長姉

資料：中公文庫『日本の歴史』第5巻、土田直鎮著『王朝の貴族』頁322

り、国司のサービス（この時代、まがりなりにも律令体制が維持されており、有名無実となっていた封戸からの上がりに努める等）や献上品等であった。とにかく、豊かな国の受領となることは、実入りのよいことで、国司達は躍起となってこの地位を得るべく注力した。

　道長・頼通の時代は、摂関政治（貴族政治）の絶頂期であり、摂関家に対する荘園寄進が度を越す中、地方では国司と荘園領主が凌ぎを削っていた。

　道長が没した翌年、承平・天慶の乱から90年後、東国（上総・下総・安房）に平忠常の乱が起こっている。平忠常は、将門を制した貞盛の系譜をひく者で、桓武平氏は、関東の地に根をはり、国司達受領層を圧迫していた。そのさまは、『今昔物語』に、「下総国ニ平忠恒（忠常）ト云フ兵有ケリ、私ノ勢力極テ大キニシテ、上総・下総ヲ皆我ママニ進退シテ公事ヲモ事ニモ不為リケリ、マタ常陸守ノ仰スル事ヲモ事ニ触レテ忽諸（軽んずる）ニシケリ」という具合であった。「公事ヲモ事ニモ不為リケリ」というのは、納税を怠ることである。

　こうした国に対する義務を公事といい、平忠常のように豪の者がいて、国司を国司と思わず公事を果たさない者が地方に続出していた。当然、国司側も武力をもって対処したが、その力及ばず、圧倒され、中央政府に援助を請う結果となった。ここに登場するのが、清和源氏（多田源氏）である。多田源氏の祖、源満仲以来、源氏は中央にあって摂関家の家人のごとく振る舞い、代々摂関家と結びつき、さまざまな官職を手にしてきた。

　最初、忠常と同じ貞盛の系譜をひく平直方が追討使に任じられたが、忠常の勢いを止めえず、平氏に代わり、源頼信が追討使となって忠常と対峙することとなる。

　しかし、頼信と忠常との間に裏取引があったか、忠常の乱は収まり、その後、頼義・義家父子により陸奥安倍氏の乱（前九年の役1051〜1062年）を清原氏の協力を得て収め、義家により清原氏の内訌（後三年の役1083〜1087年）を収め、源義家は、武士の棟梁として確固たる地位を占め、摂関家の家人に過ぎなかった武士が貴族社会の一角を占めるに至った。

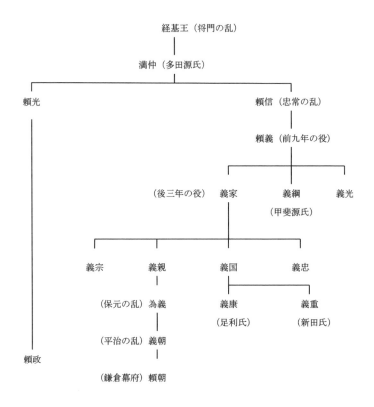

経基王（将門の乱）

満仲（多田源氏）

頼光　　　　　　　　　　　　　　　頼信（忠常の乱）

頼義（前九年の役）

（後三年の役）義家　　　義綱　　　義光
　　　　　　　　　　　　　　（甲斐源氏）

義宗　　　義親　　　　　義国　　　義忠

（保元の乱）為義　　　義康　　　　　義重
　　　　　　　　　　（足利氏）　　　（新田氏）

（平治の乱）義朝

頼政

（鎌倉幕府）頼朝

　ところで、忠常はどのような存在であったのか？　竹内理三氏は、その著『日本の歴史』第6巻頁116〜117において、「将門の乱の頃、顔を出した 兵 は、それから1世紀半を経て、はっきりと武士団に成長してきた。兵の社会経済的な実体は、私営田領主とよばれるものである。では、私営田領主とはいったい何者か。この言葉は、第二次大戦後の学界で使いはじめられたもので、広い土地を所有し、それを自分で直接経営する大土地所有者（ドイツにおけるユンカー）のことをいう。例えば、奈良時代に東大寺が越後国の所領で行ったように、現地に荘所を設け、そこに鋤や鎌などの農具を備えおき、本寺からは田使を派遣し、付近の農民を雇って耕作させ、倉を建てて収穫した稲を収納するというやりかたである。東大寺の場合は寺院という機関であるが、個人の場合、それは私営田領主とよばれる。私営田領主の由来を尋ねれば奈良時代に

さかのぼる。律令制度の下では、農民（公民）には口分田の田租のほか
に、調・庸や徭役或いは出挙・兵役などいろいろな義務を課した。……
その負担に耐えかねて、小規模農民のなかには有力者に寄口（逃亡）す
るものが生じた。こうした逃亡者を吸収して有力者はますます大きくな
り、家長権力が強化され、強い有力者から私営田領主が成長した。その
ほか、地方の有力者である郡司、或いは国司となって地方に赴任した官
人のなかからも、その地位を利用して私営田領主となるものが生じた。
かれらは墾田永年私財法と共に、労働力と権力を利用し、大規模土地経
営に乗り出したが、この時代の私営田領主はまだ兵でない。なぜなら、
かれらが使役する農民はまだ非力であったから、領主が兵である必要が
なかった。……私営田経営に動員される農民は、その日の食料の調達に
も不自由する貧農であり、食料を支給されて命を繋いでいたということ
であれば、かれらは領主の家人や奴婢に近い立場にたたざるをえないで
あろう。こうした貧農（逃亡民）こそ、私営田領主がその私営田を拡大
する労働源であった。その後、時代を経て、農民は成長した。成長する
農民を制するには私営田領主が猛者たる兵に変容することが必然となっ
た。」としている。

　そして、猛者たる兵に変容することによって、私営田領主は国司にも
対抗する力を持つに至った。忠常はこうした猛者としての私営田領主で
あったのではないだろうか。

　私営田（荘園）といえど、律令体制のもとでは、租庸調の賦課は免れ
ない、その徴税担当者は国司である。そこで、国司と荘園領主との間で
イタチゴッコがおこり、後に述べる荘園整理令は、このイタチゴッコを
より複雑化する。

　そもそも、古代・中世期は、土地の所有（支配）関係が明瞭でない。
律令制度の下では、人の支配が基本であり、作人あっての土地であり、
人を支配することは、生活の糧を引き出す土地をも支配することであっ
た。ところが、作人たる人は逃亡し、土地だけが残り、人に賦課した租
庸調はそこから生まれない。戸籍は賦課上無意味となり、逃げることの
できない土地に課税が行われるようになる。無人となった土地に私営田
領主が入り込み、逃亡した作人を使役する。国司はそれをみて、私営田

領主に課税しようとするが、私営田領主は、寺社や権門勢家に寄進して課役を逃れようとする。寄進して土地からの上がりの一部を納めるだけで、その荘司や預所として土地からの上がりの多くを手にする。

　土地と人との関係は、混沌とし、カオス状態にあるというしかない。

　竹内理三氏は、前掲頁143において、「今日の一般常識からいえば、近代以前の社会では、土地を支配するものはそこの住民をも支配する、土地の支配者は住民の支配者であるというふうに理解されるであろう。しかしそのようになったのは、日本では戦国時代になって大名領国が成立して以後のことで、本来土地の支配と人間の支配とは別々のものであった。……日本の中世の歴史は、一般的にいえばこの二元的支配を一元的支配に統一しようとする努力の歴史であるといえる。」とし、この二元的支配を受けていた荘園の一例として次の例を示している。少し長くなるが、そのまま写してみる。

〔摂津国長渚（長洲）荘は、以前ははるかに後退していた兵庫県尼崎市の海岸線沿いにある東大寺領であった。この荘は奈良時代、聖武天皇から施入された猪名荘の一部から発展したものである。猪名荘は10世紀末の書上げによると、田地85町1段343歩、野地100町、浜250町とある。かなり大きな海沿いの荘園である。このうち250町の浜は、現在も尼崎市を流れる神崎川の川口につくられた東と西と南の三方が海に面している海中に突出した砂洲である。従って、漁人の集散に適していた。そのためしだいに住人が増加し、11世紀には猪名荘から分離して一つの荘園（長渚）となった。

　東大寺は、この浜地の

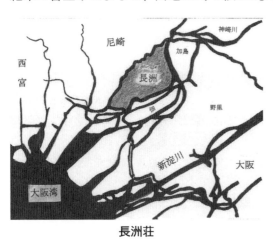

長洲荘

図面は神戸新聞出版センター『兵庫県大百科事典（下）』からトレースしたもの、図面は昭和7年版地形図による。

領主であるところから、そこに住みついた住人から屋敷の敷地料として地子を取り立てていた。ところが後三条天皇（在位1068〜1072年）のころ、ここの住人たちは検非違使庁から課役をかけられようとした。

　しかし住人らは、この検非違使庁役を免れようとして、時の関白藤原教通と隷属関係を結び、その支配（散所）をうけることとした。これによって関白家の政治的威光で検非違使庁役を免れることができた。やがて教通は、自分の女（むすめ）で後冷泉天皇の女御、のちに皇太后となった歓子にこの長渚荘民の支配権を譲った。つまり、長渚荘は、その土地は東大寺領でありながら住人は皇太后職領としてその支配をうけることとなった。皇太后職では在家敷地料については干渉せず、住人らもこれまでどおりそれを東大寺に納めていたので、東大寺は住人らが皇太后宮家の下部となったことにまったく気づかずそのまま十数年を経た。

　ところが1084年、京都の賀茂社では、御贄（みにえ）（神前にそなえる魚介）を得るにこの地が格好のところであるのに目をつけ、山城国宇治郡栗栖野郷にある社領の田地７町８段290歩と長渚浜の在家との所領交換をおこなった。……賀茂社はここを賀茂社領長渚御厨とよび、摂津国司と折衝して官役・国役ともに免除させた。するとこれを伝え聞いた瀬戸内海の漁民たちがこの浜に集まってきたので、たちまち在家数百を数える大集落となった。かれらは賀茂社の日次（毎日の）御贄と社司の雑用を務めた。こうなっても東大寺は、こうした現地の変化に気がつかなかった。うかつな話である。この時代の荘園領主は、１町２町の田地の増減にはひどく鋭敏であったが、住人のこうした行動にはひどく無神経であった。これは東大寺ばかりでなく、当時の荘園領主の共通した特徴であった。

　土地がほしいのは賀茂社とて同様であった。ただこれまでのゆきがかりから住人だけの支配権しか行使しなかっただけである。だから、やがて在家のある土地に四至の膀示をうって、一円神領と称し、在家の住民がこれまで東大寺に納めていた地子をもとりはじめた。

　住人たちは、二重に地子は納められないと東大寺にうったえた。所領交換があってから19年も過ぎていた。東大寺ははじめてこれまでの経緯を知って大いに驚いた。ただちに賀茂社と旧領主である皇太后宮職に

抗議を申し入れ、交換を中止して在家領知権の返還を求めた。が、もちろん賀茂社がこれをきくわけはない。そこで、東大寺は太政官にうったえでて黒白を争うこととなった。

　太政官では明法博士中原範政に、両者の主張を法律にてらして是非を注進させた。範政は養老律令などの条文を引きながら次のように結論した。

「東大寺も関白教通のとき、長渚浜の在家がその散所となったことを認めているから、東大寺がその土地を領していても、在家の領掌者が転々とかわったとてなんら不合理ではない。賀茂社と皇太后宮職との所領交換の契約状には、栗栖野は田地、長渚のほうは在家とあって長渚の地とはないのであるから、いまさらこれを元へもどす必要はない。」

　そこで、太政官では、「法家（明法博士）の勘状（調査書）ならびに皇太后宮の契約状にしたがって、御厨の地は東大寺が領掌し、在家は賀茂社領たるべし」との決を下した。1106年５月のことである。

　これまでの東大寺の長渚支配の歴史からみれば、この裁決は不当ではなかったが、東大寺は、寺社の地は変更してはならないという400年も昔の729年に出された政令をもち出して、中原範政の勘状に異議をとなえた。しかしその申し立てがいれられないとみるや、さらに、賀茂社が長渚浜の住人で御贄勤仕の当番をさだめて以後に増加した住人は、東大寺の寺人として東大寺修造の夫役を勤めさせたいと主張した。夫役を勤めさせることは人身支配である。

　東大寺が夫役を主張する根拠は、在家住人は賀茂社の社役に勤仕してもその土地の地主は東大寺である。だから地主にたいする公事として東大寺夫役に勤仕すべきであるというのである。しかしこの主張もみとめられなかった。

　1147年、こうした主張をしりぞけられた東大寺は、在家敷地の支配権だけは認められて在家住人の支配権は否定された。訴えをおこしてからほとんど50年に及ぶその努力も、ついに実をむすばなかった。これは、人の支配と土地の支配は別ものである —— もちろんこの両者を一人が兼ねることは差し支えないが —— という法理が確立していたからである〕以上『日本の歴史』第６巻（頁143〜148）。

　人の支配と土地の支配に関して、租と地子の側面から整理してみる。

　律令制度の下における租税体系は、租・庸・調・徭役である。租は、田租を意味し、1段につき2束2把（上田では収穫高の3％、下々田では10％程度に相当）で原則として国に納める。庸は、力役である歳役の代納で、布・米・塩などで納入された。調は、贄（神等への貢物）から派生し、贄が山海の産物であるのに対し、繊維製品を中心とした。徭役は、中央の造営・造寺に徴発された力役で、年60日を限度として雑徭に従事した。

　つまり、律令制は人の支配を通じて体制が維持されていたが、その負担に耐えかねて人は流亡し、大寺・私営田領主などの奴婢・家人として吸収され、人と土地が分離され、律令制の維持が困難となっていた。東大寺は、律令制度における考え方を踏襲したもので、東大寺の領内（荘園内）にある土地の住人は東大寺の支配する寺奴であり、東大寺の寺奴が使役する土地は東大寺の荘園であるという論理である。しかし、長渚荘の人の支配と土地の支配は別物とされ、東大寺に認められたものは地子（敷地使用料）のみである。ここで、はっきりと地子という土地の使用料が出ている。人の支配と土地の支配の分離である。

　次のことは、前掲『日本の歴史』第6巻に記載されている話である。

　1088年のこと、名張郡の藤原実遠の旧領の農民は、実遠の時代にはなかったこととして、領主藤原保房に加地子（小作料）を出さなくなった。そこで実状調査のため使者が現地に派遣され、使者から次のような報告がもたらされた。

「実遠のときの例を、古老に尋ねてみたら、実遠は当国一の猛者で、諸郡に持っている所領には郡ごとに田屋を立て、百姓に田地を割り当ててつくらせた。人はみな実遠の従者のように使われ、収穫物は全部実遠が取り上げた。だから百姓が小作料を出すということはなかった。ところが、現地にいない在京の領主は、収穫物を全部取り上げる代わりに小作料をとりたてた。」

　竹内理三氏は、この話を11世紀における私営田領主の性格や、私営田経営方法を示す重要な史料とし、その背後には私営田経営につかわれる農民が成長していたことが認められるとしている。

荘民の成長は、国司等受領との軋轢を生み、荘園と公領を巡る紛争が激化している。荘民が公領や他の荘園に出作を行い、公田の官物を納めず、公事も務めず、受領は武力を以って対処するも、荘園側でも武力を以って対捍し、戦闘が繰り広げられた。武力（兵）を養った荘園領主の所従は同時に農民である。力ある兵は、合従連衡してその下に郎等を従え、更にその下に郎等があるというふうに支配関係が重層的となり、武士に変容した。それが平忠常であり、源頼信であった。ただ、忠常は地方にあり、頼信は中央にあって摂関家と結び、追捕の官符を得て、大軍を組織する政治権力が与えられたことに違いがある。その後、頼義・義家父子による前九年・後三年の役を征し、多田源氏は武士の棟梁へと躍進し、全盛を極めた義家に、諸国の荘園領主（私営田領主）から寄進が相次いだ。忠常の乱の追討使となった平直方は、頼義の騎射の腕前に感心し、その女の婿に迎え、その腹に義家・義綱・義光が生まれているが、この直方が鎌倉に所領を持ち、その所領を譲り受けるとともに、前九年・後三年の役で関東平氏を郎等化したことは、源氏が関東に足掛かりを築く契機となっている。こうした義家の躍進を中央貴族は快く思わなかった。

　後朱雀天皇には、二人の皇子がある。第一皇子は道長の女嬉子を母とする親仁親王で、摂関家を外戚とし、後朱雀天皇即位とともに東宮となっている。第二皇子は尊仁親王で、摂関家とは外戚関係がない。

　後朱雀天皇は譲位し、親仁親王は後冷泉天皇に即位した。後朱雀天皇は尊仁親王を東宮に希望したが、時の関白頼通は無視した。しかし、外戚関係をつくるべく後朱雀天皇に摂関家の女を入内させたが、子を得ず、摂関家の謀略に耐えつつ尊仁親王が東宮となった。頼通が焦燥する中、後冷泉天皇は病を得て崩じ、尊仁親王が35歳の壮年で1068年後三条天皇に即位した。

　藤原氏を外戚としない天皇は、宇多天皇以来170年ぶりのことで、頼通は落胆して関白職を弟・教通に譲り、宇治（藤原氏の別荘）に隠退した。

　後三条天皇は即位すると、年号を延久とし、諸政の改革に着手した。世にいう延久の善政である。一つが估価法（物価を公定し、安定化させる法）であり、一つが斗升法（枡の大きさを一定とする法）、一つが荘

園整理である。

　時平期902年の延喜荘園整理令以来、数次にわたり荘園整理が行われているが、公領を侵食する荘園は後を絶たず、全く実効なく、荘園は増大するばかりで、律令体制は危機に瀕していた。それもそのはず、最大の荘園領主である摂関家たる藤原氏がこの制令をだす律令体制の台閣を占めていたからである。

　しかし、律令国家の官職を独占することによって、権勢を維持してきたのであるから、律令体制を危機に陥れる荘園の増加を無視することができず、矛盾の中、やむを得ず荘園整理令を実施しても、実効があるわけがない。

　後三条天皇は、東宮として苦渋25年、この矛盾を側近から聞き及んでいたのではないだろうか。

　延久の荘園整理令は、記録荘園券契所を設置して、荘園領主から荘園の書類を提出させ、一定の基準によって審査し、その基準にあわない荘園は廃止するとした抜本的なものであった。その基準は、①荘園が1045年以前の成立で確かな証拠をもっていること。②国務の妨げにならないこと。この二つの条件を満たすことであった。記録所の役人に、藤原氏と関係の薄い学者を任命したことから、大寺院や権門勢家といえども容赦ない審査が行われた。

　この結果、多くの荘園が廃止され、受領達は、これまでにない力強さで公領を回復し、地方の領主は、もはや摂関家は頼りにならないことを実感した。

　後に、白河天皇は、後三条天皇の荘園整理を継承し、新立荘園を停止する宣旨を出し、源氏の進展を抑えるべく、後を絶たない源義家の構えた荘園を停止した。そもそも、荘園整理は国司ら受領の要望から出たものであるが、実情は国司等受領が内密に許可し、内々に自分の荘園を構えだしたものもあるという。かれらの目的は、荘園を減らして公領を増し、任国からの官物を増やして私腹を肥やすことにある。肥やした私腹から成功（じょうごう）と称して上皇への奉仕を行い、温国の受領にステップアップして、更に私腹を肥やす。かれらは着任したときには熱心に荘園を減らして私腹を肥やすことに専念するが、やがて任期が終わる頃にはうらを

返すように荘園を認める妥協を繰り返した。

　その論理は、「国家は国民のためにあるのでなくて貴族のためにある
ものだ。だから国家は貴族の生活を保障すべきである。保障できなけれ
ば貴族が荘園をたくさんもっても当然ではないか」というものであっ
た。確かに、この頃の貴族達は、封戸も俸禄も期待できず、荘園に依拠
して生きてゆくしかない状態にあった。道長・頼通時代の貴族たちに
とっても荘園は大きな生活源であったが、まだ国家の俸禄が支給され、
荘園収入は栄華の資金源に充当されていた。しかし、院政期になると、
荘園収入は生活資金となり、もはや荘園は貴族の栄華を支えるものでな
く、生活の支えとなった（前掲『日本の歴史』第6巻頁308〜309）。

　以下は、永原慶二著『荘園』の（「家」と「家産」）を要約したもので
ある。

〔11〜12世紀になると、氏はその中で男系父子の筋ごとに「家」とし
て分解する傾向を強めた。この点は天皇家でも藤原氏でも基本的には共
通であった。白河上皇の院政は、皇位と家長の地位を分離し、律令制か
らひきつづく国制上の拘束から自由になり、「家産」としての荘園を積
極的に集積した。その分立が顕著になるのは、鎌倉時代で、最大180カ
所に及ぶ長講寺領が持明院統に、最大220カ所に及ぶ八条院領が大覚寺
統に伝承され、摂関家も五摂家に分立して摂関家領は伝承された。「氏」
から「家」が分立してゆく動きは武家の場合も同様であった。「家」が
成立してくる11〜12世紀は、律令制に規定された個人の位・官に基づ
いて食封や田地が支給される律令制度が解体してゆく時期であった。位
田・賜田・食封などに代わり私的「家領」として手に入れた荘園、上級
貴族ならさらに知行国主としての「公領」支配権などに切り替えられて
いった。とりわけ荘園が家産の中心となったことは、律令時代の終焉と
新時代の開幕を示す一面であった。〕

　荘園・知行国は、場所・領域を示しており、場所・領域を特定して支
配することは、律令制度の中央集権的体制を否定することにもなる。そ
して、場所・領域を特定して支配することは、分国支配を誘引し、封建
制度の幕開けとなるが、こうした体制に移行するのは、かなり後の時代
のことである。

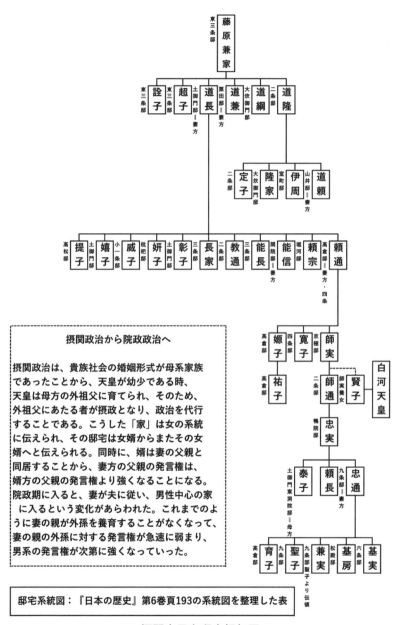

摂関政治から院政政治へ

摂関政治は、貴族社会の婚姻形式が母系家族であったことから、天皇が幼少である時、天皇は母方の外祖父に育てられ、そのため、外祖父にあたる者が摂政となり、政治を代行することである。こうした「家」は女の系統に伝えられ、その邸宅は女婿からまたその女婿へと伝えられる。同時に、婿は妻の父親と同居することから、妻方の父親の発言権は、婿方の父親の発言権より強くなることになる。院政期に入ると、妻が夫に従い、男性中心の家に入るという変化があらわれた。これまでのように妻の親が外孫を養育することがなくなって、妻の親の外孫に対する発言権が急速に弱まり、男系の発言権が次第に強くなっていった。

邸宅系統図：『日本の歴史』第6巻頁193の系統図を整理した表

摂関家子女邸宅相伝図

律令制度の経済的基礎は、租庸調徭役である。律令体制は、国司により租庸調徭役が徴税され、官人に支給分配されたが、この経済的基礎が荘園に移行すれば、荘園領主は、荘園に誰か（下司、公文等）を派遣して、荘園から上がる収益（万雑公事）を集め、荘園を家産化した本家・領家・預所等重層化した支配層に配分する必要が生じる。荘園経営は、年貢に係ることから、有力な自営農民である「田堵」に荘園経営が委任され、万雑公事と称する多種多様な畠作物、山野の産物、手工業的生産物や夫役を徴するようになり、田堵の権利は強化されて、田堵は名田の地主、すなわち名主となって、荘園領主の年貢・公事の責任者となった。

　これを名体制という（『日本の歴史』第6巻頁302〜303）。

　院政は、摂関家の干渉を忌避した後三条天皇の時からであるという説があるが、他説もある。院政は、後三条天皇の後即位した白河天皇の時からであろう。その後、4代にわたり院政が行われることとなる。

　白河院政が可能となった理由として、竹内理三氏は、

①賢子は、頼通の継嗣師実の養女であり、外戚の権威を独占できなかったこと。
②延久の荘園整理により、藤原氏権勢の基盤が動揺しはじめたこと。
③これまで、子は妻方の実家で、妻の親が外孫として養育したが、妻方の親族とは別居（経営所）するようになって、父系の発言力が強くなったこと。

を挙げている。

　院政は、院庁に院司を配して行われる。院庁は、上皇や女院に奉仕する役所であり、院宣・院庁下文といった公文書を発行し、宣旨・官符を凌いだ。宣旨・官符は、律令を司る執政が発行する公文書であり、この文書を無力化させるということは、摂関政治に対する王権の対抗措置と考えられる。

　院庁は、成功（売官行為で、宮殿の造営や宮廷の奉仕により官位を

得ること）に応じた受領層や中下層の貴族により支えられ、院の近臣として羽振りをきかせた。

また、院政の支えとして、北面の武士（院の親衛隊）を組織した。

なぜ、親衛隊を組織したのか？

それは、後三条天皇の愛息輔仁親王（三の宮）とそれを支持する村上源氏を警戒したためといわれている。

後には、寺人・寺奴を僧兵として組織し武力化した大寺院（延暦寺・興福寺）に対抗する役割を果たした。

この時期、寺院・荘園の武力は侮り難いものとなり、力だけが正当化され、律令の法理の権威は崩れ去ろうとしていた。権門勢家といえども武力に依存せざるをえなかったのである。

前にも述べたが、白河上皇は、まだ天皇に在位していた頃、後三条天皇の荘園整理を継承し、源義家の構えた荘園を停止したが、その目的は、摂関家との関係が深い源氏の勢力を弱体化させるためともいわれている。その一方で源氏に代わる勢力を模索していた。それが伊勢平氏である。

伊勢平氏は、桓武平氏の流れから出ており、関東平氏が受領となって赴任した伊勢の地に、私領を広げて土着したものである。その後、4代目となって、平清盛の祖父正盛は、六条院に所領の一部20町余りを寄進し、本所とした。六条院は、白河上皇と寵愛した賢子との間に授かった内親王の御所を、齢わずか21で崩じた後（この悲しみから上皇は出家した）仏堂としたものである。

正盛は、成功を重ね、温国の受領へと転進して、京都に留まり、白河法皇の北面に侍っていたところ、源義親追討使の役が廻ってきた。

既に、3年前源義家は没しており、1109年に、その継嗣である義忠が源氏の棟梁を巡って暗殺される事件があった。その疑惑が義家の兄弟、義綱と義光に及び、その追討使の役が義忠の甥で義親の息である為義に任された。これは、源氏の内訌を利用して源氏の壊滅を図る法皇の意図があったと考えられている。

義家の第1子は夭折しており、本来第2子たる義親が源氏の棟梁とな

るべきであったが、勇猛果敢な乱暴者で、隠岐に流罪されており、第3子義国は関東足利氏の婿となっており、源氏の棟梁を継いだのは第4子義忠であった。そして源氏の内訌から義忠が暗殺されたのである。義親は、隠岐への流罪途中、出雲でも乱暴をはたらいたことから、院側は武名高い義家に遠慮して控えがちであった態度を義家没後一変し、義親追討の院宣を下し、これまでなんら武名のない平正盛を起用したのである。正盛は颯爽と都大路を後にし、義親及びその郎等の首を持って凱旋したが、その後、各地に義親と称する者が続出し、武者の剛強さにおいて正盛は義親と比較にならないことから、正盛が持ち帰ったものは義親の首であったのかどうか謎とされている。竹内理三氏は、「法皇も正盛も、ともに大いに宣伝効果をねらったことが認められる」としている。

　この事件を機に、源氏の対局に平氏が武者として登場することとなる。1113年、興福寺と延暦寺が清水寺別当の任命を巡り争った「永久の強訴」において、平正盛は、源氏の嫡流を継いだ検非違使源為義とともに、京洛や宇治で防御の役を務め、備前守として在任中九州の平直澄を追討し、西国への足がかりを築いている。

　平氏と法皇の関係は、正盛の子忠盛に継がれた。忠盛は、「永久の強訴」の時、正盛とともに従軍し、その後山陽・南海道の海賊追討で、武名を上げ、貴族たちの耳目を引きつけたが、その武名は白河法皇のあとおしによるもので、内実は、温国の受領への栄進と外国貿易（当時大宰府）による経済力にあった。

ロ．荘園の完成と貴族社会の変容
　後三条天皇から白河法皇に引き継がれた荘園整理は、摂関家と源氏の勢力を弱体化しつつ、記録荘園券契所において荘園の存否が確認され、荘園が合法的と判定されれば、荘園と国衙領の区別が明確となり、受領は荘園に手が出せなくなる。そうなると、荘園領主である本所や領家が荘園から得る収益は、私的なものでなく、国法上承認された権利によるものとなって、荘園領主は国家的支配権の一部を委譲されたことになる（荘園公領制、下記参照）。

　荘園体制は、不輸・不入の権利を獲得して完成する。このことは、律

令を基礎とした貴族社会を完全に変容させた。

（荘園公領制）

律令制的土地制度の崩壊後、11－12Ｃに成立した中世の骨組みをなす土地制度及び収取体系。中世の土地（所領）は荘園と公領（国衙領）に２分割されるが、両者ともに名・在家といった共通の形で編成された。現地の荘官によって収取された年貢・公事は、荘園の場合は個別に中央の寺社・貴族の本家・領家に送られ、公領の場合は国ごとに目代（のちに守護）を通じて中央権門の知行国主に送られた。このように年貢・公事の収取・移送システムの相違する荘園と公領は、国内に混在したが、国別に大田文^(注)に記載されて中世国家や公家・武家・寺社の領主階級の支配の基礎となった。室町 ― 戦国期、荘園・公領の内部に加地子（内徳）という形で中間搾取する地主的土地所有が成立し、また荘家の一揆や在地武士の押領などによって荘園公領制は形骸化していき、豊臣秀吉の太閤検地によって新たなる土地制度に再編された。

（注）大田文（おおたぶみ）

一国ごとに国内の田地の面積・領有関係などを記録した土地台帳。平安時代より国衙によって作成されるようになったが、鎌倉時代には幕府が作成させた。

課役賦課や地頭職補任の原簿となる。

（角川書店『日本史辞典』から）

荘園領主が国法上確立強化された荘園再編成は、だいたい三つの面があった。

①在家支配の実現

居住地を基準に諸役賦課を行い、これを通じて新たな人間支配を行

うことで、これによって、領主はこれまでの荘園にみられなかった新しい在家役を賦課することとなった。これまでの在家役は、前掲長渚荘の例のように在家地子だけで、せいぜい五月節句とか歳末の節季とかの定期の出し物にすぎなかったものが、ここでは領家の必要なときには連日でも夫役にしたがうことが定められていて、人間支配強化の色が濃い。

②万雑公事の賦課

　人間支配の強化は、万雑公事の賦課へと進む。万雑公事は、年貢・生活用具・食材等あらゆるものに及んでいる。当時、物品の取引市場は未発達で、商業機能は未熟であったため、地物を入手するには、地場の異なる各所に荘園を持つ必要があった。この点が、荘園領主と武士の人間支配が本質的に異なる分岐点である。武士の人間支配は、恩顧と服従の強化により人格支配を深めるが、荘園領主はもっぱら経済的支配の強化となる。

③名体制の編成

　以上のように、在家役・万雑公事を取り立てるには、地子だけ取り立てる田堵経営から、在家役・万雑公事の両方を徴収する単位となる「名」に編成替えが行なわれた。「名」の田堵に在家役・万雑公事を完納させるために田堵の権利を強化し、田堵に田地の所有権（支配権）を承認し、その代償として在家役・万雑公事を確保した。12世紀頃から田堵は名田の地主、即ち名主となって、年貢・公事の責任者となった。これを名体制という。

（前掲『日本の歴史』第6巻頁300～303）

　いったい「田堵」とは何者か？　「私営田領主」とどのように関係するのか？

「9世紀～10世紀頃に律令体制の解体が進展していくと、力ある百姓の中に、富を蓄積する富農層が出現した。これが田堵である。田堵には、古来の郡司一族に出自する在地豪族や、土着国司などの退役律令官人を出自とするものが多く（古くは、墾田永年私財法による私営田領主か？）、蓄積した富をもって、墾田開発・田地経営などの営田活動を進

めたり、他の百姓への私出挙を行ったりして、より一層、富を集積し、一般の零細層を隷属化して成長していった。まず、公領（国衙領）において公田から名田への再編成が行われると、田堵が名田経営を請け負う主体となり、荘園にも波及した。田堵は、荘園公領制の成立に大きな役割を果たしたといえよう。その経営規模により、大名田堵・小名田堵と呼ばれた」（以上 Wikipedia から）

八. 貴族社会の終焉

　貴族社会を終焉に導き、武家社会を台頭させた事件は「保元の乱・平治の乱」と考えられる。

　荘園と公領との縄張り争いの中で荘民や寺人は自ら戦闘的となり、武力を培い、貴族社会にとってもこれに対捍するため武力は必要不可欠のものとなった。

　後三条天皇の時代、摂関家は弱体化の傾向にあり、白河天皇の時代、源義家没後、武家の棟梁たる源氏から平氏へ武力の分散傾向が高まっていた（律令法理の権威はくずれ去ろうとしていた。前掲第6巻頁343）。「保元の乱」は、摂関家の内輪もめと白河天皇後の継嗣問題を巡り、これに武力が結びついておこされた事件と考えられるので、小生なりに纏めてみた。

　白河天皇は後三条天皇の遺言に背き、皇弟輔仁親王（三の宮）に譲位せず、実子善仁親王（堀河天皇）に譲位した。三の宮は聡明にして人気が高く、白河法皇は警戒したが、堀河天皇も学識高く聡明であったとされている。しかし、白河法皇は、堀河天皇に実権を渡さず、そうこうするうちに堀河天皇は崩御し、法皇にとって孫に当たる鳥羽天皇が即位した。ところが、白河天皇の養女で、とかく噂のある璋子（待賢門院）を鳥羽天皇の中宮として入内させたことから複雑化した。璋子は白河法皇と密通し、皇子（顕仁親王）が誕生し、鳥羽天皇はこの皇子を「叔父子」とよんでおられた（おそらくこれは事実であろう。第6巻頁347）。一方、鳥羽天皇は待賢門院との間に四皇子二皇女があった。

　白河法皇は、顕仁親王が鳥羽天皇即位の年齢に達するや、顕仁親王を崇徳天皇とした。鳥羽上皇は不服であったが、実権は白河法皇にあり、

なすすべもなかった。そうこうするうちに、白河法皇は病没崩御し、直ちに、鳥羽上皇は院政を開始した。鳥羽院政は、白河院政の反動から、人事を刷新し、白河法皇により疎外されていた前関白忠実に内覧の宣旨を与え、忠通の関白は有名無実となった。また、待賢門院とのしこりから、藤原長実の女得子（美福門院）が入内するに及び、鳥羽上皇と待賢門院の疎遠は決定的となった。美福門院は鳥羽院との間に皇子を授かり、誕生三月後には立太子の儀を行い、崇徳天皇を欺瞞して皇太弟とし、僅か三歳の皇子に譲位させた。近衛天皇である。

　皇太弟では崇徳天皇の院政が行うことができず、崇徳上皇はこれを遺恨として保元の乱の原因になったとしている（第6巻頁350）。

　一方、摂関家の間にも内輪もめが生じた。幼帝近衛天皇の摂政となっている忠通に対し忠実は、摂政職を忠通の弟頼長に譲るよう要求したが、美福門院と繋がる忠通はこれを拒否し、親子関係は途絶えていた。

　忠実の頼長に対する思いは深く、氏の長者を象徴する藤原氏の宝器（渡荘券・朱器・台盤・秤）を忠通から盗み、頼長に与えた。

　これに対し、忠通は巻き返しを図り、眼病を患う近衛天皇の譲位により、雅仁親王（後の後白河天皇）の皇子守仁親王（後の二条天皇）をたてるよう鳥羽上皇に推奨した。

　本来、美福門院に皇子があれば、その皇子が推されたであろうが、美福門院には近衛天皇以外皇子がなかった。守仁親王は、待賢門院の皇子雅仁親王の子で鳥羽上皇の孫であるが、母が早くして亡くなったため、美福門院の猶子となっていた。守仁親王をたてることにより美福門院は権勢を保ち、忠通はこれにより巻き返しを図った。

　そうこうするうちに、近衛天皇には皇子なく1155年17歳にして夭折した（頁79図参照）。

　鳥羽上皇は美福門院の希望通り守仁親王をたてたいと思ったが、親王の父がいるのにそれを無視して守仁親王に譲位するのはいかがかと考え、関白忠通の意見をも聞き、とりあえず雅仁親王をたて、その後、守仁親王をたてることとした。こうしてピンチヒッターとして起用された後白河天皇が院政20年の長きにわたり激動期を生きたことは誰にも予測できなかったことであった。

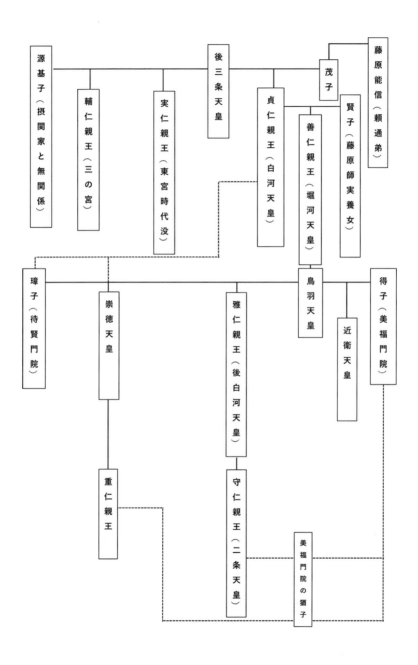

雅仁親王の即位、守仁親王の立太子により、崇徳上皇は無視された。

　この間、忠実や頼長はなにもできなかった。頼長には皇嗣に推すべき手持ちの駒がなく、守仁親王に対抗しうる一人の親王（崇徳上皇の皇子重仁親王）も美福門院の猶子になっていたからである。この点にも美福門院と忠通の深謀が覗えるが、それにも増して、忠実・頼長父子による近衛天皇呪詛の噂が、鳥羽上皇を激怒させ、この噂は美福門院と忠通が仕掛けたものであることに違いないとしている（第6巻頁373）。

　忠実と頼長は、社寺に祈禱し、鳥羽上皇の女御となっている姉泰子（高陽院）を通じ、あるいは美福門院の乳母を介して、誤解を解く努力を重ねたが、ついに上皇の誤解を解くことができないまま高陽院がなくなり、全く誤解をとく手掛りを失い、頼長は孤立し、高陽院の喪に服しながら宇治に引き篭もり、ひたすら学問して、上皇との和解の日を待った。頼長は殊更学問が好きであった。

　だが、この誤解が解けぬ間に鳥羽上皇は崩御した。

　その後、後白河天皇側は、忠実・頼長父子が諸国の荘園から軍兵を召集しているという噂を種に、崇徳上皇と頼長に対し行動を開始し、ここに保元の乱は勃発した。崇徳上皇側の召集に応じた者は、平家広・康弘・盛弘・時弘・忠貞等平氏一門と源為義・為朝・頼賢・為仲父子と多田源氏頼憲・盛綱父子等源氏一門であった。これに対し後白河天皇側の召集に応じた者は、源義朝・義康・多田源氏頼政・美濃源氏重成・源季実等源氏一門と平信兼・惟繁と美福門院に召し上げられた平清盛等平氏一門であった。源平双方を二分した戦いは、各陣営500騎程度の小規模なものであったが、上皇側はあっけなく破れて敗走し、上皇は捕らえられて四国へ配流され、頼長は傷つき、一足先奈良に逃避した忠実を頼ったが拒絶され、怨嗟の中で没した。

　保元の乱戦後処理は、子が父・兄弟を斬り、甥が叔父を斬る等陰惨を極めた。特に、不服ながら上皇の召集に応じた父源為義と兄弟を斬殺した源義朝の心境はいかばかりであったろうか。なぜか為朝だけがその力量（剛弓）を惜しまれ伊豆大島に配流されている。

　保元の乱は、あっけなく終わったが、その結果、武力が権力の中枢に混入することによって、貴族政治は大きな変貌を遂げることとなる。

　朝廷・摂関家・源平を二分し、一方が完全に壊滅した保元の乱は、後白河天皇親政の絶好の機会であった（第6巻頁387）。

　しかし、後白河天皇は、二条天皇に譲位して院政を開始した。一方、この院政を宰領したのは藤原通憲（出家後、信西）であった。

　信西は博覧強記の学者であるが、いつの世も学者に対する待遇は冷たい。この冷遇から脱却するには、台閣（政権）の一角に滑り込まねばならない。信西は権謀を弄して手を打った。後白河天皇の親王時代の乳母を娶り親王に接近するチャンスを得ていた。このチャンスは、保元の乱後生かされた。保元の乱では天皇側にあって権臣として仕え、上皇側の頼長と対決した。頼長の「義学」と信西の「実学」との対決でもあった。義学は大義名分論であり、観念論であり、これに対し実学は史実に基づく実践論であった。保元の乱は武力の対決であるとともに、義学と実学の対決でもあった。結果的に、実学が義学を制することによって、信西は台頭した。

　信西の目的は、摂関家を支える武力即ち源氏を壊滅させることによって、摂関家を弱体化させることにあった。そのため、保元の乱の論功行賞は新たに台頭した平氏に厚くし、源氏に薄くして、源氏の不満を温床させた。また、関白忠通に氏の長者としての宣旨を一方的に通告し、後白河天皇の譲位に対しても、忠通に諮問することなく、摂関家を有名無実化し、忠実・頼長の所領荘園を没収した。後白河天皇の譲位により、忠通は関白職を嫡子基実に譲った。

　後白河上皇が今様にうつつを抜かすのを尻目に、信西の独裁は留まるところを知らず、関白基実の義兄藤原信頼を唐の安禄山に譬えたことから、信頼の恨みを買い、信頼のクーデターが起こった。平治の乱である。

　信頼のクーデターは、平清盛が下向中、源氏（義朝）を誘い行われたもので、信西は逃亡の上捕らえられて梟首された。

　清盛は下向先からとって返し、巧みな戦術（降参したかのようにして信頼を欺き）で、二条天皇を信頼側から脱出させることに成功し、信頼・義朝追討の宣旨を得て、六条河原にて信頼・義朝軍を破った。義朝は東国への敗走途上殺され、頼朝も捕らえられ、義平は一旦遁れたもの

の、父敗死の知らせを受けて京に引き返したが捕らえられて六条河原で斬殺された。平治の乱の顛末である。

　正盛が耕し、忠盛が植えた種は、清盛の代に芽をだすこととなった。一躍、平氏の棟梁となった清盛は父祖二代にわたる経済力を背景に、台閣の一角を占め、やがて、朝廷や摂関家を尻目に政権を担うこととなる。

　ところで、清盛の出自であるが、白河法皇の落胤説が有力である。法皇と祇園女御の妹との間にできた子を忠盛が賜り、嫡子としたとされている。こうした出自は、清盛が素早く台閣に上がり政権を担う上で、有利に働いたと考えられる。また、後白河上皇が内裏から仁和寺に脱出し、院政の策士信西を失ったことが、上皇側の発言力を弱めて院政に影を落とし、源氏を壊滅させて中央武力を一手にしたことが、清盛の独断専行を可能にしたと考えられる。

　朝廷や摂関家を牛耳り、台閣を占める機会は、清盛の妻時子の妹滋子が後白河上皇の寵愛を得て、憲仁親王（後の高倉天皇）を生んだことにより訪れた。

　この時、最も喜んだのが滋子の兄平時忠であり、二条天皇には皇子がなかったことから憲仁親王を東宮に立てようとして怒りを買い、時忠は一旦流罪に処せられたが、後に、二条天皇は順仁親王（後の六条天皇）を得て、憲仁親王が東宮に立てられ、時忠は外戚の地位を得て復活し、権勢をほしいままにして「平氏にあらざれば人にあらず」と嘯いたとされている。清盛はうまく立ち回りこの渦中に巻き込まれることを避け、太政大臣に栄達している。

　こうした異例の抜擢にもかかわらず摂関家は意外と好意的であり、清盛の女の一人盛子を藤原基実に嫁がせ、摂関家との連繋を強めた。

　基実は氏の長者であり、頼通以来の荘園である「島津荘」を引き継いでいるが、基実没後、嫡子基通（近衛基通、この頃藤原摂関家は五摂家に分かれている）は、盛子を後見人としてこの荘園を相続し、実質的に摂関家領荘園は平氏の支配下に収まった。島津荘は、日本一の規模の荘園であったとされている。

　この島津荘の成り立ちについて、少し詳しくみてみると次の通りである。

「島津荘」

　島津荘は、無主荒野の地を万寿年間（1024〜28年）開発して、平季基により宇治関白家（道長の子、頼通）に寄進して成立したとされている。

　季基は、桓武平氏（関東平氏）貞盛の弟繁盛の系譜を牽く者で、鎮西平氏の祖とされている。島津荘は日向国諸県郡島津（宮崎県都城市）の地から、漸次周辺地域へ抗争侵食し、その度に糾明されたが、寄進・賄賂により巧みに朝廷を懐柔して、大隈・薩摩両国内に拡大された。

　荘園の拡大期は、後三条天皇の荘園整理を引き継いだ白河上皇への反動から、鳥羽上皇の荘園整理の停止による鳥羽院政期であったとされている。

　一方、島津荘の場合、「寄郡」という特殊型半不輸地が形成され、この寄郡が一円化したことが明らかにされている。寄郡は半不輸地であるが、荘園領主の権限が強く、国衙の支配が及びにくい領域で、こうして、中世の荘園公領制の骨格ができあがったと考えられている。薩隈両国において、荘園公領制の大枠が形成された後、久寿〜応保年間（1154〜63年）頃に、平忠景の乱が起こった。忠景は薩摩平氏の傍流で、対宋・対南島・対国内交易の拠点を掌握し、交易による富裕な経済力を背景に、実力で薩摩惣領の地位を獲得した。忠景は、一族抗争の過程で源為朝を女婿としている。為朝は保元の乱で配流されるが、為朝を支援した忠景は地域権力を樹立している。平治の乱後、平氏の勢力が及んで忠景は逐電し、清盛の弟忠度が薩摩守に補任されたが、遙任であり、預所として忠景と政治的立場の異なる忠景の女婿である平宣澄が領域支配をおこなったと考えられている。元来、島津荘は摂関家を本所とする荘園であり、「寄郡」という半不輸地で、荘園領主の権限が強く、国衙の支配が及びにくい領域であったとされているが、平宣澄は国衙の目代でもある。

（注）この点は複雑で分かりにくいが、前述の通り島津荘は基通が相伝
　　　し、盛子をその後見人として平氏が実質的に支配しているのであ
　　　るから、国衙の守として忠度が補任され、国衙領の目代と荘園の
　　　預所を兼ねることは、国衙と荘園が一体化することになるのでは
　　　ないだろうか？　いずれにしても領国支配は、預所や目代の地方
　　　権力に委ねられ、地方権力を通じて中央に収入がもたらされ、地
　　　方権力にも中央権力を背景に莫大な富が蓄積されるシステムに変
　　　わりはない。小生雑感。

　その後、平氏滅亡により、鎌倉幕府は大宰府を掌握すること
により九州を支配下に置き、平氏に加担した領主達を処罰する
と共に、平氏に敵対した領主層に恩賞を与え、九州各国に守護
を置き、薩摩・大隈の守護には、摂関家の家人惟宗忠久が補任
され、忠久（島津家の祖）は島津荘の惣地頭にも補任された。

以上、山川出版社『鹿児島県の歴史』より

5）封建制度

　封建制度とはなにか？　封建社会の定義の概略は次の通りである。

　古代社会の後をうけ、かつ近代資本主義社会に先行する社
会・政治体制で、以下の通り三つの代表的概念として理解され
ている。以下（　）内小生挿入。
①中国周代の国王が、功臣などに「封（領土）」を分与して諸
　侯とした分権的統治体制を指す概念で、江戸時代の儒学者が
　武家の政治形態を説明したのに始まる（封とは統治権の付与
　された領土のこと）。
②明治以後、西洋史学の導入にあたり、西洋中世のフューダリ
　ズムまたはレーンスヴェーゼンの訳語として用いられた法制
　史的概念。
　土地恩給制と従士制度を根幹とする分権的な政治形態や、諸

侯が家臣に土地を分与し、家臣がそれを陪臣に分与すると
いった支配層の階級秩序が特徴。
日本では鎌倉時代以降の武家社会に適用された。
③古代奴隷制社会と近代資本主義社会との中間に位置する中世
の社会構成体を意味する史的唯物論の歴史概念。
農奴などの小農民経営・村落共同体・領主的土地所有・経済
外的強制・地代収取を基本とする封建的生産様式を土台と
し、それに照応する上部構造を総体として把握しようとする
のが特徴。この見方による日本封建制の成立ならびに解体期
については諸説がある。

（角川書店『日本史辞典』から）

イ．武家社会のはじまり

　保元・平治の乱は、貴族政治の内部抗争に原因があるが、この抗争に
武力を引き入れることによって、貴族政治は変容し、天皇家・摂関家は
後退を余儀なくされ、代わって中央政府の台閣に伊勢平氏が躍り出て、
平清盛の代に平家一門は貴族化し、全国66カ国の内、30余カ国を知行
国（受領を派遣するなど全権を委任された国）として、自分の領国ばか
りでなく、公領や権門領内に一門や家人を派遣した。特に、「島津荘」
をはじめ大部分の摂関家領を平家一門の荘園に組み込んだことは、摂関
家の零落を示しており、まさに貴族社会の終焉を告げるようなものであ
る。
　伊勢平氏は、源氏の対抗馬として白河法皇に引き立てられ、俄かに西
国の受領を歴任し、歴任の過程で任国の勢力を郎党化しており、この勢
力は、瀬戸内周縁は海賊を生業とする小領主が多く、独立性が高く、打
算的で、平氏との主従関係は源氏に比較し、脆弱であった。また、平家
一門が律令体制の中に入り込み貴族化しただけで、律令体制が終わった
わけでない。貴族政治が武家政治に変容したわけでない。
　平家の獲得した荘園は、本家・領家が平家一門にすり替わっただけの
俄か荘園が多く、後の源平の戦いに際して、いくら知行国が多く、知行

地から多くの武力を徴集しえたとしても、無理やり駆り出された仮武者が多く、所領安堵のため一所懸命に働く関東武者に対して戦力は見劣りした。清盛の専制、後白河法皇との確執、寺院勢力の反撥等は反平氏勢力を簇生せしめ、源頼政（頼光系の多田源氏）のすすめにより、以仁王（後白河法皇の第2子でありながら、滋子の嫉視を受け親王宣下もなく不遇であった）の令旨が全国の源氏に発され、これを契機に、源平間に戦端が開かれ、結局平家は滅亡した。

　ところで、関東武者は、大義名分を源頼朝に委ね、何故結集したのであろうか、当時の関東武者のおかれていた状況に着目してみなければならない。

　関東武者の多くは、土着した受領層の系をひく私営田領主と考えられる。関東平野は広く、主に台地上に蟠踞し、農民や浮浪人を使役して、開墾に励むと共に、周辺私営田領主の抗争を通じて所領を拡大し、武力を養った。しかし、律令体制は、私地私民を許さず、中央から国司（受領）が派遣され、租庸調徭役の公事を課した。関東武者は、国府の在庁官人として国衙領の中に官職を得ると共に、私営田を権門勢家に寄進して荘園の下司に留まった。つまり、国衙領と荘園に二足のわらじを履き、その立場は極めて不安定であった。特に、院宮分国制により、知行国が設けられ、平家一門が知行国主となって、国府に管理人として目代を派遣し、国府の在庁官人があごで使われるようになってから、その立場は一層悪くなり、不平不満が鬱積していた。『源平盛衰記』は、この模様を「国には目代に随ひ荘には預所に仕へて公事雑役にかり立てられ、夜も昼も安きことなし」と伝えている。

　ここに、頼朝を日本国総追捕使・日本国総地頭とする鎌倉幕府が、関東の地に樹立された。武家の棟梁が政治を統べるということで、貴族政治から武家政治に移行したと考えられるが、頼朝といえど、中央貴族の権威は無視できず、将軍職は、中央貴族から任命され、律令制度を止揚するに至らず、平家一門や平家与党の没収領土（没官領）を除き、依然、荘園や職の体系は妥協的に維持された。しかし、律令機構の対局に武家機構が創設され、有力御家人から総追捕使が任命され、総追捕使に軍事・警察に関する権限（大犯三箇条）が与えられ、後に、総追捕使は

守護に、地頭はそれ以前の下司の権限を継承し、ここに領域支配の機構が整備された。

　鎌倉幕府は、従来の領域支配体系をいかに変容させたか、『日本の歴史』第7巻頁197の表を多少加工して図式化すれば、次の通りである。

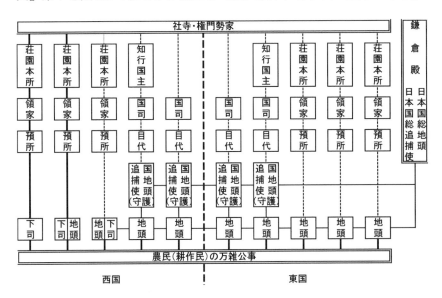

　破線・実線は、支配（収奪）の強弱を示している。

　なお、守護は有力御家人から補任され、国衙在庁官人を指揮して軍政を担当し、平時において、大番催促（軍事召集）・謀反人・殺害者追捕（前記大犯三箇状）を担い、合わせて複数の地頭を兼務した。東国では、地頭は在地にあって、従来の下司の持つ諸権利を継承し、荘園・公領の下地を領掌して、検田権や検断権を行使した。この時、西国では、後に守護大名や戦国大名となる島津・毛利・小早川・大友氏等が主に東国から地頭として補任されている。

　次頁図は、『日本の歴史』第6巻頁309に記載された8〜12世紀の荘園分布図である。荘園は主に畿内を中心に、西国に高い密度で分布していることが窺い知れる。

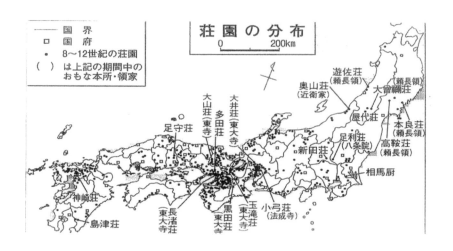

荘園の分布

0　　　200km

遊佐荘
（頼長領）

奥山荘
（近衛家）

大曽禰荘

屋代荘

本良荘
（頼長領）

足利荘
（八条院）

高鞍荘
（頼長領）

新田荘

相馬厨

足守荘

大山荘
（東寺）

大井荘（東大寺）

多田荘

神崎荘

島津荘

長渚荘
（東大寺）

黒田荘
東大寺

玉滝荘
（東大寺）

小弓荘
（法成寺）

　東国では、従来下司であった在地領主が、頼朝のもとに参集し、地頭となって所領安堵されたのであるから、下司＝地頭であり、荘園は地頭請所となって、その権限は強化され、荘園領主と農民とのパイプが細くなり、在地からの万雑公事は先細りし、早晩、荘園は消滅する宿命にあった。

　西国では、土地支配（収奪）を巡る荘園下司と地頭の対立（バトル）が繰り返され、複雑である。特に、社寺・権門勢家等の貴族層にとって荘園は家産化しており、荘園機能の低下は生活基盤を失うことに繋がる。

　なお、東国と西国における荘園領主の支配力の強弱は、荘園関係資料が、東国では下司側に多く、西国では荘園領主側に多いことに表れている。

　こうした状況に後鳥羽上皇は危機感を抱き、1221年承久の乱が起きる。しかし、鎌倉幕府の結束は固く、後鳥羽上皇は隠岐に配流された。

　承久の乱により、貴族政治から武家政治に移行したといっても過言ではない。

　貴族の法である「律令」に対して、武家の法である「御成敗式目」が編纂されたのは1232（貞永元）年のことである。

　ここで、荘園における雑掌（下司）と地頭の対立をみることとする。

　西国（特に畿内）では、貴族・社寺などの荘園領主の支配力が強く、在地小領主の武力化を制し、荘園領主は、貴族ならその家司、社寺なら有力な僧侶を預所とし、預所は、現地に代官を派遣し、直接的に在地を管理支配していた。この在地管理人を雑掌といい、雑掌と幕府から補任された地頭（承久の乱後補任された地頭を新補地頭という）が、既得権ともいうべき支配権（検田権・勧農権＝出挙）と幕府権力（検断権・兵糧段銭）を巡り、各所で対立した。

　この対立に関する多くの資料が主に寺社側に残されており、この資料を使って、学者・研究者達は、膨大な研究成果を発表し、今でも新しい成果が学会等で発表されていると聞く。この例証として、よく引用されるのが、東寺領である若狭国太良荘・丹波国大山荘・伊予国弓削島荘の和与の事例である。和与とは、妥協の産物で、雑掌と地頭の力関係で決まり、その一つが下地中分といわれ、支配領域をシェアすることで、もう一つが請所といわれ、荘園領主側に一定の収入を約束して地頭請とすることで、場合により両者が交錯する場合も見受けられる。下地中分は、力関係による妥協の産物といえ、雑掌に存在意義があるが、地頭請所は、相手任せで、雑掌の存在意義は希薄となり、荘園領主の支配が弱体化する傾向は否めない。伊予国弓削島荘の例では、雑掌の力が強く、下地中分の3分の2が領主側に帰属したとされており、丹波国大山荘の例では、下地中分と請所が交錯している。ここで、『日本の歴史』第6巻、同第8巻、『角川日本地名大辞典』から丹波国大山荘の様子を窺いみることとする。

　丹波国大山荘は、JR福知山線「篠山口」駅から柏原方面へ国道176号線を約8km行った所にある鄙びた山村であるが、歴史上意義ある資料を残している。

　この荘園の起源は、平安時代の初め弘法大師空海が庶民教育を目的として創立した種智院の経営が困難となり、この学校を売却して得た代銭で、墾田9町余り、山林35町を購入し、845年東寺領として立荘されたとされている。

　東寺は、徐々に開墾を進めたが、山間地のため、開発は遅々として捗

らず、その上、開発地は国司・郡司に没収され、1084年頃この荘園は壊滅寸前にあった。当時の右大臣源顕房は、東寺に深く帰依していたことから、その次男源顕仲が丹波守（受領）となるや、寺領が回復されたが、その後の荘園整理により停廃を繰り返し、1114年、永久の荘園整理の記録荘園券契所の判決により、大山荘は確実に再建され、国家的支配権の一部が委譲されて一円寺領となった。荘田も増加して、1122年には60町に及び、加納田（荘園の付属地）20町を領有するに至り、加納田は、まもなく国衙に収公されたとみられるが、鎌倉期に入っても暫くの間安定して推移した。しかし、承久の乱後、武蔵野国中沢郷から中沢基政が戦功により新補地頭として補任され、次第に勢力を伸ばして東寺の権益を侵食し、たまりかねた東寺は、要請により1241年当荘を地頭請とした。

　請状によると、年貢米142石4斗、畠地子麦10石、その他雑多な食品、桶、杓、櫃などの日用品の万雑公事に及び、地頭が東寺に納めることになっている。

　その後、地頭は中沢基員に代わったが、基員は1280年頃から滞納しはじめ、1284年には滞納額が560余石に及んでいる。そこで、東寺は地頭と折衝し、1295年には下地中分することとなり、同荘の一井谷・賀茂茎谷・西田井の田地25町、畠地5町、山林少々が、東寺の取分とされたが、残り3分の2が地頭取分となり、地頭は、新補地頭の取分とされた11町につき1町の割合を大きく凌駕し、領家の取分を大きく侵食して、地頭請から下地中分となったとしても、荘園領主の支配力が大きく後退する結果となっている（以上『角川日本地名大辞典』から）。

　なお、『日本の歴史』第8巻頁323では、領家（東寺）の取分と地頭の取分が逆になっており、どちらが正しいのか気になるところである。

　その後、下地中分により領家側は雑掌を派遣したが、雑掌の不手際と荘民の成長により、領家と百姓とが対立し、1318年一井谷では百姓請となっている。

　この頃から、百姓の力が強まり、次第に村落自治（惣村）の動きが活発となり、西田井では年貢の銭納が行われている。

　百姓が成長する背景に、農業生産と商品経済の発展がある。鎌倉時代

中期頃、排水による水田の乾田化が行われ、二毛作（米麦）が可能と
なって、農業生産が増大し、当初、裏作の麦は荘園領主にとって関心が
少なく、若干ながら農業余剰が生み出された。また、貨幣の流通が市場
を生み出し、商品経済を活性化させ、百姓に若干ながら貨幣が退蔵され
た。かつて、和同開珎が鋳造されたが、日本の社会はまだ貨幣を必要と
するほど成熟しておらず、鋳造技術も未熟で、11世紀以降銭貨は姿を
消し、価値尺度は、米や絹といった現物であった。そこに、平安時代末
期から鎌倉時代にかけ、北宋銭が流入し、流通した。北宋銭は、良質
で、毎年60億枚余が鋳造され、中国国内のみならず、世界中に輸出さ
れ、流通していた。北宋銭が出土する遺跡は、アフリカ・西アジア・イ
ンド・東南アジア・極東アジアにみられるという。しかし、大量に鋳造
されたため、中国の銅資源が枯渇し、南宋では鋳造量が極度に減少し
て、元時代になると、通貨は紙幣に置き換えられたという。この北宋銭
が、大陸の中継貿易を通じて、大量に日本にもたらされ、商品経済が促
されるとともに、価値尺度の基準となっている。鎌倉時代から南北朝に
かけ、米・絹・布で表示されていた売券や年貢の表示に銭貨が多用さ
れ、現物による万雑公事が、銭貨で納められるようになり、宋銭は全く
日本の通貨として機能した。どれだけの宋銭が流入流通していたのか、
『日本の歴史』第8巻にある「山里の鐘」からみてみよう。

「現在の京都府綴喜郡宇治田原町に平安時代に建立された禅定寺という
寺がある。朝な夕なに山里に響く禅定寺の鐘は、1181年に鋳られた由
緒あるものであったが、この古鐘が1301年頃破損して以来、鐘の音が
跡絶えていた。そこで、新しい鐘をつくることになり、寺側が25貫700
文、村人から3貫文の銭貨が供出され、破損した鐘20貫文を加えて、
新しく35貫文の鐘を鋳ることとし、10貫文を鋳物師に、700文を鐘楼に
充てたが、尚3貫文が余った。つまり、当時、寺側に年貢等の代銭によ
る銭貨が蓄積されているとともに、村人にも銭貨が蓄積されていたとい
うことである。この銭貨の蓄積は、市場から得られたものであろう。」

　市場は、1250年頃から急増し、ことに1300年以後一層増加した。市
場はどのようなものか、『日本の歴史』第8巻から、一人の貧農の様子
をみてみることとする。かれの名を仮に源三としておく。

「源三は、いつもより早く、暗いうちに藁のなかから這い出して、妻に手伝わせ、市場へでかける準備をする。毎月2・12・22日に地頭の館近くに市がたつ。源三はたいへん貧しかった。父親が残した財産は藁葺小屋と半反ほどの山畑だけだった。偉そうに無理ばかり言うが、父親の代から面倒をみてくれた惣太夫や権介という富裕な百姓の田を3反ばかり小作し、ほかに雑掌の散田（公事はないが貢租の高い一色田等）を1反半ほど預っているが、草刈や山仕事に駆り出されて忙しい。その合間に10年ほどかけて、山裾の荒地を苦労して2反ばかり新開した。その畠でとれた麻の苧3束と大豆5升が今日の売物であった。

　市場へ着くと、既に多くの人で混雑している。ここの荘園は、地頭の請所で、年貢の取立と納入を請け負っており、近年の年貢は銭貨に代えて領家へ送ることになっている。地頭ほどでないが、惣太夫や権介も米・麦・藍・麻を商いしている。市場には、20軒ばかりの店がある。いずれも粗末な小屋で、ここに商いを本業としている市場在家の店が10軒ある。ぬけめのない地頭は、所場代として毎年200～300文の市場税を取り、そのために市場沙汰人という役人を置いている。

　源三は、持ってきた麻の苧と大豆を少しでも高く売ろうとあちこちの店に掛け合い、麻の苧3束は90文で、大豆5升は40文で、合計130文の銭貨を得たので、なにかいい買物をしたかった。花紫の小袖を売る店があり、妻に買ってやりたいと思ったが、ながめるだけで通り過ぎた。結局、今年の粟の作付が悪かったので、粟1斗を38文で買い、途中で地頭や盗賊に襲われまいと、粟と92文の銭貨をだいじに抱えて帰路についた。」

　この頃の地頭の非法は度を越しており、領家へ納める年貢や苧を横合いから責め取り、領家の命令で材木を伐り出す山仕事をしようとすると、地頭は、京へ往還の人夫に荘民を徴発しようと追い回した。こうした領家と地頭との二重の支配に加えて、農民にとって身近で切実な問題は、上層富裕農民との有形無形の支配即ち隷属関係をどう断ち切るかということである。名主等の上層富裕農民が家父長的に自分の大経営の中に包み込んで下人化された下層農民、源三のように卑屈な状況にあったとしても、一家を構え、自立の芽がみられる下層農民もいて、同じ下層

農民といってもいろいろである。なお、学者の間には、前者を奴隷とし、後者を農奴とする意見がある。

　鎌倉時代中期まで、下層農民は正式な年貢負担者として扱われず、領主の台帳に記載されない簿外の民であったが、鎌倉時代末期から南北朝時代にかけ、いままで文書や帳簿に姿をみせなかった下層農民の名が連署状にぞくぞく登場するようになる。

　それは、二毛作による農業生産力の発展と共に、畠作の発展、畠作物の加工・販売が下層農民自立の基礎となったからである。つまり、下層農民が畠で自給消費する雑穀・蔬菜が、収奪の対象として軽視され、貨幣の流通と商品経済（市場経済）の発展を通して、下層農民に剰余労働部分の僅少が蓄積され、剰余労働部分の蓄積は、自己に目覚め、モチベーションを高めて自立の道を志向する。

　自立に目覚めるとどうなるか、まず、不当な扱いや不条理なことに憤りを感じ、一人ひとりは非力のため、一味同心して「惣」といわれる自治組織を結成して村人となる。惣民となった村人は、鎮守の社に集まり、神水を飲みかわして返忠（うらぎり）しないことを誓い、連帯感を強める。連帯感が強まると、不当な扱いと不条理なことに対し攻撃的となる。

　鎌倉末期から南北朝を挟んで室町期は、政治的に最も混沌とした時代である。

　特に、足利将軍家、家宰たる管領家の惣領職を巡る争いから勃発した応仁の乱（1467～1477年）は、たちまち地方に波及し、惣民は、一部地侍化し、地侍や有力農民の主導により変革的・反権力的闘争を簇生させて、守護・地頭及び荘園領主勢力と対立した。

　荘園領主/守護・地頭/農民が三つ巴となって対立抗争し、荘園領主は、横から守護・地頭に領主権を侵食され、下から農民に年貢・公事を滞納され、殆ど荘園機能は失われた。まさに下剋上の時代である。

　ここで、『日本の歴史』第8巻頁344～346から、貧乏絵師の話をみてみる。

　貴族や社寺の荘園支配が、まことに暗澹たる鎌倉末期、一人の貧乏な絵師がいた。長いあいだ朝廷に仕え、旧院から特に目をかけてもらった

が、さしたる報酬もなかった。ある日、朝恩として伊予国の受領（国司）に任命されるという綸旨を賜った。悦び勇んで家へ帰り、妻子をはじめ家中の者どもにことを告げると、はやまだ着いてもおらぬ年貢をどうしようかという話まで出て、あばら屋の中は、笑い声や叫び声でいっぱいになり、その日一日中飲み暮らした。

　翌日、人を仕立てて田舎へ使者をやった。遠い海を隔てたところであるから、はたしてどうかと待つうちに月日もたち、やがて使者から報告の手紙がとどいた。わくわくしながら開いてみると、現地の状況のことらしかったが、土民が武家の権威を嵩にかかって服従しないとか、先任の者が取ってしまって、もう年貢はないとかいうことばかり書いてあった。あまりなことに胸もつぶれ、なすすべもなく過ごすうちに、家もいよいよ窮迫して、僅かの従者たちも散り散りになり、あとは息子の老母と、それでも夫をしたう哀れな妻だけが飢えと貧しさを忘れて残っていた。これをみるにつけも絵師は目先が真暗になる心地であった。

　だがそうもしておられぬので、なんとか手を打ってみようと、法勝寺の寺官の宅を訪ねて事情を話したところが、その所領はすでに法勝寺に宛てがわれているとのことであった。狼狽して帰った絵師は、法勝寺の上卿の邸宅へ行って、「殿の御憐みにたよるほかありません」と、幼少からの奉公のこと、あまりに貧乏なことなど泣く泣く非運・不遇を訴えた。上卿は同情してさっそく上奏したので勅答があり、もとどおり伊予国を賜るということで絵師も感激した。

　けれども、「かの国はあまりに遠く、また自身に力がなければ、けっきょくのところ所領として確保できませんので、できることなら小さくても近いところに替えていただきたく存じます」と虫がいい希望地をいくつも書きならべて提出した。けれどもその秋も過ぎ、翌春のなかばを過ぎてもなんの沙汰もなかった。絶望の中絵師がしたためたのが、今に残る『絵師草子』である。

　荘園領主／守護・地頭／農民の対立軸を背景に、前述した生産力と貨幣経済の発展があり、生産力の発展は、労働生産性と土地生産性の向上にある。特に、鎌倉末期以降、水田の乾田化により二毛作が普及し、裏作に田麦が植えられた。この田麦は、当初「農民の依怙（所得）とすべ

し」としたところから、年貢の対象とされず、農民を養い、農民の自立を促すと共に、農民の階層分化を生み出した。田麦は年貢の対象とされないことから、生産力の発展による余剰に加えてこの田麦の余剰部分は、加地子、土地の売買、借耕関係（小作人の創成）を生み出す原因となっている。

　一方、荘園領主/守護・地頭/農民が対立する中、名主の本役・公事を荘園領主に納める責務がある名体制は維持され、その責務の反対給付として、領主側からみれば、農民の力が強くなり、本役・公事確保のため譲歩的・妥協的に、名田から加地子を徴集・取得する権限が与えられている。

　そもそも、加地子は、荘園・国衙領において、領主が地子以外に耕作者が負担した加徴分のことで、鎌倉後期以降、上記のように名主にその徳分が与えられるようになった。

　この名田体制のシステムを『土地制度史Ⅰ』頁410から図示してみれば次の通りである。なお、各職の取分は、小生の想定である。

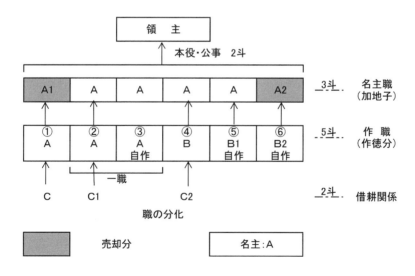

職の分化

　今、①〜⑥の耕地で編成された名田がある。作職所持者はA、B、B1、B2の四人で、その内、①②③の作職所持者Aが最大で、名主に補

任されている。Aは、名主職として、①～⑥の耕地の本役・公事を纏めて領主に納入する責務を負うが、その反対給付として①～⑥の加地子を取得する権利が与えられている。Aは、耕地に対して①～③の耕作権（作職）を持っており、その内、①②は小作人C、C1に貸付けて下作させ、①の名主職は第三者に売却し、③のみ耕作（自作）している。④の作職所持者Bは、小作人C2に貸付けて下作させている。⑤⑥の作職所持者B1、B2は自作しているが、⑥の名主職が売却されている。従って、直接耕作者はA、B1、B2、C、C1、C2の6者で、①～⑥に対応している。なお、この表は、余剰労働を前提とした借耕関係を前提としている。

①の直接耕作者Cは、Aに（本役・公事＋加地子＋作徳分）を納め、Aは本役・公事を領主に納め、加地子を売却先（第三者）に納め、Aの取分は①の作徳分である。

②の直接耕作者C1は、Aに（本役・公事＋加地子＋作徳分）を納め、Aは本役・公事を領主に納め、Aの取分は②の（加地子＋作徳分）である。

③の直接耕作者Aは、本役・公事を領主に納め、Aの取分は③の（加地子＋作徳分）である。②③分は（加地子＋作徳分）が未分化の状態にあり、一職といわれている。

④の直接耕作者C2は、Bに（本役・公事＋加地子＋作徳分）を納め、BはAに（本役・公事＋加地子）を納め、Aは本役・公事を領主に納める。Bの取分は④の作徳分である。

⑤の直接耕作者B1は、Aに（本役・公事＋加地子）を納め、Aは本役・公事を領主に納め、B1の取分は⑤の作徳分である。

⑥の直接耕作者B2は、Aに（本役・公事＋加地子）を納め、Aは本役・公事を領主に納め、加地子を売却先（第三者）に納め、B2の取分は⑥の作徳分である。

家父長的経営の場合、直接耕作者はA・Bの下人であろうが、小作人は、二・三男、没落した作人、遊民等の者でなければならない。借耕関係が成立するためには、小作人になんらかの取分（作徳分）があって然るべきであろう。

作徳分を（α＋β）とした場合、収穫物の取分は、次のようになる。

取分	本役・公事分	加地子分	作徳分α	作徳分β
力関係	← →	← →	← →	
権利者	領主	名主	作職	小作人

　この配分は、生産力の向上発展、各権利者の力関係（抗争）により左右に動く。

　ここで、前表①～⑥の耕地について、各耕地反別収穫量を1石2斗とし、各耕地別に権利者の取分を縦列にしたのが次表である。

耕地	R	A	B	B1	B2	C	C1	C2	T1	T2	計
①	2斗	5斗				2斗			3斗		1石2斗
②	2斗	8斗					2斗				1石2斗
③	2斗	1石									1石2斗
④	2斗	3斗	5斗					2斗			1石2斗
⑤	2斗	3斗		7斗							1石2斗
⑥	2斗				7斗					3斗	1石2斗
計	1石2斗	2石9斗	5斗	7斗	7斗	2斗	2斗	2斗	3斗	3斗	7石2斗

R：領主　T：売却先

　図はモデルで、荘官等の給田もあり、地域・時代等により収穫量は区々で、当時は貫高制であったにもかかわらず、収量（石高）で表示しており、実態と大きく異なると推察されるが、名田体制下において、名主が、剰余労働部分の大部分を取得する構図となっていることは否めない。尤も、名主として登場するのは、村落共同体の有力農民で、一部に蓄積された剰余労働部分で郎党や下人を配下において地侍化する土豪もいるが、地頭（地頭名）も介在し、また、貨幣経済の浸透により、領主や都市・村落内の高利貸が名主職等を売買しており、名主職・作職の構

成は複雑怪奇である。

　上記名田のほか、荘園には、領主に直属する散田（一色田）が多く点在している。一色田（間田ともいう）は、領主が名主（地主）職、作職を持っていて、農民にその権利がないことを原則としている。通常、農民や遊民（間人・浮浪民）に下作させ、荘官の給分として公事が免除されるが高い年貢が課せられた。

　しかし、その耕作権が徐々に作職に転じて、この作職が売買されるケースが現れた。当初、領主側は、農民に対し一色田は無権利であることを楯に売買の無効を主張したが、売買は後を絶たず、結局「年貢違乱なき上は是非に及ばず」として黙認せざるを得なかった。

　この時代（鎌倉末期）、原則として自由な土地売買は禁じられており、土地売買は屈折した形態とならざるを得ないが、剰余労働部分が肥大すれば、土地売買は様々な形で諸規制を破って必然的に進展するものと考えられる。

　土地売買の形態としては、(1)期間を設けて売買する年季売り、(2)一定期間以後に代価を返却して土地を返還する本銭返し、(3)永代売り、(4)質流れ、がある。(1)(2)は、年季が明ければ証文が廃棄されるケースが多く、資料が残りにくい。一方、(3)(4)に関する売券が多く残されているため、これが一般的と思われたが、実際は、(1)の年季売りが多かったとされている。

　但し、売買の対象は、加地子名主職、作職等で、土地の売買そのものでない。

　土地は誰のものか曖昧模糊としており、土地からの分前や土地と一体化した「田畠下人」といった耕地と労働力をセットにした売買が多かった。

　そもそも、名田制は、名主が本役・公事を纏めて領主に納入するのが建前であったが、下地中分・地頭請により、地頭が名主領分に介入し、領家を圧迫する必然性があった。領家の一部にもこの本役・公事を確保する目的で、加地子名主職や作職を売買（奪取？）を通じて手にしようとするが、名主職や作職を持つ有力農民にも加地子名主職や作職を集積する者が現れる。この結果、農民間に上昇する者・転落する者が交錯し

て、村落内の階層分化が高まり、加地子名主職や作職を集積し、肥大化した経済力・政治力を利用して、転落した者や遊民等を吸収して支配下におき、土豪となって一部地侍化する者が現れるようになる。

鎌倉時代末期から室町期の混沌とした中、農業生産力が向上し、貨幣経済が進展し、これに伴い商業や手工業の世界も活況を呈した。

すでに「貧乏絵師」の物語でみたように、守護・地頭／農民に圧倒されて、権門勢家・寺社等貴族の収入は、地方の荘園から途絶えがちで、生活の糧は座の商人に託された。

座とは、権門勢家・寺社を本所とする供御人・神人・寺人等による奉仕労働・貢納に対する代償として与えられた特権で、供御人・神人・寺人等は、商工業者・運輸業者などの同業集団を組織し、課役・関銭が免除され、専売特権が与えられた。この特権により営業から生み出される銭貨を本所に貢納し、権門勢家・寺社の生活を支えた。また、土倉（質物等の保管倉庫を持つところからそうよばれた）や酒屋は、営業により蓄積した銭貨を利用して金融業（高利貸）に転じ、権門勢家・寺社・幕府に接近して貸借関係を結び、これを手掛かりに荘園年貢の請負代官に補任され、農村と結びついた。

当時、農業生産力の向上により、農民に剰余労働部分が生み出され、農村へ貨幣経済が浸透したことにより、剰余労働部分を求めて農村や都市の高利貸資本が吸着し、貸借関係を生じさせていた。

農村の高利貸資本は、都市の本末関係で結ばれた農村内の寺社や土豪のもとに蓄積された資本（米・麦・銭貨）で、特に、寺社は死者の冥福のため寄進された祠堂銭を貸し付けて利息を収得し、謝恩からその回収率が高かった。

都市の高利貸資本は、土倉・酒屋の金融資本で、高利のうまみがあり、年貢未納を通じて収取関係と貸借関係を生じさせ、借銭・借米により農民を収奪し、借銭・借米を形に農民の諸職を手にした。この結果、自作農から小作農に転落する農民、逃亡する農民が続出し、村落共同体の存続は危機に瀕し、村落共同体を基盤とする土豪とも対立した。

これに対して、土豪・農民は一致団結し、年貢減免、借米・借銭の棒引きを求めて一揆した。高利貸資本の背景に権門勢家・寺社・幕府があ

り、徳政を求めての一揆であった。

　正長の土一揆※（1428年）を端緒に、一揆は数次に及び、当初の年貢減免、借米・借銭の棒引きを求める経済的闘争から領主権力を排除しようとする政治的闘争へと支点が移っていく。

　　※正長の土一揆
　　　畿内農民の徳政一揆で、債務破棄を要求して京都・奈良に乱入し、土倉・酒
　　　屋を襲って質物を奪還し、証文を焼却して近江守護や興福寺等に徳政令を出
　　　させた。

　ここで、『日本の歴史』第10巻頁250〜326から、備中新見荘の土一揆をみてみることにする。

　新見荘は、備中高梁川上流の伯耆境に近い山間の荘園で、かつて年貢高だけでも1,200貫文を超えたといわれる大荘園であった。しかし、鎌倉時代の文永年間（1264〜1274年）に地頭との間で下地中分され、東半分が地頭方、西半分が領家方に二分され、東寺は南北朝時代に領家方の支配権を手に入れた。その頃の領家方の年貢収納額は370貫文といわれたが、これも守護細川氏の被官に蚕食され、応永年間（1394〜1427年）に、請負されて請負年貢高は120〜150貫文となっていた。永享元(1429)年に安富智安という細川氏の被官が代官となると、この請負額さえ無視して滞納を続けたため、東寺側は、安富智安を罷免し、直務代官として祐清を現地に派遣した。しかし、現地の状況は厳しく、百姓たちは減免を求め、段銭や人夫役も容易に応じず、現地の荘官も非協力的であった。特に、伯耆境の節岡の名主である豊岡という者は反抗的で、年貢の納入を渋っている。そこで、祐清は二人の中間を連れ、豊岡を検断するため出かけたが、豊岡は親類でもある地頭方の名主と結託して祐清を謀殺し、祐清は着任1年ほどであえない最期をとげた。

　当時、支配を維持しようとする領家方と代官請により実質的支配を奪取しようとする守護・地頭方とその支配を排除しようとする地侍・農民とが三つ巴となって抗争し、いまや、現地の状況は独立的・反権威的で、守護系であれ領家系であれ、外部から侵入する支配者に対し容赦なく抵抗する動きが表面化していた。

　応仁の乱が開始されると、備中守護細川勝久は東軍参加のため、守護

領としておさえていたもとの国衙領十ヶ郷に対し、兵糧・人夫・兵士を割り当て、新見荘は伯耆境に近いため、西軍山名勢の南下侵入の恐れがある戦略拠点を築こうとした。しかし、勝久の動員令は地侍・農民の反撥を受け、十ヶ郷の地侍・農民は「地下大寄合」と称して大集会を持ち、守護方に反抗した。守護方を敵として戦おうというのであるから、地侍・農民に多量の武器が貯蔵されていたとみなければならない。現地では地侍も名主も小百姓も身分の差別を超えて総力をあげねばならず、小百姓たちの役割が大きくなり発言権が増大した。

　守護方から、文明元（1469）年に「新見に進駐する」という最後通牒が発せられ、急報は村人全員に伝えられた。村人は「東寺以外の領主は絶対に受けつけない」として気勢をあげ、かねてから準備していた武器をもって防備についたが、守護方はこの気勢に躊躇し、無事に終わった。「東寺以外の領主は絶対に受けつけない」というのは方便で、実際は、領家の凋落をみこして、一切の上級領主権を排除する口実にすぎなかった。

　当時の室町幕府は、既に政治的機能を喪失しており、覇権を巡る管領家・守護の争いは、在地領主等を巻き込み、在地から兵糧・人夫・兵士を徴集しようとして農民から反発され、騒然として混乱する政治的空白の時代であった。

　この政治的空白の間隙を縫って、地方に、主に地頭身分を出身母体とする多くの国人衆が台頭し、離合集散を繰り返しつつ、これ等の国人衆を配下に収めた有力国人衆が、戦国大名化した。

　管領・守護が在地に密着せず、領国経営をなおざりにして京を中心に行動したのに対し、戦国大名は領国内に勢力を扶植し、領域拡大を目指した。

　領国内に兵糧・人夫・兵士を養うためには、領国内の土地と人とを一元的に支配して足場を築く必要があり、この土地と人との一元的支配こそ封建制の基本であった。

　ここで、京周辺の領国内に勢力を扶植し、中世期から明治維新まで存続した朽木氏と朽木氏とは別の運命を辿った革島氏を紹介したい。

　朽木氏は、中央に覇を競う有力な戦国大名と異なり、有力大名と合従

連衡して存続した地味な存在であったため、あまり人に知られておらず、本拠となっている朽木がどこにあるのか知る人も少ない。司馬遼太郎氏も、その著『街道をゆく』第1巻（朽木渓谷）で、「朝倉攻めで退却を余儀なくされた信長が、随伴した松永久秀に退路として朽木谷を抜ける道を提案された時、朽木谷のことも朽木氏のこともしらなかった」としているほど、当時の人にも知られていなかった。尤も、信長は朽木氏（元綱）の援助をうけて無事京へ帰還し、天下統一をやりとげたのであるから、朽木は知らなくてもこの話を知る人は多い。

　朽木は、琵琶湖西岸に連なる比良山系と北山山系に源を発し、琵琶湖に注ぐ安曇川流域にあり、現在の国道367号線沿いの僻村である。国道367号線は、若狭と京を結ぶ古来からの要路で、鯖街道として知られている。この朽木の中心部（市場）、今の朽木中学校あたりに朽木氏の館があったといわれている。

　朽木氏は一貫して足利党であり、特に、室町幕府13代将軍義輝は三好三人衆に追われると、朽木谷へ逃れ、5年間朽木谷に滞在したこともあったという。この時代の覇権争いは朽木谷にも及び、朽木氏は織田信長・豊臣秀吉に与して戦い、小田原攻めにも出陣した。関ヶ原の戦いでは西軍に属したが、東軍に内通し、大坂の陣にも徳川方として出陣して、徳川政権下においても先祖累代の所領を守り、福知山城主として明治維新まで生き残った。

　一方、革島氏は、京都市の桂川の西岸、現在の西京区・向日市・長岡京市に蟠踞して室町将軍家に属する36人の西岡被官衆（惣の地侍）の一人であった。革島氏の家督を継いだ一宣の子秀存が義輝に従い朽木谷に行ったことから、朽木氏との接点があり、三好三人衆により所領が没収されたが、15代将軍義昭を奉じて織田信長が入京したことから、一宣は織田氏に与し、三好方の鶏冠井（かいで）氏を討って旧領を回復し、朝倉攻めにも出陣して所領を拡大した。その後、革島氏は細川藤孝の配下となったが、藤孝の丹後配置替えに従わず領地に残ったことが運命を変えた。本能寺の変により明智光秀方に与したことから、所領は没収され、小田原攻め・文禄朝鮮出兵にも参陣したが、旧領回復はかなわず、徳川政権下において武家へ仕官せず、兵農分離により郷士として再出発した。

　両者は、国人衆と称される在地領主で、朽木氏は承久の乱、革島氏は南北朝の争乱により地頭に補任され、周辺荘園の地頭請を得て、共に買得により領地（支配地）を拡大し、領地の人と土地（年貢）を支配して軍役を務めている。

　今、革島氏の買得地の変遷を『土地制度史Ⅰ』頁427の表からみてみると次の通りである。

革島氏の土地買得の進行状況

庄・郷／年次	元号	年	西暦	元号	年	西暦	革島郷南北庄	岡郷	広野・陵庄	下津林郷	上野庄	朝原郷	桂東上桂下桂庄	谷郷・下山田庄	寺戸郷・今里庄	丹波国桑田郡	計
A				延徳	元	1489	27					1			3		31
B	延徳	2	1490	～明応	8	1499	12			4	21		5	2			44
C	明応	9	1500	～永正	6	1509	4	11						4		6	25
D	永正	7	1510	～永正	16	1519	8	1	19			6	14	36			84
E	永正	17	1520	～亨禄	2	1529	7	3					4	11			25
F	亨禄	3	1530	～天文	8	1539											0
G	天文	9	1540	～天文	18	1549	1										1
							59	15	19	4	21	7	23	53	3	6	210

単位：反（端数四捨五入）　資料：尾藤さき子著『畿内小領主の成立』の表を整理

　革島氏は、1489～1549年の60年間で、およそ20町歩に及ぶ土地を買得している。また、朽木氏においても、15世紀末におよそ20町歩の田畠を質取＝買得しており、買得地は朽木荘内で約半分、その他は隣接する久多荘内等に及ぶとされている。

　主に領内の田畠から買得されているが、この買得が進展した要因として、前掲『土地制度史Ⅰ』では、次のように纏めている。

　○年貢未進・出挙・借銭等の関係が形成されたこと。

○近隣の土豪・寺庵・商人等に買得されると、在地支配が不安定になること。

○剰余労働を年貢増徴によらず、小作人化することが可能となったこと。

　この三者は、いずれも連関し合っており、まず、領内の買得が行われ、引き続いて周辺部の買得が行われたものと推定される。

　では、この買得はどのように行われたのか。通常考えられるのは、年貢未進による売買、出挙による借米・借銭による質流れであるが、頼母子講による土地の放出もあった。頼母子講は、主に上層農民を構成員とし、講を維持する保証として、預託金相当額の土地＝質地を提供する例が多く、結局、質置地を特定の有力者が手に入れていることから、うわべの相互扶助の底に、借米・借銭と変わらない性質を帯び、農民層の分解を一層促進した。

　なお、剰余の形成から、まず加地子名主職と作職が分化し、加地子名主職の買得が先行し、次に作職の買得へ移行し、余剰の基盤である作職から借耕関係を生じさせる。

　今、借耕関係の有無により、前掲の名田システムの図を再度書き替えてみれば次頁図の通りである。

　かくして、土地生産性と労働生産性の向上による余剰の発生は、商品経済・貨幣経済の進展と相まって、土地の流動性を生み出して荘園機構を大きく変容させ、荘園領主は、横から守護・地頭に浸食され、下地中分により減少した領分も地頭請となって、年貢・公事が滞納され、本役・公事を配給するパイプはいよいよ細くなった。荘園領主は本役・公事を確保するため加地子名主職や作職を買得して対応したが、本役・公事・余剰は台頭する地頭等の国人衆に略奪され、荘園はほぼ壊滅状態にあった。

　一方、国人衆は余剰部分を買得により集積し、余剰労働部分を武力に変容させ、他領を侵食して、他領の国人・地侍・農民と抗争した。

　応仁の乱により弱体化した体制の隙をつき、北条早雲が伊豆に進出

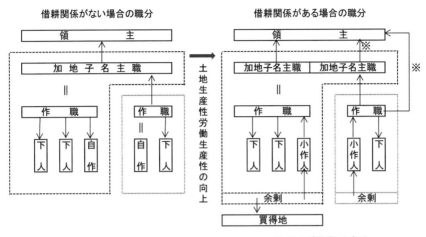

借耕関係がない場合の職分　　　　借耕関係がある場合の職分

※　領主が買得した部分

し、次々に領域を広げ、在地国人衆を被官化して戦国大名に変貌した。また、守護・地頭の旧体制から脱皮した毛利・武田・伊達・今川・上杉氏等も勢力を拡大して戦国大名へと変容し、相互に覇を争い始めた。

　勢力を強化するには、国人衆を安堵して被官化し、軍役を義務づける必要があり、この時期、今川氏「今川仮名目録」（1526年）、伊達氏「塵芥集」（1536年）、武田氏「甲州法度之次第」（1547年）等の分国法が定められている。

　ところで、戦国大名は、いかにして国人衆を被官化し、武力を集積して、軍役を編成したのであろうか。この例を『土地制度史Ⅰ』から武田氏についてみよう。

　武田氏は、「甲州法度之次第」で、土地制度（知行制度）の基本原則を定めており、この武田氏に限らず、この基本原則は、当時の戦国大名に共通していた。

　戦国大名の知行地は、私領名田＝本領安堵地と大名権力による恩領＝新恩宛行地という二者により構成されていた。そして、武田氏知行制の基礎構造は、①同心衆②軍役衆③惣百姓という差別をもって掌握され、次のような記載方法で登録された。

①同心衆（12名）
　1　12貫600文　　本御恩　　吉田左近助殿同心　　網野弥四郎
　　　 5貫550文　　踏　出　　同人御重恩
　合　18貫150文　　此外屋敷仁間

②軍役衆（23名）
　1　　　800文　　本成方　　　　　　　　　　　河井善三郎
　　　 1貫825文　　踏出御免

③惣百姓（145名）
本　　　750文
　1　 2貫390文　　此内956文引　　　　　　　網野新九郎
　　残而可納分　 1貫430文

　①同心衆は、武田氏の部将の「同心」つまり大名権力の下に寄親寄子編成される末端の家臣で、検地の対象となったその名請地は「御恩」即ち本領安堵の私領名田＝知行地として保証され、同心衆の本御恩は、軍役衆の本成方、惣百姓の本に対応するもので、明らかに荘園体制下の本年貢部分であり、それを本御恩＝本領安堵＝本年貢負担免除されて同心衆に編成され、更に検地による踏出＝検地増分を御重恩として年貢加重を免除された。このことから、武田氏の知行制の基礎は、荘園領主的土地所有の実現形態たる本年貢部分を荘園制収取体系から切り離し、これを軍役体系の物質的基礎に取り込むことによって成立している。
　②軍役衆は、同心衆と異なり、特定の寄親寄子に組み込まれておらず、もともと検地前まで惣百姓の内にあり、本年貢を負担しつつ、検地後の踏出分の年貢加重を全免されることによって勤軍役御家人衆として編成され、③惣百姓は4割控除されて6割の年貢（次頁の表では5.4割）を負担した。

　ところで、本御恩12貫600文とか本成方800文とか本750文とはなんのことであろうか。恐らく、年貢のことであろう。本御恩12貫600文

は、武田氏から安堵されたもので、武田氏は荘園制下の守護の権限を受け継ぎ、既に荘園領主や地頭の影形はない。同心衆は、安堵された知行地から全面的に領主権を取得し、本役・公事を収取する権利を得る代償として、軍役を務める義務を負う。この12貫600文の知行地であるが、反当り500文の年貢を得るとして換算すれば、約2町5反の田に相当する。この規模だと、家族・下人による家父長的経営が行われていたものと推定される。同じく、戦国大名であった長宗我部氏の下級在郷家臣団は、およそ2〜3町歩程度の自作経営をしながら、一揃いの武具を用意して、ことあるごとに軍役を務めた「一領具足」の在郷領主であったとされているので、武田氏の同心衆もこれと大同小異であろう。尤も、一領具足は、農繁期には機能しないので、これと同様なものであったか否か不明である。

『日本の歴史』第11巻頁246に武田氏の菩提寺である「恵林寺領の検地」が示されている。恵林寺は、山梨県甲州市、笛吹川上流にある臨済宗妙心寺派の名刹で、武田氏滅亡に際し、焼き打ちされた。その時の快川禅師の言葉「心頭を滅却すれば火も自ら涼し」で有名な寺院である。

　恵林寺の検地は、永禄6（1563）年に行われ、その記録が「恵林寺領御検地日記」として残されている。

▪恵林寺領の検地（単位：貫）　下の表の御恩給は同心衆のことであろう。

区分	名請人	本成	踏出	検地高	免除高	納高
御恩給	12人	35.294	44.495	79.789	79.789	0
軍役衆	17人	22.470	37.995	60.465	37.995	22.470
惣百姓	79人	47.160	87.142	134.302	61.329	72.973
計	108人	104.924	169.632	274.556	179.113	95.443

　武田氏は、惣百姓は年貢を負担するもの、軍役衆は一部年貢を負担して主に軍役を務めるもの、同心衆は専ら軍役だけを務めるものに役割分担させている。

次に、『日本の歴史』第11巻頁215で、後北条氏の軍役が記されている。これをみると、武蔵岩付の支城主太田氏が家臣の小熊総七郎なるものに宛てた動員令に次のようなものがある。

　改めて定む着到のこと。
　18貫500文
　　一本　　指物　　四方は竪6尺5寸、横4尺2寸、持手は具足・皮笠。金
　　　　　　　　　　銀の間にて紋をいだすべし。
　　一本　　鑓　　　2間の中柄、金銀の間、推すべし、持手は具足・皮笠、
　　　　　　　　　　右と同じことわり。
　　一騎馬　馬上　　甲は大立物、具足は手蓋・面肪。
　　　　　　　　　　己上　3人

　武田氏の同心衆も、本御恩と踏出の合18貫150文であるから、小熊総七郎なるものと同様な軍役が課せられたのではないだろうか。そして、武蔵岩付の支城主太田氏のような者が寄親であったのではないだろうか。

　こうして、小領主・地侍の所領は安堵され、その反対給付として軍役を担い、寄親の下に集められ、軍団が組織された。
　今、前掲『日本の歴史』第11巻頁208から後北条氏の軍事編成である各衆の兵力を一覧表にしてみると次の通りである。

　次頁表を後北条氏の軍役基準（18貫500文、3人）で換算して、所領規模の中庸値により動員兵力をざっと計算してみると約13,000人※である。なお、これは「小田原衆所領役帳」にあらわれた分だけで、この他に軍役衆相当分もあると考えられるので、後北条氏の総動員兵力は不明である。
　　※動員兵力
　　　(1000/18.5×11＋750/18.5×18＋300/18.5×126＋75/18.5×110＋30/18.5×225
　　　＋10/18.5×70)×3≒13,000人

後北条氏衆別諸侍表（含寺社領）

所領規模 ＼ 衆別	小田原衆	御馬廻衆	玉縄衆	江戸衆	松山衆	伊豆衆	津久井衆	足軽衆	職人衆	他国衆	その他衆	寺社衆	合計（人）
1000 貫文以上	1	0	1	4	1	0	1	0	0	0	3	0	11
1000〜500 貫文	4	2	1	4	2	2	0	0	0	2	1	0	18
500〜100 貫文	14	23	6	25	1	6	1	9	2	5	23	11	126
100〜50 貫文	6	21	5	22	6	4	4	2	2	4	19	15	110
50〜10 貫文	8	45	4	41	4	14	9	5	13	14	45	23	225
10 貫文以下	0	3	1	7	4	3	29	0	9	3	4	10	70
計（人）	33	94	18	103	15	29	44	16	26	28	95	59	560

　動員兵力13,000人には、農兵も含まれており、これに軍役衆として徴集された農兵を含めると10,000人以上の農民が戦争に駆り出されたことになる。

　但し、18貫500文3人で換算しているが、岩付城主太田氏の家老であった宮城氏は284貫で、36人の軍兵を要求されており、換算値46人より少ないので、逓減則があると推定され、上記の動員力はかなりいい加減な数字かもしれない。

　こうした戦国大名が全国に蟠踞して覇を競っているのだから、全国的にみて、戦争に駆り出された農民の数は計り知れない。

　荘園解体過程で成長し、一部地侍化して、外部からの権力を排除し、自治を目指していたかつての農民の姿はなく、戦国大名の末端に組み込まれた。

　また、荘園の解体により、家産化していた荘園からのパイプが途切れ、権門勢家寺社等貴族層は生活に窮した。

　戦国大名から小領主（国人衆）や地侍（地侍化した農民）の所領が安堵され、恩領を得て、知行地とし、知行地からの年貢等が自家のものとする特権が与えられることの反対給付として、戦国大名から知行地に見合う軍役を担う義務を負うこととなった。

この所領（本成）と恩領（踏出）が知行地であるが、恵林寺の検地に
みられるように、本成分より踏出分が多いのはどうしてだろうか？　当
初、土地の丈量や検見が行われず、指出検地（自己申告）により所領の
確認が行われ、その後の検地強行による出目、敵対する相手方から切り
取った所領の一部、灌漑・治水事業（信玄堤等）・新田開発により造出
された耕地が踏出であったのか不明であるが、ともかく本成に加増され
たものが恩領（踏出）である。

　これに対し、本成はもともとの所領である。この本成は、規模の大小
はあるが、前に述べたように、１～３町程度の所領で、少数の下人を
使って家父長的経営を行っていたのではないか、踏出により加増された
部分は、新たに下人を追加するか、借耕に供するしかないのではない
か、と勝手に想像している。

　知行地から軍役を課す場合、知行地の大小を計量する必要があるが、
この計量は、当時銭貨（貫高）で表記されている。これを貫高制（貫文
制）というが、なぜ、銭貨（貫高）で知行地が表示されたのであろう
か？

　このことは、鎌倉時代以降、農業の生産性が向上して農業余剰が生み
出され、農業余剰は、自給自足経済を変容させ、貨幣の流通と相俟って
市場経済を発展させたことと関係があり、前に話したように、多量の
北宋銭が流入し、市場から銭貨を得て、山里の鐘が鋳られた。つまり、
「鎌倉時代以降、価値尺度が米や絹・布といった現物から、多量に流通
する銭貨が主要な交換手段・価値尺度となり、所領・年貢は銭貨（貫
高）で表記され、この貫高により軍役が課された」ということで説明が
つくのではないだろうか。

　ところが、年貢を「銭貨で納める」となると話は別である。銭貨は市
場（マーケット）で手に入れることができるが、市場がないとそれがで
きない。

　市場は、人や財が集まるところに自然発生するが、こんな場所は、畿
内や鎌倉等一部の地域に限られている。地方は、六齋市など一定の期日
を定めて市が開かれていたが、依然自給自足経済から抜け出せないまま
で、とても年貢を納めるに足る銭貨を手に入れることができなかった。

　一方、戦国大名の戦闘は鉄砲が中心となっており、鉄砲製造には高度の技術を要し、当時の鉄砲製造は近江国友、堺等一部の地域に限られていたため、鉄砲購入のためには大量の銭貨が必要であった。

　そこで、領内に、自由に人や財が出入りする市場（楽市・楽座）を設け、銭貨を呼び込む必要があったが、先進的領国経営を行っていたとされる後北条氏ですら、年貢を銭貨で課することに限界があったとされている。

　関東は２公方（古河・堀越）、２管領（山内上杉・扇谷上杉）、２家宰（長尾・太田）が覇を競い争っており、この争いのため出撃中の国人衆の隙をついて、後北条氏（早雲）が伊豆に侵入した。慌てて帰還した国人衆や周辺国人衆を懐柔し、軍事力を増強して、公方・管領の旧勢力を壊滅させ、俄かに戦国大名に変容した。この後北条氏と国人衆を中心とした家臣団は比較的ゆるい主従関係にあり、家臣団の独立性が高いことから、家臣団の所領を統一基準のもとに安堵し、恩領を与えるため検地を行った。この基準のもとに家臣団の貫高による所領を把握し、貫高に応じて軍役を課し、軍団を組織した。つまり、検地は年貢を決め、軍団を組織するための方策である。しかしこの検地（天文検地）の施行は、農民の広範な反抗を生み、個別的反抗として「欠落」＝逃散、集団的反抗として天文19（1550）年に「国中諸郡退転」があり、帰村させるために宥和策をとらざるをえなかった。

　安良城盛昭氏は、その著『太閤検地と石高制』の中で、「国中諸郡退転」の原因を①「公事」＝夫役の増大と夫役の代銭納②隠田・新田の課税にあるとしている。また、「国中諸郡退転」の後、永禄９（1566）年、伊豆の木負・西浦では郷村規模の退転が起こっており、この原因は「貫高制」そのものにあるとしている。

　木負・西浦は海辺の郷村である。ここでは「塩竈稼」を行っており、塩は当時米とならんで最も商品となりやすいもので、銭貨を入手しうる条件を備えていた。にもかかわらず、「精銭難調」という事情にあったことは注目すべき事実といわねばならない。これは後北条氏の領国が依然自然経済の下にあり、物々交換の段階を抜けきっていないことを示しており、後北条氏の要求する「精銭」の入手が郷民にとって困難な事情

にあったからであった。また、塩代納が認められても、その換算率を
「米之値段」とするか「塩之値段」とするかで紛争が生じている。また、
田名郷でも、「棟別銭」を「精銭」で支払うように命じている。

　ところで、後北条氏の要求する「精銭」とはどのようなものだろう
か。これを東野治之著『貨幣の日本史』からみてみることにする。

　北宋銭が大量に輸入されたことは前に書いた。この北宋銭が文書に登
場するのが、久安6（1150）年の土地売券である。これは、橘行長とい
う人物が、大和国添上郡にある私領を売り払ったときの証文で、そこに
は土地の代価が「銭弐拾漆貫文」と書かれており、同時期、京都花背の
経塚から十数枚の北宋銭がみつかっている。鎌倉時代から南北朝にかけ
て、売券に銭貨を用いる例が多くなり、地租・年貢にも銭貨で納めさせ
る動きがでてきた。すでに、宋銭は日本で広範に流通し、交換手段・価
値尺度として確固たる地位を築いていた。

　しかし、元の時代は銭貨の鋳造が行われておらず、銭貨輸入は途絶
え、古くなった銭貨の摩耗・破損が進み、私鋳銭も混じって、劣悪な銭
貨（鐚銭・びた）が多くなったため、各地で撰銭令による銭貨の選別が
行われている。

　明の時代になって、密貿易（倭寇）に悩む明は、日本との貿易を復活
させた。
「勘合貿易」である。勘合貿易は朝貢貿易であり、この勘合符がもらえ
るのは日本国王に限られた。日本国王とは足利将軍家のことであり、足
利将軍家は名目上の実権を保っており、勘合貿易の利権を巡って細川・
大内といった守護大名は名目上の将軍家を背景に争い、戦国動乱の幕開
けとなった。この利権とは、明によって新しく鋳造された銭貨の獲得で
ある。この銭貨の文字「永楽通宝」は、入明した禅僧仲方中正の筆によ
るとされ、明は元に続き、貨幣の主流は紙幣であり、銭貨は流通してい
ないことから、「永楽通宝」は日本向けの銭貨であったといわれている。

　中国で流通していなかったことから、「永楽通宝」は当初忌避された
が、宋銭に勝るとも劣らぬ品質をもつことから、「永楽通宝」の人気が
高まり、他の銭貨に対し大きなプレミアムがついた。
「精銭」とは「永楽通宝」のことであり、後北条氏の撰銭令は、精銭と

しての永楽通宝から悪銭としての私鋳銭にいたる種々雑多な銭貨の換算率を法定している。

　しかし、中国の銅資源はもともと不足しており、勘合船である細川船と大内船が寧波で荷揚げの先陣争いから乱闘して市舶司を焼き払うという事件から、国交が断絶し、これが最後の遣明船となって永楽銭の輸入が途絶えた。おそらく、宋銭に比べて輸入された「永楽通宝」は少なかったのではないだろうか。

　プレミアムの高い「永楽通宝」で支払えというのは所詮無理な注文であった。

　田名郷では、「精銭」を手に入れることが難しい状況から、「精銭」に加えて「黄金・米穀・漆・棉」による物納を認め、その換算率が定められている。ここに、銭納を建前とする「貫高制」（「永高制」ともいわれる）の原則は完全に崩れてしまっている。

ロ．太閤検地

　ここで、「貫高制」について少し考えてみたい。角川書店『日本史辞典』では、「貫高制」のことを「戦国大名の制度の一つ。土地を年貢の貫文高（銭貨）で表示し、百姓の年貢・諸役負担、家臣の知行高、軍役奉公の人数等の基準額としたもの。……近世の石高制と異なり、大名権力による在地掌握の度合の強弱によって、その内容は、大名ごと、地域ごとに多様であった。」としている。

『日本の歴史』第11巻頁191奥州大名伊達氏のところで、「貫高制は、生産物を京枡という統一基準で計量していた近世の石高制に比べれば、いわば虚構というべきものにすぎないが、その虚構に現実を規制させる重みを与えたのが戦国大名の権力なのである。」という記述がある。

　また、同巻頁371〜372西の勇将毛利氏のところで、「大名権力は、家臣の領主権を否定する一方で、知行地そのものに入り調査を行うという方式を回避したところに成立した貫高制を基礎としたことによって、その後、実際に現地掌握ができる条件が整っても、それを行えば貫高制の原則を否定することになり、ひいては、自らの権力編成そのものを崩壊させるという大きな矛盾をその中に包み込んでしまった。その矛盾は、

毛利氏が郷村一揆の抵抗をうけ、それを撃破するために、一揆の主導者であった土豪たちを、その古い在地の基盤を容認したままで、大名権力の末端に取り込まざるをえなかったときに、決定的となったといってよいだろう。この矛盾を自らの力で解決しえないまま、統一政権に直面することになるのである。」と説明している。

結論として、貫高制（銭貨に換算した知行制）は、「戦国大名は、大なり小なり在地国人衆・侍衆・農民層の懐柔・闘争・調略を駆使して領国支配を行わねばならず、南北朝～足利・戦国時代を通じて自立・排他的勢力として成長を遂げている在地国人衆・侍衆・農民層の一揆はあなどりがたく、特に、広範囲に在地国人衆・侍衆・農民層を結集して巨大化した一向衆は、戦国大名に反抗する一大勢力であった。在地国人衆・侍衆・農民層を内に宿した戦国大名は、妥協的に軍役を整えねばならず、土地調査（丈量検地）は、在地国人衆・侍衆・農民層から反発を受け一揆の原因にもなることから、土地の大きさ及び生産量が把握できないまま、百姓の年貢・諸役負担、家臣の知行高、軍役奉公の人数等は、従来からの曖昧な基準（銭貨に換算した指出）に準拠せざるをえなかった。」ということではないだろうか。

戦国大名において先進的領国支配を行っていたとされる後北条氏は、天文18（1590）年に検地を行い、田反別500文、畑165文を統一年貢基準としたが、この天文検地により、前記した「国中諸郡退転」という地侍・農民層の広汎な反抗を引き起こしている。

領国を統一支配する戦国大名は、領国の郷村内部に多くの地主的＝侍的郷民を宿しており、郷村は年貢等賦課の対象であると共に、直轄家臣団を編成する原泉でもあった。この郷村内部の地主的＝侍的郷民の一部は、武田氏の同心衆のような家臣団に編成され、本領に恩領が加えられ、軍役義務を果たしたと考えられる。他方、百姓をしながら御恩を期待し参陣して家臣団に上昇しようとする者、「国中諸郡退転」等のリーダーとして反抗したりする者もいて、郷村には多様な地主的＝侍的郷民を含んでいた。戦国大名は、こうした郷村内部の地主的＝侍的郷民を家臣団に加え、覇を求めて戦い、ある者は消滅・滅亡し、ある者は軍門に下り、僥倖と時宜を得て、豊臣秀吉が、不安定ながら天下を統一すると

ころとなった。

　秀吉の関心は、新しい農民支配と強力な家臣団の培養にあり、そのためには、検地（土地丈量）による賦課基準の見直し、賦課基準を定めて厖大な兵糧を確保する必要があった。両者は明らかに矛盾している。つまり、多くの前例が示すように、検地は農民を反抗・逃散させ、農民が退転した場所で兵糧確保はできず、両者の達成は不可能であった。新たなる農民支配体制の構築が必要であった。

　この矛盾をいかに克服したのか、前掲『太閤検地と石高制』からみてみよう。

　この矛盾に一定の解決を与えたのが石高制に基づく太閤検地にほかならなかった。天正10（1582）年、山崎の合戦直後に山城で開始され、以来近畿地方にまず施行された太閤検地は、

　①強大な家臣団をその根拠地において培養すること。
　②厖大な兵糧米を根拠地において確保すること。
　③根拠地における農民の反抗・逃散が防止されること。

　上記の条件を秀吉の根拠地近畿地方において達成することに成功しているのである。

　天正14（1586）年の「定」「条々」において、石高の3分の2（67%）に達する年貢搾取が基準とされ、この基準が以後豊臣権力の基本方針として堅持されたのである。

> 以立毛之上、三分一百姓、三分二給人可召置事

　では、この矛盾はいかに克服され、上記三条件が達成できたのか？

　安良城氏は、これを「作合の否定」にあるとしている。「作合」とは中間搾取のことであり、「作合の否定」とは中間搾取を排除することである。

　つまり、支配者（領主）と生産者（農民）の間にあって、剰余生産物に寄食して分け合う階層を排除して、支配者（大名・給人）が全剰余生

115

産物を独占するやり方である。

　ここで、太閤検地と対応させて、平安（荘園）時代から戦国時代における土地と人の支配のあり方を振り返ってみることとする。

　これを作合の観点から、簡単に図式化すると、次の通りである。

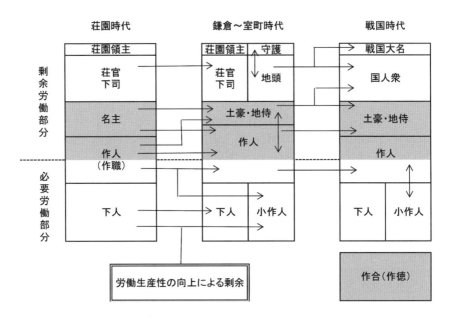

　上図の下人・小作人のことであるが、一人の貧農源三の話のところで、
「領家と地頭との二重の支配に加えて、農民にとって身近で切実な問題は、上層富裕農民との有形無形の支配即ち隷属関係をどう断ち切るかということである。名主等の上層富裕農民が家父長的に自分の大経営の中に包み込んで下人化された下層農民、源三のように卑屈な状況にあったとしても、一家を構え、自立の芽がみられる下層農民もいて、同じ下層農民といってもいろいろである。なお、学者の間には、前者を奴隷とし、後者を農奴とする意見がある。

　鎌倉時代中期まで、下層農民は正式な年貢負担者として扱われず、領主の台帳に記載されない簿外の民であったが、鎌倉時代末期から南北朝

時代にかけ、いままで文書や帳簿に姿をみせなかった下層農民の名が連署状にぞくぞく登場するようになる。

　それは、二毛作による農業生産力の発展と共に、畠作の発展、畠作物の加工・販売が下層農民自立の基礎となったからである。つまり、下層農民が畠で自給消費する雑穀・蔬菜が、収奪の対象として軽視され、貨幣の流通と商品経済（市場経済）の発展を通して、下層農民に剰余労働部分の僅少が蓄積され、剰余労働部分の蓄積は、自己に目覚め、モチベーションを高めて自立の道を志向する。」と書いたが、学者が奴隷とみるのが「下人」のことであり、農奴とみるのが「小作人」のことでないかと勝手に考えている。

　前に、土地と人がセットにして売買されていたということを書いた。この場合の人とは、直接耕作民であり、土地に付属する下人のことであろう。土地とは別に奴隷（下人）自体の売買も行われており、御成敗式目を範とした「今川仮名目録」「塵芥集」「甲州法度之次第」等の領国法に「子分け規定」（奴隷の子供の持分規定）があるくらい頻繁に行われていたのであろう。

　買主は、領主であったり、名主であったり、作人（作職）であったり様々で、職の併合、一職化が進んでおり、重層的支配体系がほころびはじめていた。

　一職化は、家父長的農業経営を促進し、家父長化した名主・作人等上層農民は、傘下に多くの下人・小作人を抱え、土豪化し、地侍化していた。

　①強大な家臣団をその根拠地において培養すること。
　②厖大な兵糧米を根拠地において確保すること。

　この条件を達成するにはどうしたらよいか？
　これには、家父長的に農業経営をおこない、時として軍役を務め、一揆の温床でもあった地主的＝侍的郷民・土豪（上層農民）を整理し、一部を給人、一部を作人とする一方で、家父長的に支配され、直接耕作に従事していた下人・小作人を作人に編成し、この作人に年貢等を直納さ

せ、大名・給人（支配層）と作人の間に中間搾取者がいないようにすることである。つまり、支配者の職分に中間搾取分を取り込むことである。そうなると 以立毛之上、三分一百姓、三分二給人可召置事 も可能となる。

　なぜなら、近江今堀の例では必要労働部分を除いて全労働部分（石高）60〜70％（作付地7割、畠6割）が年貢として徴求されており、播磨六ヶ村の例では、2,932石の取高に対し1,834.5石の年貢（約63％）が納入されているので、地主的＝侍的郷民・土豪（上層農民）を給人にして、作合部分を取り込み、年貢が必要労働部分に食い込まないかぎり、農民の抵抗も少なくなるからである。

　そのための検地基準として、

- おとな百姓（家父長的農業経営者）として、下作に申つけ、作あい（作合）を取候儀無用に候。今まで作仕候百姓（直接耕作民）直納可仕候。
- 地下之おとな百姓又はしょうくわん（荘官）などに、一時もひら之百姓つかわれまじきこと。（1587. 若狭「条々」）……作合の否定
- 大唐、南蛮、高麗江（へ）日本仁（人）を売鑓候事曲事付、日本において人之売買停止之事。（1587. キリシタン禁令）……人身売買の禁止

等の条々を設け、

- 城主にて候はば、其もの城へ追込各相談、一人も不残置なでぎりに可申付候、百姓以下に至るまで不相届に付ては、一郷二郷も悉なでぎり可仕候……、山のおく、海はろかいの続く迄……（奥州検地奉行浅野長政宛手紙）

という、強行方針により、秀吉譜代・子飼いの者を検地奉行にして、全国の検地を行った。

天正10年（1582年）～慶長3年（1598年）

実施分国

太閤検地実施分国図

資料：『土地制度史Ⅱ』第2章第1節第6表からの作成図
原資料：高柳光寿著『豊臣秀吉の検地』
但し、上総・飛騨・志摩・若狭・丹後・但馬・美作・備前・因幡等
は記載がないため不明

国名	1582年	1583年	1584年	1585年	1586年	1587年	1588年	1589年	1590年	1591年	1592年	1593年	1594年	1595年	1596年	1597年	1598年	累計
山城	●	●	●	●	●	●	●	●	●				●	●		●		12
河内		●	●	●	●								●					5
近江		●	●	●						●								4
越前		●	●			●											●	4
加賀		●																1
能登		●																1
美濃				●				●	●									3
大和				●	●	●		●		●			●	●				7
紀伊			●															1
和泉					●					●			●	●				4
伊予					●	●	●											3
越後						●							●	●			●	4
土佐						●	●	●	●					●		●		6
豊前						●												1
筑前						●		●				●	●	●				5
筑後						●		●				●		●				4
肥後						●	●							●				3
播磨							●											1
阿波								●	●	●				●				4
遠江									●									1
出雲								●	●	●					●			4
周防								●	●	●					●	●		5
長門								●		●								2
肥前								●				●						2
駿河									●									1
伊豆									●				●	●				3
安房									●							●		2
下総								●		●								2
陸奥									●	●		●					●	4
出羽									●		●							2
石見									●		●				●			3
讃岐									●									1
武蔵										●			●				●	3
信濃										●	●							2
伯耆										●								1
隠岐										●								1
備中										●								1
備後										●								1
安芸										●								1
豊後										●		●					●	3
常陸										●	●		●	●				4
佐渡										●								1
相模										●								1
薩摩												●	●	●				3
大隅												●	●	●				3
日向												●	●	●				3
尾張												●						1
摂津													●					1
伊勢													●					1
三河														●				1
上野														●				1
丹波															●			1
甲斐															●			1
下野																●		1
累計	1	6	5	5	5	10	5	12	14	20	4	9	14	16	5	5	5	141

　太閤検地は、上表にみる限り、わずか約15年間で、全国に及び行われており、まさに、「山のおく、海はろかいの続く迄」徹底的に実施されている。

　また、上表にみる限り、各分国につき、数回・数年に及び検地が行われている。

　ここで、検地事例として、前掲『太閤検地と石高制』から「薩摩・大隅・日向の検地」をみてみることとする。

　「薩摩・大隅・日向の検地」は、石田三成を検地総奉行として、1593〜1595年にかけ行われ、その結果、島津領全体で578,732石であることが

確定した。

薩摩国　283,488石
大隅国　175,057石
日向国　120,187石

この検地目録により、次の通り知行宛が行われた。

太閤蔵入分	：	10,000	石
石田三成知行分	：	6,328	石
細川幽斉知行分	：	3,005	石
龍伯（島津義久）蔵入分	：	100,000	石
羽柴薩摩侍従（島津義弘）蔵入分	：	100,000	石
伊集院右衛門尉入道（伊集院忠棟）知行分	：	80,004	石
島津右馬頭（島津以久）知行分	：	10,000	石
給人（島津氏家臣）領	：	266,533	石
寺社領	：	3,000	石
合　計	：	578,870	石

（少し合計が異なる）

〔上記の内、給人領と寺社領は、知行場所が明記されていないので、大名島津氏は、その家臣である給人の所領を、太閤検地を契機に、意のままに『所を替え』て給与することが可能となり、『給人』の独立性・不可侵性がここに消滅し、大名と給人（家臣）の主従関係は、名目的なものから、実質的なヒエラルキーの関係に転化し、戦国動乱期の『下剋上』の時代を終焉させた。〕としている。

　一方、天正15（1587）年の肥後検地では「国人一揆」がおこり、天正18（1590）年の陸奥会津の検地では、貫高（永高）で田位が表示される等徹底を欠き、検地過程で、後で述べるような家父長的地主との軋轢は止まず、いかに「城主にて候はば、其もの城へ追込各相談、一人も不残置なでぎりに可申付候、百姓以下に至るまで不相届に付ては、一郷

二郷も悉なでぎり可仕候……、」と強行しても、「ローマは一日にしてならず」の通り、現実と妥協せざるを得ない局面も多々あった。それでも曲がりなりにも「封建制度」に道筋をつけたのは、秀吉であった。

　安良城氏は、その著『太閤検地と石高制』において、「三つの条件の内、①②の条件が、天下統一の根拠地となった近畿地方とその近国で充たされており、農民の反抗は、近畿地方では生じていないが故に、秀吉の天下統一にとって必須な第三の条件（③根拠地における農民の反抗・逃散が防止されること。）もまた、その根拠地である近畿地方では現実のものとなっていると考えられる。」としている。

　この検地指針は、家父長的農業経営から下人・小作人を解放し、家族労働を中心として、1町程度の耕作を行う小農標準化政策であるかのようにみえる（1町は、家族労働により、剰余労働部分を年貢としうる規模）。

　太閤検地は、土豪・地侍・上層農民・下層農民・小作人・下人等様々な階層で構成され、一揆の温床ともなっていた郷民を、給人・百姓に区分（兵農分離）し、給人を大名に付属させて城下集住させ、百姓から一揆の道具である武器を取り上げ（刀狩り）、百姓を小農に編成替えして、専ら年貢を担わせ、大名・給人に知行地を宛てがい、軍役を課すという目的があったに違いない。

　そして、全国的にばらばらで曖昧な貫高＝知行制を、度量衡を定め、全国検地を行い、全国的に共通する米の生産高（石高）＝知行制に基づき軍役を課す統一的方法（石高制）に改めたものと考えられる。

　度量衡は、これまでの1反360歩（6間×60間）を300歩（5間×60間）に改め、1間を6尺3寸として京枡で石盛りを行うことに統一した。

　1反360歩が300歩ということになると、指出により、いままで反当り1石としていた石盛りが2割増しの1.2石となって、これだけで、2割の検地増分を生むことになり、更に検見（毛見）により増徴されれば、剰余労働部分は根こそぎ収奪されて、家父長的経営はなりたたず、耕地は解放されて、下層農民・小作人・下人は小農（本百姓）として創

出されると考えられるが、その創出過程がどのように行われたのか小生の勉強不足でよく分からず、また、どうもそのようにはなっていないようである。

　作合を否定された保守勢力は、いかに強制的に検地が行われようとも、様々な形で抵抗する。

　一つは、家父長的地主とその小作人23名との間に、検地直前取り交わされた「検地に際して検地帳面に小作人等の名が書かれることがあっても、売買してはならず、いつでも地主に耕地を取り上げられても異存がない。」という私的誓約書である（「井戸村与六とおころ彦三郎の誓約」として学者が例証する資料）。

　一つは、分付である。分付は、検地帳記載上の一様式で、太閤検地は一地一作人を原則としたが、検地帳にA分B作のように、2名の耕地保有者をつける形式で、Aを分付主、Bを分付百姓と呼ぶ。

　また、標準小農の規模を1町程度の家族労働としているが、検地により、どれだけ標準的小農が創出されたかあやしいものである。

　前掲『太閤検地と石高制』頁166に、「天正12（1584）年、山城国狭山郷の太閤検地帳を整理した第5表は、1町未満の零細小農民が全農民

第5表					
村			山 城 国 狭 山 郡		
耕地保有面積	年　代		(1584)		
			人	人	%
5町	以上				
3町	以上	1			
2町	以上	4	16	8.9	
1町 5反	以上	4			
1町 2反	以上	3			
1町	以上	4			
8反	以上	4			
5反	以上	14	47	26.1	
3反	以上	29			
1反	以上	49	117	65.0	
1反	未満	68			
計		180		100	

の90％以上に達しており、とても小農自立が可能な解放であるとは考え難い。」とある。

　太閤検地前後の農民の様子を『日本の歴史』第15巻からみてみる。

　この書は、佐々木潤之介氏が纏めたもので、太閤検地前後の農民の実態が如実に示されており、読みやすくもあるが難解である。幾度読み返しても理解するのが難しい。しかし、この書をおいて「当時の農民」を知る手掛かりがないので、敢えて、この書を中心に太閤検地後の農民の様子を纏めてみることとした。

　太閤検地の目的は、作合を否定し、兵農分離による給人を城下集住せしめ、貫高知行制から全国統一基準としての石高知行制により、大名・給人に知行を宛てがって軍役を課し、強力な軍事政権を確立することにあった。

　しかし、作合を否定し、兵農分離して、給人に城下集住を促すことは容易でなく、現状と妥協し、多々旧態を残さないわけにはいかなかった。つまり、作合否定により名請人となった直接耕作者の名請地は僅少で、自立可能な状態にないため、給人化されない土着の土豪・地侍・上層農民に頼る家父長的農業経営が残されたということである。

　秀吉から関東を領知された家康は、早速、伊豆で検地を行っており、伊豆玉川郷に検地奉行として伊奈忠次が派遣された。伊豆は、後北条氏が先進的領国経営を行い、下ごしらえができていたはずであるが、伊奈忠次がみたものは次のようであった。

　19町8反余りの全耕地のうち、この年は9町6反余りが当不作地で、毛有地は10町2反弱に過ぎず、当不作地は、土地丈量の上、農民の所持だけ記載した。

> 同所、上壱反大廿二歩、当不作田、十郎左衛門尉分

　毛有地については、なにを栽培し、どのような所持関係にあるのか記載した。

塚田、上弐反十壱歩毛有田　　そば 　　　　　　　　　　　　　　まめ　　越後分　藤五郎作

　これは、塚田という字の所に、上田２反11歩の耕地があり、そこに
蕎麦と豆が植えられ、その土地は越後というものに所持権を認めるが、
藤五郎が耕作していることを示している。この記載形式を分付形式とい
い、越後を分付主、藤五郎を分付百姓という。

　越後の保有地は、全体で４町６反ほどあるとされ、その内当不作地は
２町２反余りである。越後は、恐らく、後北条氏の下級給人で、自ら耕
作は行わず、小百姓を屋敷に住まわせ譜代下人として保有地を耕作させ
ており、譜代下人が逃散（逃亡）して、当不作地になっていたと考えら
れる。

　こうした状況の中、伊奈忠次は年貢搾取の体制を作り上げねばならな
かった。

　①農民の中から領主化の道を根絶すること、②小百姓の自立化を促
し、実際に耕作しているものだけが年貢を負担できる体制を作り上げる
ことであった。

　より多くの年貢を確保するためには、中間搾取を排除する必要があっ
た。

　越後のような土豪が小百姓に支配力をもっているところでは、土豪を
農民として身分を確定することにより、領主化の道を閉ざし、小百姓を
耕作事実において記録し、小百姓の弱さによる土豪との関係を断ち切る
ことであった。

　この要件を、伊奈忠次は、越後のような土豪を分付主として農民身分
に固定し、小百姓を分付百姓として名を記載する分付形式で果たしたの
であった。

　このように天正18（1590）年の太閤検地は、あらたなる農民支配の
原型を、この玉川郷で作り出していた。その後、文禄３（1594）年の検
地では、小百姓の自立が進み、検地帳に新たに名を記載されたものが増
加している。越後は依然７人以上の分付百姓に１町以上の耕地を耕作さ
せ、自ら１町３反以上の主作地を持つものの、領主化の道を閉ざされ

て、農民としての地位に固定された。

　太閤検地は、作合否定を通じ家父長制的地主を没落させ、小百姓を名請農民にして年貢を直納させ、中間搾取分を大名・給人に取り込む施策であるが、前掲『日本の歴史』第15巻頁51で佐々木潤之介氏は「太閤検地は、小百姓を直接に把握するという原則でおこなわれたのであるが、多くの地域で家父長制的地主の支配と妥協するような形で実行せざるを得なかった真の理由は、実にこの小農生産の方法の未確定ということにあった。」としている。更に同書頁71で、「この検地強行の過程で、秀吉なり、浅野長政・石田三成・増田長盛・長束正家・片桐且元らの、いわゆる中央路線派に属する秀吉腹心をはじめとする検地奉行の直面した状態は、直接耕作者が必ずしも自立可能な状況まで成長した小百姓ではないということであった。」としている。つまり、家父長制的地主を没落させるには非常に長い期間が必要で、小百姓の名請地があまりに小さいため、自立するに至らず、なお、家父長制的地主に依存する体制は残された。

　こうしたことから、太閤検地の現実は次図のようではないかと想像している。

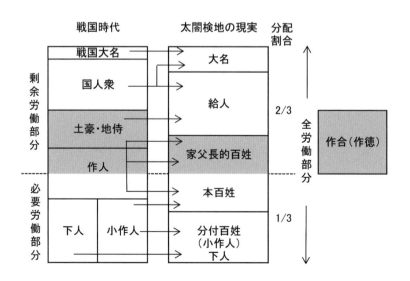

　前掲『日本の歴史』第15巻の冒頭で、静岡県駿東郡長泉町本宿村で調査を行った佐々木潤之介氏は、小百姓七右衛門の話を書いている。

　本宿は、今のJR御殿場線と東海道本線に挟まれた黄瀬川（木瀬川）沿いの村で、昔、源頼朝と奥州から馳せ参じた義経とが会見した場所近くである。

　この本宿村で、貞享元（1687）年、代官所から人別帳を提出するよう達しがあった。そこで、名主である与惣左衛門は、七右衛門ら7人を呼び出し、天和3（1683）年の年号が付された古い文書（人別帳）をみせ、「此度、宗門改めが代官様より命ぜられており、今後、お前ら7人の者を地借百姓にしてやろう。いままでお前らに分け与えていた田をお前らの名請地にしてやろう。ついては、これまで通り家族協力して自分に努めてほしい。」と言った。

　七右衛門らは、返答に窮したが、角左衛門のところの仁左衛門一家、甚右衛門のところの五左衛門一家が去年地借百姓になったという噂を思い出した。仁左衛門や五左衛門は、今年になってから、前と違って元気よく働いている。

　太閤検地が始まって、100年後のことである。本宿村では、慶長14（1609）年と延宝2（1674）年検地が行われている。慶長検地の時、太閤検地指針により、1反以下を名請けした高持百姓が創出されているが、延宝検地では、この名請地が消滅している。つまり、小百姓の名請地があまりに小さいため、自立するに至らず、やがて元の家父長制的地主に取り戻されており、本宿村では、100年間、家父長制的地主に依存する体制が続いているということである。

　次頁表は、与惣左衛門が七右衛門らにみせた天和3（1683）年の人別帳である。

　三嶋連馨寺を旦那寺として、本宿を出生地とするものはすべて与惣左衛門の本来譜代下人である。下人とは、身売りされたり、あるいは先祖代々主人に所有されている家内奴隷のことをいう。かれらは、自分の土地はもちろん、農具もほとんど持たず、150石に及ぶ与惣左衛門の田畠を与惣左衛門の牛馬や農具を使って、使役されていた。

符号	37	36	35	34	33	32	31	30	29	28	27	26	25	24	23	22	21	20	19	18	17	16	15	14	13	12	11	10	9	8	7	6	5	4	3	2	1
天和3年（一六八三年）名前	長兵衛	市十	伊右衛門	志な	六右衛門	まて	七兵衛	いち	いの	松助	五郎兵衛	市助	つ	忠左衛門	た	つま	さん	七右衛門	仁助	与左衛門	ふち	太右衛門	はる	仁蔵	かや	とら	まつ	かな	三助	志な	あき	せち	仁兵衛	権十郎	三左衛門	甚左衛門	弥左衛門
年	52	6	65	33	34	34	33	3	6	36	36	7	61	26	61	29	32	4	25	32	36	16	8	2	38	39	30	29	30	11	18	21	26	28	27	28	32
旦那寺	下長窪蓮華寺	〃	伏見玉井寺	〃	中土狩如来寺	〃	〃	〃	〃	本宿運竜寺	〃	〃	〃	〃	〃	〃	〃	〃	〃	〃	〃	三嶋連馨寺	〃	〃		水窪教寺	中石田耕運寺	中石田大医寺	伏見玉井寺	〃	〃	岡一色光長寺	〃	〃	三嶋連馨寺	〃	〃
出生地	〃	本土狩	下宿	本宿	〃	下土狩	〃	本宿	下土狩	〃	本宿	〃	〃	〃	本宿	木瀬川	〃	〃	〃	〃	〃	〃	〃	〃	本宿	上長窪	水窪	日吉	新宿	伏見	下宿	上小林	下長窪	中石田	竹原	〃	本宿

譜代下人　16　名主与惣左衛門の旦那寺が三嶋連馨寺であることから旦那寺を三嶋連馨寺である下人を譜代下人としている。

年季下人　21　三嶋連馨寺以外の寺を旦那寺としている下人を年季下人としている。

　与惣左衛門の屋敷は、竹と松に囲まれ土居を巡らした１反ほどの敷地に建っており、その片隅に長屋風の粗末な建物が並んでいる。そこに、七右衛門ら37人の下人・下女が寝起きしていた。その一画が、七右衛門親子のねぐらである。

　与惣左衛門が「お前らに分け与えていた田をお前らの名請地にしてやろう」と言って、七右衛門に与えた田は、３反（散田高４石、８俵）である。七右衛門は父の代からの恩田３畝（これは与惣左衛門が年貢を負担する）と合わせて３反３畝の高持百姓となり、それまで与惣左衛門に命じられるまま、不特定の田を耕作していた譜代下人から特定された田の地借百姓（小作人）に変容したことになる。

　一方、土地からの産米８俵は全て与惣左衛門に納め、与惣左衛門が年貢を納めることになるが、あとは自由にしてよいと言われており、自分の農具を揃え、努力次第で反収が上がれば、幾分か七右衛門の手元に残ることになる。

　なぜ、与惣左衛門は、七右衛門に名請地を与えて高持百姓にしたのであろうか、慶長検地のように「旧の木阿弥」にならないであろうか、尤

も、高持百姓といっても、与惣左衛門の名田小作人であるが。

　この背景に、土地生産性や労働生産性向上による農民的余剰の生成、農村への市場経済の浸透等があったのではないだろうか。農民的余剰が生み出されれば、小作人による小農経営が成り立ち、家父長制的地主経営から名田小作、質地小作が生み出される。

　名田地主は、もとから家父長制的地主の本質をもっており、年貢の搾取をうければ、それを譜代下人や年季下人等直接耕作者に転嫁する。この搾取が極端となれば、直接耕作者は、名田地主と領主への抵抗として逃散し、直接耕作者はいなくなって、田は当不作地となって荒れる。名田地主は、譜代下人や年季下人等の逃散により、耕作規模を縮小せざるを得ず、当不作地を手放すか、年貢支払のため、有力名田地主と貸借関係を結び、質地に供することとなる。買い取った当不作地や貸金のかたに取った土地は、有力名田地主の経営に組み込まれ、譜代下人等を使って手作りにする別小作と、入質した地主が直接小作する直小作に供されることになるが、名田小作や質地小作の成因は、あくまで農民的余剰にある。

　領主にとっても、直接耕作者がいなくなり、田が当不作地となって、年貢搾取ができなくなれば、剰余労働部分を全部搾取するという太閤検地の指針 以立毛之上、三分一百姓、三分二給人可召置事 が実現不能となるので、農民的余剰を認めざるをえず、譲歩を余儀なくされる状況にあった。

　前掲『日本の歴史』第15巻頁447で、佐々木潤之介氏は「小百姓が展開すると年貢が減ってくることがわかるであろう。」としている。

　天和3（1683）年、本宿村だけでも、79石8斗の持高があり、37人の奉公人を使って、家父長制的地主経営を行っていた与惣左衛門は、その頃、貸借関係から質地を増加させている。年貢の納入に困った農民から土地を買っていた（質取？）。とくに本宿村以外の村からの買い入れ（質地？）が多かった。

　つまり、質地を増加させている原因に、農民的余剰があるからであり、同時に七右衛門に名請地を与えて高持百姓にすることができたのであろう。

与惣左衛門にとって、産米8俵（4石）を納めてもらえれば、年貢を払っても十分な小作料を享受することになり、七右衛門も努力次第で、農民的余剰の一部を手に入れることができる。

　一方、名請地の産米4石を与惣左衛門に納め、与惣左衛門の屋敷の片隅をねぐらとすることに変わりはないが、与惣左衛門の農具を使って不特定の田を耕すことから、特定された田の高持百姓になり、自分の農具で耕し、農民的余剰の一部を手に入れることができるのだから、精が出る。

　天下統一を果たした秀吉は、その強力な軍事力を利用して、太閤検地を強行し、全国の石高を調査して、秀吉足下に結集した地方大名に知行地を宛てがった。

　一方、知行地を宛てがわれた地方大名は、宛てがわれた知行地の石高に応じて、軍役を負担した。更に、地方大名は、その家臣たる給人に知行地を分配し、知行地の郷民を支配して、生産物地代及び労働地代（夫役）を年貢として経済的基礎とした。

　その目的は、兵農分離や刀狩りを行い、郷村内部に巣くう地主的＝侍的郷民や有力農民を整理し、抵抗勢力を一掃することにあった。

　そして、地主的＝侍的郷民や有力農民による家父長制的地主経営を分解させ、剰余労働部分たる作合（作徳）を否定し、直接耕作者を年貢負担者として、全剰余労働部分を大名・給人に取り込み、領国支配を行うことにあった。

　しかし、全国に派遣された検地奉行のみたものは、厳しい現実であった。

　即ち、家父長的地主経営を分解させ、直接耕作者を年貢負担者にしようとしても、家父長的地主経営の基盤は堅牢で、直接耕作者は非常に弱く、必ずしも自立可能な状況まで成長していないという現実であった。

　前掲『日本の歴史』第15巻頁114では「名田（家父長制的経営基盤）というのは、一定の広さと内容をもった田畠屋敷が一つの単位となっているのであり、それは、ほんらい不可分のものである。それゆえに、分家などによって土地が分割された場合でも本家と分家との間には夫役負担の有無の差がある。この夫役を負担する名田地主（家父長制的地主）

が役家と呼ばれ、夫役負担を免れている農民は無足人と呼ばれる。……
じっさい17世紀の農村をみてみると、農民の間にいろいろの階層があ
り、複雑な支配・被支配の関係がある。そのなかで、上層の屋敷持農民
が夫役を徴発される対象として役家になっており、他の無足人たちは、
これらの役家の屋敷の一部に住み、自らの経営をもちながら、役家に事
実上支配されているという状況は否定できないであろう。」としている。
　まるで、与惣左衛門と七右衛門の姿をみているようである。
　続けて、名寄帳と検地帳の違いについて説明する。検地帳は土地の筆
ごとに名請人が記載される。七右衛門も高持百姓となり検地帳に名請人
として記載される。一方名寄帳は、名請人を基準として土地をまとめて
記したものである。
　役人がやってきて、本年の村高はいくら、村の年貢はいくらであると
して検地帳で年貢を分担する場合、夫々農民の年貢計算が複雑困難をき
わめるため、役家とその無足人を単位として、役家ごとに年貢分担を決
めたもので、このように村単位で年貢が賦課され、役家を中心とした村
役人によって年貢が集められる形式を村請制とよんでいる。領主・給人
にとって村高に応じた年貢を納めてもらえればよいことで、夫役たる労
働地代も村ごとに課せればよいことで、農政の基本台帳はあくまで検地
帳であり、名寄帳は村請による村帳簿である。
「近江国今在家村には慶長３年（1598年）の検地帳と名寄帳が残され
ている。両者は、総面積や村高はほとんど一致しているにもかかわら
ず、検地帳での名請農民は82人であるが、名寄帳の登録農民は40人で
あった。この名寄帳にない42人の内、35人は屋敷をもたない名請人で
あった。この無屋敷の名請人は、屋敷持の名請人に同居し、両者の間に
は隷属関係がある。」としている（同書頁116）。まさに、与惣左衛門と
七右衛門の関係にそっくりで、「このような検地帳と名寄帳の差は全国
にみられる。」としている。
　太閤検地は、地主的＝侍的郷民や有力農民による家父長制的地主経営
を分解させ、剰余労働部分たる作合（作徳）を否定し、直接耕作者を年
貢負担者として、全剰余労働部分を大名・給人に取り込み、領国支配を
行うことにあったが、家父長的地主経営の基盤は堅牢で、直接耕作者は

非常に弱く、必ずしも自立可能な状況まで成長しておらず、生産物地代と労働地代を搾取し続けるには、家父長制的地主経営との妥協を余儀なくされたというべきではないだろうか。

「太閤検地の歴史的・社会経済的意義はなにか」を問うことは難しいが、前掲安良城盛昭氏が1953（昭和28）年論文「太閤検地の歴史的前提」「太閤検地の歴史的意義」で、太閤検地以前の社会を家父長的奴隷制と規定し、太閤検地の作合否定（作合：中世、領主以外の者が直接生産農民に行った中間搾取のこと。名主職・作職等の加地子得分権〈荘園・国衙領において貢租地代以外に耕作者が負担した加徴分。私領主が年貢負担を前提に徴収を公認された得分で、近世は小作料のこと〉が年貢を上回り、次第に得分化してその売買や寄進が盛んに行われるようになった。また、鎌倉期以後、名主の経営からの分離が進むと、加地子だけを得分とする名主職が成立した）によって土地の一職支配が確立、土地に緊縛された小農を基盤とする農奴制を成立させた「封建革命」であったと論じたのを契機に、太閤検地論争が生じている。（封建革命説）

宮川満氏は、旧来の有力農民に対する妥協的側面を指摘し、相対的革新策と評価した。（相対的革新説）

後藤陽一氏は、夫役負担者である役家（役屋とも書く。夫役を勤める農民の総称で、一人前の夫役を勤める本役家のほか、半役家など、負担能力によって身分的区別が行われた）が零細な隷属農民との間で小族的協業体を組織していたと指摘し、太閤検地によって役家を基盤とする村請性が成立したと主張した。（封建制再建説）

その後、実証的研究が進められ、安良城氏も「封建的革新」と自説を修正、1960年以降の戦国大名研究のなかでは、加地子得分は検地増分に吸収され、作合否定は既に実現していたとする見解がみられるなど、論争は新しい段階を迎えている。

上記の諸説を法律文化社発行後藤正人著『土地所有と身分』からみてみると、次の通りである。

封建革命説

安良城盛昭氏：「太閤検地の歴史的前提」（中世史の通説批判と
問題提起）
　　　続「太閤検地の歴史的意義」（封建革命説を展開）

（同説の論旨）

「太閤検地は、統一的封建権力による小農自立政策実現の梃_{てこ}で
あって、作合 ― 中間搾取 ― 否定政策を伴っており、家父長的
奴隷制に基づく荘園的土地所有を否定し、その内部にこれと矛
盾対立して発展を遂げつつあった農奴制に基づく封建的土地所
有＝保有関係の新たな設定という、所有関係の変革を企画せ
る、封建革命期の革命的土地政策であり、荘園本所・土豪・国
人・名主には打撃を与えたが、逆に小農民は、分付百姓※若し
くは自立した百姓として解放された。」とする。

※分付百姓

　分付は、検地帳記載の一様式で、太閤検地後、耕地は一地一作を原
　則としたが、検地帳にA分B作のように、2名の耕作保有者を記載
　する形式がみられる。
　この場合、Aを分付主、Bを分付百姓とよぶ。
　この形式は、分付百姓が分付主に対し、分家とか下人とかの隷属関
　係を意味するのが普通であるが、次第に減少し、変容した。

（同説の批判）

　同説は、日本の封建的土地所有の確立を太閤検地に求めた画
期的な提唱である。しかし、封建制（農奴制）＝単婚家族とい
う基礎視角から結果的に奴隷制的土地所有とする荘園的土地所
有をいかに把握するかが問題である。
　黒田敏雄氏の研究にある通り、「11〜12世紀の段階には荘園
や、国衙領においても、農民の土地保有と領域内の居住を基準
に、年貢・公事負担が付加されるようになり、事実上、自立

的・個別的な農民の小経営という階級的性格をもつものからの収取であったのであるから、本質的に封建地代としての性格を帯びたもの。」とする見解が正しい。

従って、中世期には封建的土地所有が既に確立されていたとする見解からみて、近世の土地保有は、封建的土地所有の確立でなく、そのなんらかの再編成として理解せざるをえない。

相対的革新説
宮川満氏：『太閤検地論』三部作

（同説の論旨）

近世土地所有の確立を純粋封建的土地所有の確立と結論する。

「室町末期の占有関係は、後進地域では、尚小農民占有を内包した名主的占有が基本であり、先進地域では、名主的占有・作人的占有又は地主的占有・作人的占有が混在しており、そのほかに有力な地主占有者・名主的占有者の一部が土地所有者に転化する傾向や中間地帯では名主的占有が作人的占有に変質する動きなどがみられつつあった。」とし、太閤検地は、このような複雑な占有関係を作人的占有に統一整理したことに対応して、「従来の所職を基準とした土地所有ないし加地子・段銭等の一部収取権を内容とした土地所有を全面的に整理し、又収取高を基準とした従来の知行制（貫高制？）を根本的に否定して、専ら石高＝生産高を基準とした一円的土地所有を全国的に形成し、新たな知行制（石高制？）を全国的に成立させた。」「かかる土地所有関係の封建的統一と共に、作人的占有の一般的形成とあいまって、純粋封建的土地所有が確立し、幕藩体制の根幹が成立した。」と結論づけている。

（同説の批判）

①純粋封建的土地所有の確立を分析する場合、「占有関係」の内容を考慮しなければならず、農民の土地に対する権利関係を単なる「占有関係」とする理解のしかたに問題が残る。

②近世土地所有の確立、殊に室町期の農民的諸職の達成に比較して、太閤検地によってもたらされた百姓的土地所持権の確立がいかなる意味を有していたのかという問題は検討されねばならない重要な課題である。

封建制再建説

後藤陽一氏：1953社会経済史学会報告、同補論（「封建権力と村落構成」）

（同説の論旨）

　封建的土地所有は、戦国大名の確立によって、一応体制化されていた。

　このような封建的土地所有は、いわゆる太閤検地として、全国的規模をもって一段と進展し、制度的に完成したものといえるのである。しかも、それは荘園を完全に廃棄し、郷村制を法制化して、兵農分離による身分制の確立を達成したことの政治的意義と即応的に理解されねばならない性格のものであり、太閤検地は、村切りの末、村共同体の掌握による役家設定を行ったのである。

　また、同氏は、高尾一彦氏の見解「荘園制下の諸職が払拭された近世村落において、耕作権、占有権に対立するものは私的集団的な所有権（入会権、総有）しか考えることができない。従って、むしろ名寄帳に表現されている 高 というものは農民の私的所有権の高を表すものでないか」に同意する。

さらに、太閤検地は名主的＝家父長制的な生産構造を切り崩したとし、小農民的な土地の占有耕作の事実確認を基本とした意義を高く評価する場合、その実現の場となった「村共同体における生産構造の特殊歴史的性格の究明」の重要性を指摘する。

（同説の批判）

同説は、中世末における農民の成長と、近世権力の反動的政策を指摘したことについて納得できる。

しかし、近世期の「村共同体」の権力把握ということを軸にして、はたして近世土地所有が説明できるのか必ずしも説得的でない。

まず、近世期の「村共同体」とは何かという問題があり、中世的土地領有権と惣村の土地保有権、近世的土地領有権と「村共同体」的土地所持権との関係と、その展開を十分明らかにする必要があった。

また、封建的土地所有は、戦国大名の確立によって確立されたのか、戦国大名の土地領有原理は職の体系と基本的に異質な性格を有していたのか、戦国大名と豊臣政権との土地領有原理を同一のものと捉えてよいのか、このような諸問題について、その後の研究は全く否定的である。

ハ．幕藩体制

まがりなりにも秀吉が天下統一をなしとげたとしても、それは、勢力を纏め、巨大化した勢力に対抗する力を削ぐことによる不安定な統一であった。

秀吉の没後、不安定な統一に綻びが生じ、関ヶ原の戦い、大坂冬の陣・夏の陣を経て、秀吉に代わり徳川家康の天下となった。

家康は、政治的経済的基盤を整備し、安定・固定化した幕藩体制を目指したが、紆余曲折があり、容易ではなかった。しかし、家康の絶対権力により、幕府を構築し、この幕藩体制は、250年余りに及ぶ長期間続

くこととなった。

　幕藩体制の経済基盤は、農民支配による年貢の確保にあり、年貢の確保は、太閤検地を踏襲した。即ち、兵農分離により、給人を城住せしめて郷村から武力を一掃し、軍役基準・格式基準・賦課基準でもある石高制による支配を領国大名に委ね、検地、村切り、役家による村請制により年貢を確保した。

　検地は、慶長・寛永・慶安年間（1648〜1651年）に実施され、引き続き、寛文年間（1661〜1672年）に関東総検地、延宝年間（1673〜1680年）に畿内幕領検地が行われている。この延宝検地を新検といい、この時定められた石盛は、元禄年間以降明治初年まで基本的に維持された。以後、享保年間（1716〜1735年）の検地を最後に、大掛かりな検地は行われていない。

　太閤検地と大きく異なる点は、間竿が6尺3寸から6尺に改められたことと、田畑地位の等級を細分化し、更にその等級を1段階ずつ高くしたことである。つまり、苛斂誅求が増し、農民の疲弊が一段と加速されたということである。

　農民の疲弊は、年貢を担う本百姓（高持百姓・役家）を直撃し、更に、寛永18（1641）年の異常気象により大飢饉が生じ、本百姓層の分解を一層促した。前に、七右衛門のところで「家父長制的地主経営を行っていた与惣左衛門は、貸借関係から質地を増加させ、年貢の納入に困った農民から土地を買っていた（質取）。とくに本宿村以外の村からの買い入れ（質地）が多かった。」と記したが、大飢饉以前から、全国的に年貢に窮する本百姓達から土地を買い受ける与惣左衛門のような質取主が続出していたのではないだろうか。

　そもそも、太閤検地は、土豪・地侍・上層農民・下層農民・小作人・下人等様々な階層で構成され、一揆の温床ともなっていた郷民を、給人・百姓に区分（兵農分離）し、給人を大名に付属させて城下集住させ、百姓から一揆の道具である武器を取り上げ（刀狩り）、百姓を小農に編成替えして、専ら年貢を担わせ、大名・給人に知行地を宛てがい、軍役を課すという目的があり、このため、土豪・地侍の成立基盤たる作合を否定し、家父長的農業経営から下人・小作人を解放し、4〜5名

の家族労働を中心とする1町程度の耕作により10石程度の生産物の内、3分の2程度の年貢を徴求する小農標準化政策であった。この政策は、幕府に継承されているが、作合は消滅せず、逆に、家父長的農業経営が拡大しているのはなぜなのか。

　これは、前に説明した通り「家父長制的地主を没落させるには非常に長い期間が必要で、小百姓の名請地があまりに小さいため、小百姓は自立するに至らず、なお、家父長制的地主に依存する体制は残された」ということではないだろうか。つまり、小農標準化に必要な、名請地が足りないということであり、名請地が足りないことは、家父長制的地主に依存する体制が依然解消されないということである。

　ここで、幕藩体制の期間を江戸時代とする。江戸時代の初期は、体制固め（家康から引き継がれた絶対権力の確立）のため、改易・転封により、領国支配を担う諸大名の再配置を行い、諸大名に、参勤交代（一定期間江戸詰め）・普請を義務付け、諸大名の力を削いだ。一方、諸大名は、元和偃武により軍役が緩和され、島原の乱後大きな戦闘がなくなったといえ、軍役に応じた家臣団を維持し、軍役に応じた参勤交代・普請費用捻出のため、年貢（当時の収入）増徴を余儀なくされた。しかし、年貢の増徴は、潰れ百姓と逃亡により名請地が当不作となって、逆に年貢は減少することとなる。年貢の減少はとりもなおさず給人財政の窮乏である。年貢の確保には、年貢負担者が増加・安定しなければならない。そのためには、名請地を増大させ、4～5名の家族労働を中心として1町程度の耕作を行う小農が成長・増加しなければならない。それが、幕藩体制の基盤たる小農標準化（「生かさず」「殺さず」）政策というものであろう。

　江戸時代初期の年貢は、基本的に名請地から生産される米穀であるが、当時の名請地は、中世期から脈々として引き継がれてきた谷戸農業が中心である。谷戸農業は、概ね丘陵地の小河川や溜池から重力を利用して取水する自然灌漑が主で、谷戸農業には、鍬を片手に周辺の荒地をぼちぼち拓き、結果として、検地による若干の増分があっても、所詮、名請地の増大には限りがある。

　そこで、干潟や乱流のため手が付けられなかった大河川の灌漑が着目

される。大河川を治水し、用水を確保して灌漑を行えば、平場に広大な耕地が生み出されるからである。また、給人を城下集住させるには、平場に城下町をつくることが得策であるからである。特に、江戸の膝元である関東平野は、日本最大の平野であり、この平野に利根川・荒川・渡良瀬川が乱入し、広大な氾濫原を形成していた。江戸の街づくりを行うには、なによりも利根川の治水事業が必要であった。玉城哲・旗手勲共著『風土　大地と人間の歴史』頁202において、

「利根川の瀬替工事（東遷工事）は約60年（1594～1654年）の歳月を費やし、六次に渡り行われた。もともと東京湾に流入していた利根川の流れを東に移して、現在の姿のように銚子に河口を設けようとするものだったのである。この瀬替の成功こそは、江戸の後背地に広大な水田地帯を作り出して経済的根拠地化することを可能としただけでなく、江戸を終点とする内陸水運網を広く形成せしめ、徳川幕府の封建領主としての領有の基地を確立することとなった。土木技術史的にみても、この利根川の瀬替とこれに続くいくつかの用水工事は、我が国の近代以前における最も壮大で、最も輝かしい成果だったといってよい。」

と書いている。

　この治水事業を可能ならしめたものは、戦国時代に培われた築城・鉱山・治水等一連の土木技術である。特に、戦国大名武田氏は治水・鉱山事業に優れ、武田氏滅亡により、武田氏家臣団の多くが幕府や大名に召し抱えられており、武田氏の持つ土木技術（霞堰・聖牛等）がおおいに活用されたと考えられる。

　この武田氏の技術（甲州流）であるが、大河川灌漑が緒についた江戸時代初頭、鉱山掘削技術を駆使して、佐久盆地に五郎兵衛新田（1630年）・塩沢新田（1646年）・八重原新田（1662年）、箱根用水（1670年）が拓かれており、五郎兵衛新田の市川五郎兵衛・塩沢新田の六川長三郎・八重原新田の黒澤嘉兵衛・箱根用水の友野与右衛門は、いずれも武田氏旧臣又は所縁のあるものである。ただ、友野与右衛門は、江戸の町人である。当時、寛永20（1643）年の田畑売買禁止令があり、田畑売買による集積を避け、大資本を投入して新田開発し、小作料という形で投下資本に対する利潤を得る目的があったが、これは、得分を得るのは

領主に限り、そのため、治水・灌漑事業を行うのであるからという理由で、1687年町人請負新田は停止されるに至っている。箱根用水に尽力した友野与右衛門は、タカクラ・テル著『ハコネ用水』で描かれ、映画『箱根風雲録』（河原崎長十郎・妻りつ山田五十鈴）の主人公として登場し、なぜか映画では哀れにも幕府役人に惨殺されることになっている。真相は不明であるが、当時、幕府は町人による作合は領知権を侵害するものと考えていたのかもしれない。

　大河川の治水・灌漑工事は、戦国時代から三代将軍家光の末年までの185年間に集中しており、なかんずく慶長元（1596）年より慶安4（1651）年までの江戸時代初頭の56年間に集中度が高く、更に寛文12（1672）年までのものを含めれば、我が国の明治時代以前の用水土木工事は、約半数が江戸時代初期に行われたと考えられる（『土地制度史II』頁24参照）。

　今一つ、河川灌漑に関連して、成富兵庫のことに触れておきたい。長崎本線の車窓からみる佐賀平野は、一面に耕地が広がり、日本を代表する穀倉地帯となっている。以下は前掲『日本の歴史』第15巻に描かれた成富兵庫の記事である。

　肥前佐賀領三法方（築後川沿岸）の農民は、毎年6月15日に兵庫祭りといって、家ごとに神酒を供え、肴をととのえて酒を飲みかわす風習がある。

　この兵庫というのは、鍋島氏の家臣成富兵庫茂安のことである。若き日の茂安の行儀は悪く、博奕を好み、遊行して父信種が苦労して蓄えた籾蔵二つの兵糧全てを失った。これをみかねた親族は茂安を殺そうとしたが、信種がしばらく様子をみようということで救われた。この後、改心した茂安は、朝鮮役から関ヶ原の戦い、大坂の陣に参戦して、武功を上げ、肥後の加藤清正等は大いに評価した。大坂の陣が終わると、茂安は主君である鍋島勝茂に「家康公の威勢が強いので天下は早くも統一してしまい、近いうちに弓箭で戦うというようなことはないだろう。平和の世になってしまっては、いよいよ金銀の入用が多くなるだろう、そこで領内の水損・旱損のところや、山野海辺で新田畑になると見られるところを見立ててお役にたちたい」と進言した。これを勝茂が許可し、石

井樋（1615～1623年）等の土木技術を用いて新田を拓く等多くの功績を残した。

　茂安の河川灌漑に関する土木技術がどのように収得されたか不明であるが、佐賀平野には、紀州流ともいわれる石井樋を利用した灌漑を図る用水路があり、この工事の概要は下図の通りである。

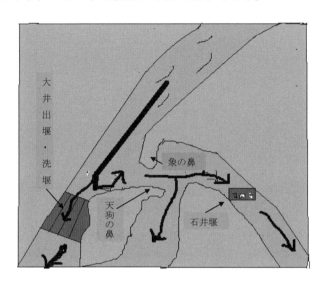

　この結果、前掲『土地制度史Ⅱ』頁28掲載の下表の通り河川や干潟灌漑により、全国に広大な耕地面積が生み出された。

第2表全国耕地面積推移表

年代	耕地面積	指数	出典
930年頃	862千町歩	91.1	和名抄
1450年頃	946千町歩	100.0	拾芥抄
1600年頃	1,635千町歩	172.8	慶長3年大名帳
1720年頃	2,970千町歩	313.9	町歩下組帳
1874年頃	3,050千町歩	322.4	第1回統計表

耕地面積が増加することは、名請地が増加することであり、小農標準化が可能となるということであるが、創出された耕地に農民を募らなければならない。募集に応じる農民の多くは家父長的経営内に滞留する二三男・譜代下人・年季下人・名請地過小な百姓等を中心として任官の宛てがない侍等あらゆる階層に及んだものと推定されるが、真相は知らない。また、領主が治水・灌漑事業を行うが、それは耕地化できる基盤を造るのであって、耕地化は個々の農民の労働力と資本に委ねられていたのであるから、耕地化できる農民は限られていたと推定されるが、真相は判らない。新田開発により創出された耕地は多く、農民は多ければ多いほどよいのであるが、当初、この募集に手間取ったようである。

　例えば、御三家の一つである尾張徳川家は、藩で開発した入鹿新田に百姓を集めるために寛永12（1635）年「他国他領のどんな重罪を犯した者でも、来て百姓になる限りその罪を許して耕地を支給する」との高札を出すほどに百姓集めに狂奔している。但し、後の寛永14（1637）年、このゆきすぎを是正し、「よくよく出身地を調べ、慥かな者であった場合許可するように」と改めているが（前掲『土地制度史II』頁89参照）。

　いずれにしても、河川灌漑により手の施しようがなかった沖積平野が美田化され、この時代から従来の谷戸農業から平場農業に移行したことは確かである。

　耕地が増えれば、人口が増える。この耕地面積と人口の関係をグラフ化したのが次頁図である。

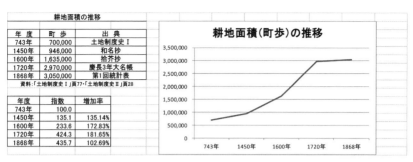

耕地面積の推移		
年　度	町　歩	出　典
743年	700,000	土地制度史Ⅰ
1450年	946,000	和名抄
1600年	1,635,000	拾芥抄
1720年	2,970,000	慶長3年大名帳
1868年	3,050,000	第1回統計表

資料：「土地制度史Ⅰ」頁77・「土地制度史Ⅱ」頁28

年　度	指数	増加率
743年	100.0	
1450年	135.1	135.14%
1600年	233.6	172.83%
1720年	424.3	181.65%
1868年	435.7	102.69%

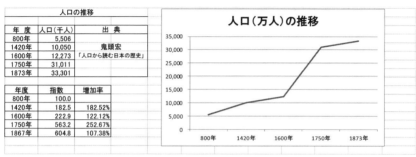

人口の推移		
年　度	人口(千人)	出　典
800年	5,506	
1420年	10,050	鬼頭宏
1600年	12,273	「人口から読む日本の歴史」
1750年	31,011	
1873年	33,301	

年　度	指数	増加率
800年	100.0	
1420年	182.5	182.52%
1600年	222.9	122.12%
1750年	563.2	252.67%
1867年	604.8	107.38%

　上図は、耕地面積の規模と人口が極めて相関していることを示している。

　人口当たり耕地面積がおおよそ1反であることから、生産額は米ばかりではないとしても、反収1石であることが窺い知れる。『人口から読む日本の歴史』において鬼頭宏氏は、「明治40年頃の米収量5,000万石と人口5,000万人、天保期の石高3,000万石と人口3,000万人がほぼ見合っていることに着目し、日本人は1年間に一人当たり1石の米を直接、間接に消費する」という吉田東伍※の推計を紹介しており、同推計は宗門改帳から調査した速水融※の推計に照らして、過大ではないかとしているが、耕地面積・生産額（石高）・人口に相関性があり、1石/反、1石/人はあながち的外れともいえないであろう。ただ、この時期の統計資料を持ち合わせていないのでなんともいえないのが残念である。

　　※吉田東伍（1864－1918）新潟県出身の歴史地理学者
　　※速水　融（1929－2019）東京都出身の歴史人口学者

参考までに、吉川弘文館発行、木村茂光編著『日本農業史』頁297、表13農家1戸当りの農業就業者数・耕地面積・米生産量の明治以降の推移を孫引きすれば、次の通りである。

（単位：人、反、石）

| 時代区分 | 農家1戸当り | | | | | 反当収量 |
| | 農業就業者数 | 耕地面積 | | | 米生産量 | |
		田	畑	計		
1876〜1885	2.66	5.0	3.6	8.5	6.1	1.24
1881〜1890	2.64	5.1	3.7	8.8	6.7	1.32
1886〜1895	2.62	5.1	3.8	9.0	7.2	1.41
1891〜1900	2.60	5.2	4.0	9.2	7.3	1.41
1896〜1905	2.58	5.2	4.2	9.4	7.6	1.47
1901〜1910	2.56	5.2	4.4	9.7	8.5	1.62
1906〜1915	2.54	5.3	4.7	10.0	9.3	1.74
1911〜1920	2.52	5.4	5.0	10.4	10.0	1.85
1916〜1925	2.51	5.5	5.1	10.6	10.5	1.89
1921〜1930	2.51	5.6	5.0	10.6	10.7	1.89
1926〜1935	2.48	5.7	4.9	10.6	10.7	1.88
1931〜1940	2.46	5.8	5.1	10.8	11.2	1.95

出典：梅村他編・1966年

昨今の日本の米の収穫量
10a（反）当り平年収量
最大：長野県604kg（4.03石）
最小：沖縄県309kg（2.06石）
平均：全　国530kg（3.53石）
資料：農林水産省「平成23年度水稲の都道府県別収穫量」

　河川・干潟灌漑により平場農業に移行し、耕地面積・生産額（石高）が増大し、それに連れて人口が増加したのは確かなことである。
　鬼頭氏は同書で、「17世紀の人口増加は、世帯規模と世帯構造の大き

な変化をともなっており、これによってひき起こされた出生率の上昇が
人口成長の主要因となっていた。……世帯規模の大小の差は、世帯構造
と密接な関係がある。世帯規模を大きくしているのは隷属農民と傍系親
族（戸主のおじ・兄弟など）の存在であり、世帯規模の縮小は、隷属農
民と傍系親族の分離独立、あるいは消滅による。……隷属農民と傍系親
族の多くが晩婚であり、あるいは生涯を独身で過ごす者が多かったが、
分離独立により世帯規模が縮小し、婚姻率・出生率が高まり、人口が増
加した。」としている。即ち、「隷属農民と傍系親族が新田開発により創
出された耕地に入植することにより、自立できないまま家父長的経営内
に滞留していた隷属農民と傍系親族が解放され、世帯規模が縮小して家
父長的経営は基盤を失い、中世的側面を持つ家父長的経営は解体した」
とも考えられるが、新田開発は、幕領・藩領で異なり、長期間に及んだ
ことから、地域差を伴い中世的家父長的経営は徐々に解体されたと考え
るのが一般的で、幕府の目指す小農自立化がどれだけ実現されたのかは
判らない。しかし、新田開発が、中世的家父長的経営を解体する契機と
なったことは確かであろう。

　幕藩体制の基盤は小農による年貢の確保にあり、できるだけ小農の多
い方が良いのである。このため、一定規模の名請地を宛てがい、小農を
増加させ、自立させて年貢を増加し、幕藩体制を安定させる必要があ
る。この施策が、新田開発や荒田開発であったが、必ずしも十分な名請
地が確保されたともいえず、逆に、せっかく得た名請地を手放してすた
れる者が多かった。名請地の放出は前述（頁137）の通り凶作によるも
のであった。この凶作は、寛永19（1642）年前後に最大となるが、そ
れ以前から兆候があった。寛永18年の初夏には、畿内、中四国地方で
は日照りによる旱魃があり、秋には、北陸地方で長雨、冷風による被害
があり、全国的に異常気象となって、全国的に凶作となり、この凶作は
翌年まで続き、農民の逃散や身売りなど飢饉（寛永の大飢饉）の影響が
顕在化した。寛永19年末から翌20年にかけ、餓死者が増加し、江戸を
はじめ三都への人口流動が発生し、幕府や諸藩は飢人改めを行い、身元
が判別した者は各藩の代官に引き渡した。

　寛永20年3月に、幕府から各代官宛に「提川除普請其外在方取扱之

儀付御書付」全7ヶ条の布令を出し、その第3条「身上能百姓は田地を買取、弥宜成、身躰不成者は田畑令沽却、猶々身上不可成之間、向後田畑売買可為停止事」があり、農民宛に「田畑永代之売買仕間敷事」続いて「田畑永代売御仕置」の布令を出した。これが、内容に変化があるものの、江戸時代を通じて、一貫して維持された最も基本的な土地に関する法令である。

　代官宛てのものは、農民宛てに出された布令の理由と禁止令であり、農民宛てのものは、4条からなる罰則規定が具体的な内容となっている。

田畑永代売御仕置
　（第1条）　売主牢舎之上追放、本人死候時子同罪
　（第2条）　買主過怠牢（敲きに換えて入牢）、本人死候時子同罪
　　　　　　但、買候田畑売主之代官又ハ地頭取上之
　（第3条）　証人過怠牢、本人死候時子に構なし
　（第4条）　質に取候者、作り取りにして、質に置候ものより年貢
　　　　　　相勤候得は、永代売同前之御仕置、但、頼納買という。
　　上記之通、田畑永代売買停止之旨、被仰出候

　ここで、永代売買といっているのは、永久に他人に引き渡される場合のことであり、第1条から第3条はこの行為に対する罰則のことである。
　第4条は、永代売買と類似の行為として後に追加されたものと推定されている。その根拠は「地方凡例録」の"頼納之事"の記事において「田畑質入の節、通例の質金より金高余計に借受、其代り田畑手作致し、年貢諸役は地主相勤む、之を頼納と云て金主は代り取に致すことゆえ、貞享4年（1687年）より停止成る、……」とあり、貞享4年に追加されたと考えられるからである。
　（『土地制度史Ⅱ』第2節「田畑永代売買禁止令の発布時期」参照）
　田畑永代売買禁止令には、質地に関する規定はなく、質入れは中世期から綿々と通常の経済行為として容認されている。前に、鎌倉時代

末期の土地売買の形態として、「(1)期間を設けて売買する年季売り、(2)一定期間以後に代価を返却して土地を返還する本銭返し、(3)永代売り、(4)質流れがあり、(1)(2)は、年季が明ければ証文が廃棄されるケースが多く、(3)(4)に関する売券が多く残されているため、これが一般的と思われたが、実際は、(1)の年季売りが多かった」としたが、寛永の禁令は、(3)(4)に関するものだけが停止され、これを違えれば罰が課せられるということであって、(1)(2)は対象外である。(1)(2)が(4)となって(3)となるようなことは、商品経済の発展と農業余剰の増大により多様な質地関係が生じる後の時代、即ち、元禄8（1695）年6月の「質地取扱に関する十二ヶ条」まで待たねばならない。

　通常、質地は年季売り・本銭返しが一般的で、この場合、利息に相当するのは、田畑手作による作取部分（作得）だけで、必要労働部分を除いて年貢に相当する部分は地主から領主に納められる。領主にとって、結果として質地は質入主に返り、年貢も従来通り収納できるのであるから、質地は容認される。

　ただ、追加された第4条の頼納については、「田畑質入の節、通例の質金より金高余計に借受、其代り田畑手作致し、年貢諸役は地主相勤む」とあることから、質地との関係が出てくる。質地は容認されていたとしても、「通例の質金より金高余計に借受、其代り田畑手作致し、年貢諸役は地主相勤む」ということは、質金の中に年貢が含まれ、その分金高になるということで、受戻は困難で、当初から質流れを予定した事実上の田畑永代売買となるからと解釈されるが、そればかりでもないようである。

　前に、「幕藩体制の基盤は小農による年貢の確保にあり、できるだけ小農の多い方が良いのであるから、一定規模の名請地を宛てがい、小農を増加させ、自立させて年貢を増加し、幕藩体制を安定させる必要がある」と書いた。幕府は年貢を負担する農民（小農）によって支えられる。このため、新田開発や荒田開発により小農を育成してきた。この小農が飢饉により解体しようとしている。

　当然、この解体を止める目的で、田畑永代売買禁止令が発布されたのは一つの理由であろう。他方、田畑の売買は、幕府の領知権※が侵犯さ

れると危惧したことも一つの理由と考えられている。

　　※領知：領有して支配すること（『広辞苑』）。

『土地制度史Ⅱ』頁82では、この領知権の侵犯について次の通り書いている。

「田畑永代売御仕置第2条では、領主甲の農民aが、領主乙の農民bに自分の名請している田畑Xを売却した場合、農民a・b共に処罰されたうえに、売買された田畑Xは、本来の領主甲のもとにとりあげることを規定している。従ってこれは被支配者である農民相互間の売買行為によって、領主の領知権が犯されることを防止しようとしたものであることがわかる。

　つぎの第4条では、田畑の直接の売買ではないが、農民cが自分の名請田畑Yを、農民dに質入する場合に、農民cが田畑Yにかかる年貢諸役を、自分の方で負担する条件で質入れをした場合についてである。もしそのようなことを許せば、農民c（本文ではcとしているがdではないか）は年貢諸役の全くかからない田畑Yをもつことになる。そのことは、領主の支配から全く逸脱した田畑が生まれることを許すことになるので、領主としては絶対黙視することの出来ぬことである。

　こんなわけで、罰則第2条は、幕藩体制下にある、幕府によって安堵された諸藩の領知権が、被支配者である農民相互間の売買行為によって犯され、ひいては幕府の諸領主に対する領知認知および安堵権をも犯されるのを防止したものであり、第4条は、幕藩合わせて領主層の年貢収奪権を侵犯されることを防止しようとしたものであるといえる。」

　田畑永代売買禁止令は、幕法として諸藩に通達されたものと考えられるが、諸藩の取り扱いは千差万別であった。加賀藩や阿波藩では、幕法以前に禁止令を出しているが、御三家の一つ水戸藩では、「本藩にては昔より田畑の売買は禁ぜず、幕府の法には違いしようなれども、昔は先王の令のごとく官司を経ざればゆるされず、貿易の際に奸を為すこと能わず、東照大猷二公の制を設給ひし本意に叶いて、且古今の制度人情に叶いたる事、幕府の有司の及ばざる所なり」といって、田畑の売買を禁止していない。また、他の御三家の一つである尾張藩では、美濃領内の百姓（農民）が自分の名請地を他領の百姓に売ったという事件がおきた

時に、領内で売買をした場合はもちろん定に従って処罰するが、他領の者に売った場合は先方の同意をえられるかどうかわからないので、そのままにしておくようにということであった（『土地制度史Ⅱ』頁85）。

『日本の歴史』第13巻頁509では、「現在史料的に知られるかぎり、この禁令違反で罰せられた者は発令当時にはなく、かえって50年以上もあとの元禄ごろにわずかにある。幕府はひどい飢饉に際して、窮乏した百姓（農民）がやたらに田畑を売って、小百姓（小農）がどんどんつぶれていっては困ると思って発令したのだが、当時はまだ金を出して田畑を買い取っても、それだけの利益がなかったので、ほとんど売買はおこなわれなかったらしい……幕府のこの禁令は50年先を見越したような先見の明ともいえるし、また大きな抜け道（質地は容認されており、年季売り・本銭返しは受戻ができず事実上質流れとなる等）を残した"ざる法"ともいえる」としている。

田畑永代売買禁止令の他に、幕府の基本的な土地立法として分地制限令がある。この法令がいつどのようなかたちで発せられたのか疑義があるとされているが、少なくとも、延宝元（1673）年の条文※が初見であることから、この時期のものと考えられている。

　　※名主百姓名田畑持候大積、名主弐拾石以上、百姓拾石以上、夫より内持候ものは、石高猥に分申間敷旨被仰渡奉畏候、若相背候はば何様之曲事にも可被仰付事。

分地制限令は、幕藩体制の基盤たる小農標準規模（4〜5名の家族労働を中心する1町程度の耕作により10石程度を生産）が相続等による分地を通じて縮小化することに歯止めをかけ、小農の弱体化により年貢徴求が不安定となることを回避する目的があったと考えられるが、田畑永代売買禁止令と異なり、罰則規定が設けられておらず、この行為を曲事としている点に特徴がある。

前に、「現在史料的に知られるかぎり、田畑永代売買禁止令違反で罰せられた者は発令当時にはなく、かえって50年以上もあとの元禄ごろにわずかにある」と書いた。田畑永代売買禁止令が発布された時代は、飢饉が相次ぎ農民的余剰が生み出される余地もなく、貨幣経済・商品経

済も緒についたばかりで交換（市場）経済は未発達で、自給自足経済が
なお大勢を占めており、田畑を巡る貸借関係が比較的少なかったようで
ある。その後、4代将軍家綱（在職1651〜1680年）以降、幕藩体制も
ほぼ整って安泰し、明暦3（1657）年1月の大火を契機に、江戸の市域
が拡大して江戸在府の武士人口が増加するとともに、大火後の建設ラッ
シュから仕事を求めて、飢饉や重い年貢により食扶持に窮した二三男層
等の滞留農民が周辺の農村から流入し、俄かに人口が増加して、江戸
は一大消費都市となっていた。江戸の人口※増加は、消費経済を拡大さ
せ、否が応でも交換（市場）経済を発達させずにはおかなかった。こう
した交換（市場）経済はやがて農村にも浸透し、農民的余剰とも相まっ
て貸借関係から田畑永代売買禁止令に違反する行為が相次いでおり、こ
の行為は、天和3（1683）年〜元禄7（1694）年の13年間、つまり、
5代将軍綱吉（在職1680〜1709年）の前期時代に集中しているとして、
『土地制度史Ⅱ』はこの禁令違反で、処分された12件について例示して
いる。

⑴　天和3（1683）年、武蔵国下落合村の百姓八郎左衛門以下7名が
　　申し合わせて、田地1町2反歩を牛込町の利右衛門に代金30両
　　で永代に売渡すといって代金を受取りながら、その田地を渡さな
　　いということで、利右衛門から訴えがあり、幕府評定所で詮議し
　　た結果、永代売りが不届きであるとして、売主八郎左衛門以下7
　　名は田畑永代売買禁止令の罰則通り牢舎のうえ追放の処分が行わ
　　れている。

⑵　天和3（1683）年、武州稲子村の五兵衛が26年前に田と居屋敷
　　を同村の喜右衛門に売渡していたことが判明し、天和3（1683）
　　年にその子供の喜兵衛が永代売りの科で牢舎のうえ追放となって
　　いる。なお、父親五兵衛は16年前死亡しているため処分を免れ
　　ている。

⑶　貞享2（1685）年、石井村茂兵衛が、その田地を同村の金兵衛へ
　　永代に売渡したのが判明し、茂兵衛は牢舎のうえ追放、買主の金
　　兵衛は田地を取上げられたうえ、損金（科料）を命じられてい

る。

⑷　貞享3（1686）年、上総国小沢村の新太郎と岩舟村の甚右衛門は各々小沢村の伝次郎と伝三郎から頼納形式で田畑を質取りしていたのが判明して、質入れ側は田地取上げられたうえ損金（科料）を命じられた。

⑸　貞享3（1686）年、武州三ヶ尻村の六左衛門と長兵衛とが、永代売りの文言は入ってないが、年季が限ってなく、かつ請返しの文言もない証文で、田地を渡したのを永代売同然と判定され、売渡人・証人・買取人ともに規定に従って処分された。

⑹　貞享4（1687）年、下総国下留谷村の甚左衛門が、同国八日市場村の惣兵衛方へ田地を永代売りしたのが判り、関係者が処分された。

⑺　貞享5（1688）年、武州北見方村の百姓5人が、田地の所持をめぐって訴訟をおこしたが、そのとき証拠として差出した証文が永代売りにまぎれないと判定されて法に従い処分された。

⑻　貞享5（1688）年、上州富岡村の百姓48人と同国瀬下町の百姓43人とが田畑売買のことで訴訟をおこし詮議をしたところ、証拠として差し出された証文のなかの13通が、永代に売渡すという文言はないけれども、「買主子々孫々迄名畑ニ可致」という文言があったり、また「子々孫々迄……」という文言はないけれども、請返しを規定した文言がなかったり、また「為祝儀金請取候」という文言があったりしたので、これらは永代売りと同然であると判定されて、田畑の売主8人、買主1人、証人16人がおのおのの法に従って処罰された。

⑼　元禄1（1688）年、武州忍領弥藤五村の佐兵衛・与兵衛・喜右衛門の三人が、同村の利左衛門に田地を質入れしていたが、その年貢の納めかたをめぐって訴訟になり、それを詮議していたところ、永代売りであることがわかったので、売人・買人（質入人・質取人）と証人2人がおのおの処分された。

⑽　元禄2（1689）年、下野国小薬村惣内が畑2反5畝歩を同村源左衛門方へ永代に売渡したことが暴露し、関係者がおのおの処分さ

れた。

⑾　元禄7（1694）年、野洲那須郡上沼村小右衛門が、同郡青木村次左衛門に田地を永代売りにしたことが判明、関係者がおのおの処分された。

⑿　元禄7（1694）年、下総国高部郡の名主助右衛門と同国須賀山村の名主次兵衛、太郎右衛門の間に質地出入がおこり、これを吟味しているうちに頼納であることが判明したので、関係者が法に従って処分された。

　上記の例でわかることは、ほとんど売買（貸借）の紛争を詮議する過程で判明したもので、紛争が表に出ない闇の部分でどれほど禁令を犯した売買があったか想像に難くはない。また、処分の内容は不詳であるが、綱吉時代の初期（天和年間1681〜1683年）に比較的忠実であった田畑永代売買禁止令違反罰則規定が貞享年間（1684〜1687年）以降緩和されている。

　　※江戸の人口
　　　1609年上総に漂着した前ルソン長官ドン・ロドリゴは、『日本見聞録』で当時の江戸の人口を15万人としており、ロドリゴのいう15万人が正しいと仮定すれば、それから70〜80年の間に百万都市にまで成長したことになる。ヨーロッパでは、ロンドンとパリとが、1600年頃20万人の人口を持っていた。
　　　それが、ロンドンでは、1700年頃、即ち元禄時代に50万人（1801年86万人）、パリは54万人、ウィーンとモスクワが25万人、ベルリンが17万人であったというから、17世紀半ばから19世紀前半までは、江戸は世界一の大都市であった。また、明治2（1869）年統計では、江戸の市街地は、武家地60％、町地20％、寺社地20％で構成され、（幕末期の人口構成から）半分に達する商工業者が、地面では2割の区域に住んでいた（『日本の歴史』第16巻頁120〜121）。
　　　なお、東京大学出版会発行『日本資本主義の成立Ⅰ』17頁では、江戸の町地人口が、1693（元禄6）年に353,000人であったのが、1843（天保14）年548,000人に増加し、大坂のそれが1692（元禄5）年345,000人から1759（宝暦9）年413,000人に増加し、しかも、江戸の人口は庶民の人口だけであり、武士まで含めれば、18世紀にはすでに100万内外の人口があったとして

いる。

　4代家綱から5代綱吉の時代にかけて、江戸の町は大きく発展し、人口が膨れ上がると同時に、その生活を満たすためには膨大な物資が必要である。そして、大量物資を輸送するには船が欠かせない。当時から、大坂は物資の集散基地であり、元和5（1619）年堺の船問屋が紀州富田浦から250石積の廻船で、木綿・油・綿・酒・酢・醤油を江戸に輸送したのがはじまりで、寛永1（1624）年には、大坂で廻船問屋が菱垣廻船による海運業がひらかれ、万治（1658〜1660年）〜寛文（1661〜1673年）年間、大坂についで伝法・兵庫・西宮にも廻船問屋がおこり、主に酒を輸送する樽廻船による海運業が発達した。一代で身代を築いた伊勢商人河村瑞賢は、寛文年間に東回り航路、1672年に西回り航路をひらき、日本全国の物産が江戸をはじめとする消費都市へ送られた。

　肥大化した都市人口は物産の需要を拡大し、大量輸送の廻船を介して全国から物産が都市に集められ、交換（市場）経済の大きな流れを必然化した。

　将軍綱吉の前期時代は、都市の消費経済が拡大し、交換（市場）経済が発達することにより、交換（市場）経済が農村にも浸透し、農民的余剰とも相まって貸借関係から田畑永代売買禁止令に違反する行為が相次いだ。この行為に対し、寛永20年の田畑永代売買禁止令を適用して対処するとともに、貞享4（1687）年には、田畑永代売買禁止令を避けて都市資本は新田開発に投じられたが、この行為は領知権を侵害するとして、町人請負新田を停止し、幕藩体制における土地原則を厳格に守ることに固執した。その後期時代は、田畑永代売買禁止令にしても、分地制限令にしても、町人請負新田の停止にしても、幕府の諸法度とはいえ、時の流れ、生活様式の流れ、交換（市場）経済の大きな流れに抗しがたく、幕府の土地原則は有名無実化から免れることができなかった。

ニ．商人の時代

　縄文時代の更に昔から、人々は自然に経済活動を行っていた。男たち
は狩りをし、女たちは木の実を拾い、すでに、分業・機会費用・トレー
ドオフ・比較優位など今日経済用語ともなっている行為を自然に行って
いた。原則的に自給自足ではあったが、経済活動から余剰が生み出され
れば、他人や他の共同体との間に交易が行われるようになる。最初の交
易は、贈与であり、物々交換である。それは供給者と需要者があってこ
そ成り立ち、ある物の余剰を持つ人や共同体と、それを求める人や共同
体とが出会う場が必要である。こうした人や共同体が集まり、自然に市
場（マーケット）ができる。しかし、物々交換は不便である。まず、物
Ａの供給者が物Ｂの需要者であり、物Ｂの供給者が物Ａの需要者である
必要があり、次に、物Ａと物Ｂが夫々価値として同等でなければならな
い。こうした欲望の二重一致（double coincidence of wants）は、偶然若
しくは幸運でしかおこりえない。この偶然若しくは幸運を常態化する媒
介物が現れる。媒介物は、貝でも鹿の角でもなんでもよい。欲しい時に
欲しい物と交換できるならなんでもよい。欲しい時まで、手元に保管で
きるので助かる。やがて、貝や鹿の角は米や布に代わり、米や布は金属
や紙に代わる。尤も、金属や紙に、欲しい物といつでも交換できる保証
（信用）あってのことである。

　交換が保証された物、それが貨幣（通貨）というものであろう。貝が
化けてありがたい物（幣）になり、いつでも欲しい物を手に入れること
ができる。

　貨幣は①交換機能、②価値尺度機能、③貯蔵機能の三つの機能を持つ
とされている。この機能に最も適しているのは金属で、古今東西、金・
銀・銅等が主に用いられた。

　わが国でも鉱山が開発され、和銅元（708）年唐の開元通宝を模して
和同開珎が鋳造された。和同開珎は銀銅二種発行されたが、銀銭発行は
翌年中止され、銅銭のみが天平宝字4（760）年まで長期にわたり大量
に発行されたという。

　しかし、当初の和同開珎は銭貨に不慣れなため信用がなく、流通に難
渋し、蓄銭叙位法を制定したということを「徭役」のところで触れた。

　銭貨が流通するようになれば、市場に出かけて余剰を売り、足らざる
物を買い、仕事を得意な分野に集中し創意工夫して更なる余剰を得、足
らざる物は人任せにして自給自足の生活は変容する。こうした余剰と銭
貨の流通する市場に、銭貨を仲立ちとして余剰と余剰を結ぶことを業と
する人、即ち商人が生まれる。特に、遠隔の地域から価値（格）差の大
きい物産をもたらす遠隔地商人は、運送によるリスクが大きいが、それ
以上にリターンは大きく、市場から大量の銭貨を得て、富裕化する。地
方（荘園等）においても、余剰増加と自給自足の変容から、足らざる物
を市場から調達せねばならず、それを商人に委ねる。

　余剰は、市場を拡大発展させ、多量の銭貨が必要となる。和同開珎以
後、幾通りか銭貨が鋳造されたが、銅資源の調達不足と未熟な鋳造技術
のため、銭貨は質及び量とも劣り、旺盛な銭貨需要に応えることができ
なかった。そんな時、大量の北宋銭が流入して市場に投入されたことを
前に説明した。市場は1250年頃から急増し、こうして市場と共に商人
は成長した。

　もともと、商人は荘園内部に胚胎し、荘園が解体する過程で生み出さ
れたものと考えている。

　前に「貧乏絵師」のところで、「守護・地頭／農民に圧倒されて、権
門勢家・寺社等貴族の収入は、地方の荘園から途絶えがちで、生活の糧
は座の商人に託された。座とは、権門勢家・寺社を本所とする供御人・
神人・寺人等による奉仕労働・貢納に対する代償として与えられた特権
で、供御人・神人・寺人等は、商工業者・運輸業者などの同業集団を組
織し、課役・関銭が免除され、専売特権が与えられた。この特権により
営業から生み出される銭貨を本所に貢納し、権門勢家・寺社の生活を
支えた。また、土倉（質物等の保管倉庫を持つところからそうよばれ
た）や酒屋は、営業により蓄積した銭貨を利用して金融業（高利貸）に
転じ、権門勢家・寺社・幕府に接近して貸借関係を結び、これを手掛か
りに荘園年貢の請負代官に補任され、農村と結びついた。当時、農業生
産力の向上により、農民に剰余労働部分が生み出され、農村へ貨幣経済
が浸透したことにより、剰余労働部分を求めて農村や都市の高利貸資本
が吸着し、貸借関係を生じさせていた。農村の高利貸資本は、都市の本

末関係で結ばれた農村内の寺社や土豪のもとに蓄積された資本（米・麦・銭貨）で、特に、寺社は死者の冥福のため寄進された祠堂銭を貸し付けて利息を収得し、謝恩からその回収率が高かった。都市の高利貸資本は、土倉・酒屋の金融資本で、高利のうまみがあり、年貢未納を通じて収取関係と貸借関係を生じさせ、借銭・借米により農民を収奪し、借銭・借米を形に農民の諸職を手にした。この結果、自作農から小作農に転落する農民、逃亡する農民が続出し、村落共同体の存続は危機に瀕し、村落共同体を基盤とする土豪とも対立した」と書き、更に、「貧農源三」のところで、「源三は、持ってきた麻の苧と大豆を少しでも高く売ろうとあちこちの店に掛け合い、麻の苧3束は90文で、大豆5升は40文で、合計130文の銭貨を得たので、なにかいい買物をしたかった。花紫の小袖を売る店があり、妻に買ってやりたいと思ったが、ながめるだけで通り過ぎた。結局、今年の粟の作付が悪かったので、粟1斗を38文で買い、途中で地頭や盗賊に襲われまいと、粟と92文の銭貨をだいじに抱えて帰路についた」と書いたが、市場には必需品や贅沢品が並び、源三のように分を弁えアリのように振る舞う人や前借して欲しい物を手に入れるキリギリスのように振る舞う人もいて、こうした人に高利貸資本が吸着し、貸借関係が生じる。

　島原の乱以後大きな戦乱がなく、軍役も元和偃武により緩和されて、封建領主は領国経営に注力し、城下町の建設と家臣団の城住が進むと、城下町は都市化して消費都市となり、大量の消費物資が必要となる。

　江戸開府に伴う城下町建設や明暦の大火後の都市建設を経て、江戸の町は大きく発展し、あらゆる階層や職業の人々が流入し、回船による輸送の道も開かれ、江戸は巨大消費都市と化し、消費物資の需要と供給を担う商人の役割が増大した。消費物資の需要と供給を結び、媒介するのが商人と貨幣であるが、当時の貨幣は、人口増大と消費の拡大に対応するには不十分であった。江戸時代初期には幕府の蔵に潤沢な金銀が蓄えられ、幕府支配下に納めた金山・銀山からの産出量も多く、これらの金銀が慶長金・慶長銀として城下町建設や都市建設に充当された。建設資材や消費物資は、多く上方（京大坂）から輸入され、江戸は絶えず輸入超過で、その決済は銀（江戸の金遣い、上方の銀遣い）で行われ、商い

により潤沢な資金を蓄えた商人による両替業が発達した。一方、庶民貨幣である銭貨は、中世来の永楽銭・ビタ（鐚）銭が流通したが、銭貨は上銭・中銭・下銭と階層化しており、規格・材質はばらばらで、数量も不足した。慶長金銀を発行した時点で、幕府は銭貨を発行せず、1608年・1609年ビタ銭を基準として、慶長金1両＝慶長銀50匁＝永楽通宝1貫文＝ビタ4貫文とする基準を設け、ビタの内、鉛銭・大破銭・形無銭・へいら（うすべったい）銭・新銭を除外したものをビタ（当時、錫は輸入に頼って稀少であり、銘が刻印できる銅と錫の合金である青銅の製造が難しく、無文銭が多かったようである）と定義した。定義から外されたビタ銭が市場から消えるということは、ただでさえ不足していた銭貨が更に不足することとなって、諸物価が高騰し、庶民生活は困窮することとなる。1610年頃足尾銅山で採掘が始まり、銅の生産が増加することにより、1636（寛永13）年寛永通宝が製造され、長く続いた渡来銭のくびきから解放された。また、1655年には鹿児島県で錫鉱山が発見（兵庫県の明延鉱山では平安時代には既に錫が採掘されていたという）され、阿仁銅山や別子銅山が相次いで発見され、銅生産に呼応して、寛永通宝の供給が増加すると共に、ビタは漸次市場から消えていった。ここに江戸時代の三貨制度が整い、4代家綱政権時代に幕府通貨が全国に広まり、通貨統合が進むと共に、枡・質量の基準を全国統一し、商品取引を円滑ならしめ、より一層商人の動きが活発となった。商人の働きにより、あらゆる商品が江戸に流入し、決済に三貨が多用され、武士・町人を問わず、生活が贅沢となり、貨幣なくして生活できない貨幣経済の時代へと突入する。貨幣経済は、商取引を通じて農村に波及し、商人を介して、銭貨が流入し、余剰を求めて高利貸資本が吸着して貸借関係が生じ、余剰と貸借関係は、土地支配の在り方に大きな影響を与え、これまで各所で述べてきたが、土地支配を大きく変容させた。

　寛文から元禄時代、即ち、4代家綱から5代綱吉の時代にかけて、大いに貨幣経済は浸透し、武士・町人・農民を問わずこの波に翻弄された。この時代の様子を、井原西鶴は、『日本永代蔵』の中で次のように書いている（抜粋）。

1. 世の中に、借金の利息ほど恐ろしいものはない。泉州水間寺（観音）には、参詣する人が銭を借りる風習があった。今年一文借りれば翌年二文にして返し、百文借りれば翌年二百文にして返す。ありがたい観音の銭のことだからと誰も皆間違いなく返した。ここに、「借銭一貫！」という若者がおり、役僧が、言われたとおり貫さしのまま渡し、後で「こんな沢山の銭は返してもらえないだろうな」と悔やんだ。一方、この男は江戸で船問屋を営み、掛硯（上が硯箱で下が銭入れになっている箱）に、「仕合丸」と書いて、銭の由来を語り、漁師に100文ずつ貸し付けた。借りた人は幸運に恵まれると、遠い漁村にまで噂がたち、借りては返す銭が毎年貯まり、1年2倍の計算で、13年目には、もと1貫文（約4,000文）の銭が8,192貫文（2^{13}）に増えてしまった。それを通し馬につけて運び、水間寺に積み上げると、僧たちはびっくり仰天し、記念に、宝塔を建立した。

   （『日本永代蔵』巻1 "初午は乗ってくる仕合せ"）

2. 伏見の町はずれに、菊屋の善蔵というしがない質屋がいた。この善蔵、内蔵さえもたず、車のついた長持一つを、物置とも蔵とも頼みにする状態であったが、質屋商売のこつを知っているおかげで、二百目（匁）に足らぬ元手を順繰りに回転させて利益を得、八人家族をどうにか養ってきた。こんなところに質を置きにくる人々をみると、なんとも哀れなことである。降りかかる雨に濡れながら、古傘一本で6分（分：銀1匁の10分の1、40文程度か？）借りていけば、朝飯を炊いたままで、まだ洗ってもない羽釜をさげてきて、銭100文借りてゆくものもある。8月になってもまだ帷子を着た女房が、うす汚れた腰巻1枚で3分借りて、体が透けて見えるのもかまわずに行く。また、80ばかりの腰の曲がった婆が、せいぜい長生きしても、今年中に死ぬかもしれない身で、一日も食わずにはいられず、両手のない仏一体と肴鉢一つ持ってきて、48文借りてゆくとは、哀れな浮世の見本のようだ。また、十二、三の娘が、六、七の男の子と、長い梯子を二人でやっと担いで来て、銭30文を借りて、すぐに片店にある玄米5

合と薪を買って帰る。さても忙しくせつない暮らしむきかと思う
と、涙がでるほどだが、そんなに気が弱くてはできない商売で、
保証人や印判の吟味は怠りなく念には念をいれてきっちりやっ
ていた。利息というものは、積もれば積もるもので、この菊屋、
４、５年に銀２貫目余り稼ぎだしても、なお欲張り、人に情けを
かけることなく過ごして来た。

神仏へ願いをかけることなど、とうてい考えられない男だった
が、初瀬の観音を信心していて、この長谷寺のご開帳は、昔から
七日間で大判１枚ずつと決めてあったが、菊屋はわずか２貫目の
身代で、三度まで開帳したので、寺中は、「またとない後生願い
だ。古今に、三度まで一人で開帳した例はない。」と噂した。

ある時、菊屋が注意して仏前の戸帳をみると、手荒く上げ下ろし
するために、ひどく傷んで見苦しい。そこで、菊屋は、「私が寄
進して新しく掛け替えましょう。」と言った。僧達は喜び、京か
ら金襴を取り寄せて掛け替えさせ、菊屋は、古い戸帳を残らず受
け取った。この戸帳の唐織は、古渡りの柿地の蔓草模様、浅黄地
の花兎、紺地の雲鳳（鳳凰に雲をあしらった模様）といった貴重
なもので、これらを皆、茶壺の袋や表具切れとして売ったので、
大層の金銀を儲け、家が栄え、500貫の身代を築いた。

（『日本永代蔵』巻３ "世は抜き取りの観音の眼"）

3．金持から、貧乏を直す妙薬「長者丸」（という金言）を授かった
甚兵衛は、金言通り明け暮れ油断なく稼ぐことにした。「所はお
江戸だから、何をしたって商売の相手はある。何か珍しい商売
を思いつきたいものだ。」と思い、日本橋の隅に夜明けから一日
立っていると、人の群れは山もそのまま動くようで、その賑わい
は、京の祇園会、大坂の天満祭ほどである。しかし、人が大事に
しているものは誰一人落とさず、銭一文でも、どうしてどうし
て、目に角をたててみても拾うのは難しい。「なんとか元手なし
で儲かるものはないものか」と考えているうち、方々のお屋敷へ
行って普請を終えた大工や屋根屋が、一団となって帰るのが目に
留まった。後からついてくる見習いの小僧に、鉋屑や木っ端を背

負わせていたが、あたら檜の切れ端が落ちてすたるのも構わず行く。これを一つ一つ拾って行くと、一荷余りとなり、これを売ったところ250文ほど儲かった。足元にこんなうまいことがあるかと、毎日、夕暮を待ちかね、拾いに拾って五荷より少ない日はなかった。雨の降る日は、この木屑で箸を削り、八百屋に卸売りし、箸屋甚兵衛という名が河岸中に知れ渡り、しだいに金持となって、後には、この木切れが大木となり、材木町に大きな屋敷を買い入れ、手代だけでも30人余りかかえ、河村・柏木・伏見屋といった材木屋に劣らぬ木山を買い込み、帆柱用の高価な材木を買置くなど、ほどなく10万両の手持金があるようになった。

（『日本永代蔵』巻3 "煎じよう常とはかわる問薬"）

　この話、河村瑞賢や紀伊国屋文左衛門を彷彿させるが、文左衛門は西鶴の後の人であり、河村という名がでてくるので、河村瑞賢をヒントにしたものであろう。河村瑞賢は、木屑でなく、精霊流しのナスや瓜が流れ捨てられているのに着目し、それを拾い集めて漬物にして土方人足の弁当のおかずに売り、蓄財した。その後人足の口入稼業から材木屋に転じ、明暦の大火に山々の材木を買占め巨万の富を得た。

　貨幣経済・消費経済の拡大につれ、貸借が活発となる。明日のかねより今日のかね、明日手にできることがわかっている、いやわかっているからこそ今日借りる。なぜなら、今入用だからである。借りれば利息がつく。

　谷戸農業は平場農業に移行している。平場農業は、採草放牧地がなく自給自足できず、肥料は金肥に依存せざるをえない。金肥の購入は商人に委ね、決済は貨幣で行わなければならない。貨幣は、余剰米（作得米）、時には自用米（必要労働部分）を市場で換価して得なければならない。自給自足できないため、足らざる生活用品は貨幣で買わねばならない。分業はより一層進展し、こうして商人の役割が増大する。商人は、肥料・農具・建築資材・燃料・衣服・食料等あらゆる商品を農村にもたらし、農村は貨幣経済に巻き込まれる。

　本来、余剰米を予め保管し、適宜市場で換価して、肥料・農具や生活用品を買い求めるのが筋であるが、年貢の増徴、天候、虫害等もあって余剰米は安定せず、収支関係が不均衡となって、貸借関係が生じることとなる。

　前に、「寛文から元禄時代、即ち、4代家綱から5代綱吉の時代にかけて、大いに貨幣経済は浸透し、武士・町人・農民を問わずこの波に翻弄された。」と書いたが、この頃、幕府の財政もかなり深刻な状態になっている。

　後の時代である寛政年間、幕府勘定所の下級官吏であった大田蜀山人が、幕府財政に関する記録書類の整理を命じられて、仕事の合間に逐次メモ書きしたものを19巻の書物にした。この書物から幕府の財政がかなり深刻な状態であったことを垣間見ることができる。少し長くなるが、この状態を『日本の歴史』第16巻から抜粋し要約すれば次の通りである。

　幕府の財政は、家康時代には極めて豊かであった。家康が没した時、金・銀合わせて193〜194万両の遺産が残された。秀忠の時代も金・銀山の採掘が盛んで、貿易により利益をあげて、御三家や大名・旗本・御家人に裾分けしても家光には267万両が残された。家光時代には日光東照宮の造営や江戸・駿府・京大坂の町方に大盤振る舞いをして、支出が多かったが、なお、家光没後の遺産は秀忠没後の遺産を少し減じた程度であった。しかし、家綱の時代になると、明暦の大火があり、大名・旗本の困窮が目立つようになり、この頃には金・銀山の採掘量が極めて少なくなり、貿易による利益も少なくなって、収支のバランスが悪化した。綱吉時代となると、幕府の財源は底をつき、加えて綱吉の諸大名邸へのお成りが頻繁に行われ、参勤交代等の負担に加えお成り御殿普請により、幕府及び諸大名の財政は極度に悪化した。金・銀山の採掘量は減少し、流通貨幣が不足していた。幕府財政立て直しのため、地方直しや荻原重秀の献策を入れて元禄8（1695）年貨幣改鋳が行われ、元禄金銀は質を落とした。改鋳による増額分は幕府の財政を潤し、銀座の町人や荻原重秀は莫大な金銀を私したが、インフレーションにより諸物価は高騰し、庶民や農民の生活を直撃した。

封建制度は、農民の年貢をその経済基盤とし、物を作らず、物を動かすだけの商人から税を取るのは賤しむべきだとして、商工業者に課税されることがなかった。物を作り動かせば、貨幣が動き、貨幣が動けば、貨幣は環流して商工業者に蓄積される。元禄は商工業者にとって至福の時代であった。商工業者に蓄積された貨幣は散じて、一種独特な時代風潮を生み、都市の消費生活のみが異常な発達を遂げ、それが、元禄期の華麗な時代風潮を醸し出した。

　財政再建とはいえ、地方直し（旗本・御家人の給与を蔵米即ち俸給でなく知行地で与えること）は、家臣団に宛てがわれた知行地経営の不振から、知行地を返上して俸給制にした時代と逆行するやり方で、農民の統制、年貢米収納の手間を旗本・御家人に転嫁する施策である。江戸を遠く離れた地で、何カ村に分割された知行所を管理することは非常な負担を招き、結果的に農民への増徴を加速するだけのことであった。

　この地方直しのため、元禄８〜11年にかけ、関東総検地が行われている。

　しかし、検地を実施するに当り複雑な問題に直面した。年貢の名請人である農民の土地保持権は、質入れ・質取りを介して混乱錯雑となっており、名請人の確定は困難を極めた。この問題を解決しなければ、検地の実施は難しく、関東郡代としてこの問題に直面した伊奈半十郎は、幕府に伺いをたて、幕府はその一つ一つに付紙で回答した。これが「質地取扱に関する12ヶ条の覚」である。

　大石慎三郎氏は、前掲『土地制度史Ⅱ』頁105の中で、「その内容は江戸時代の土地制度のうえで画期的意味をもっている。寛永20年３月の"田畑永代売買禁止令"で表現される幕藩制的土地所有と、その解体の結果でてきた明治６年の地租改正で表現される土地所有とを線で結ぶと、その転換の接点にこの"質地取扱に関する12ヶ条の覚"が位置することになる」として、この覚え全文を網羅しているので、その主要骨子を紹介しておきたい。詳しくは、『土地制度史Ⅱ』又は同氏の論文「近世中期の土地政策について〈質地取扱を巡って〉」を参考とされたい。

　大石慎三郎氏は「この12ヶ条は内容が大変多岐にわたるが、その主

要骨子は質入れ田畑の流地に関する規定と、逆に、質入れ地の請け返しに関する規定との二つの部分となろう。幕府はこれまで田畑の質入れは認めるが質流れは認めないという立場をとるが、その結果17世紀半頃になると、質入れ地が又質に入れられ、それが又々質に入れられるなどして、現実の耕作者（又は占有者）が転々とし、またそうでない場合でも質入れ・質取りの当事者が死亡又は代替わりをするなどして、江戸時代初頭、土地政策の根幹として決定した耕作所持権者＝名請人という関係がはなはだ不明瞭になっていたのである。従って、ここらで思い切った処置で耕地と農民の関係を昔のように単純化する必要があったのである。しかし、綱吉前期のようにもとに返すということは、耕地と農民の関係がもつれた糸のようになっている今では、ほとんど不可能なことで、わずかに明らかな法令違反者を処罰するのがせいいっぱいのことであったろう。このような問題を解決する唯一の方法としては、問題を幕府の法令からでなくて現実の側から、現実にひきよせて解決を試みるしかなかったわけである。」として、12ヶ条を次の通り紹介している。

「質地取扱に関する12ヶ条の覚」質問（伺い）に対する回答（付紙）
　第1条：田畑を質入れするにあたって、年季が限ってあり、そのうえ
　　　　　年季が明け次第請け返すことになっており、万一請け返しを
　　　　　しない場合は、質取り主が手作りしようと、また第三者に質
　　　　　入れしようと自由であるという文面が記されている場合は、
　　　　　双方相対で決めたのであるから、証文の文言通り自由に処分
　　　　　してもよい。
　第2条：年季があけたときに請返さねば、田畑地を渡すから自由に
　　　　　扱っても良いとの文言が証文に記されている場合、又は年季
　　　　　が来て請返すことができず、田畑地が質流れになっても永構
　　　　　いなし、という文言の別紙証文があった場合は、これも相対
　　　　　のうえのことであるので、質入れ人の請返し請求そのほか一
　　　　　切の権利主張を認めないとしている。
　第3条：質取り主がその質入れ人の質地の代償として貸してやった金
　　　　　高よりも高い金額で、その田畑を第三者に又質にいれた場合

の処置であるが、証文に「先証文の本金高より多、外へ質に入れ候共、其の金子を以、先より請返」という文言があった場合は、請返し請求を認めるが、しかしその場合「相対で定めた事であるので」という理由で、質取り人が又質入れをした時の金高を支払う必要があるとしている。

第4条：年季が明けても請返さない場合は、質入れした田畑地を流地にするから、万一検地があった場合は質取り人の名で検地をうけ、その名請地としても良いとの文言が証文に入っている場合についてで、これも質入れ人の請返し請求を認めていない。

第5条：年季明けの時は本金で請返すが、万一その時に請返しができず、あとになって請返しを請求するときは、本金に利息を加えますという文言が証文にはいっている場合は、これも相対で決めたのだからというので、証文の文言通りに本金に利息を加えた金額で請返すべきことを命じている。

第6条：無年季で田畑を質入れし、請返し条件として金子有合次第に請返すという文言が証文に入っている場合、質入れをしてから何年たっていても、金子さえ用意すれば請返しを請求することができる。但し、あまりに長期になったり、はっきりしなくなった場合、伺いをたてること。

第7条：(田畑書入金子借置、滞候はば田畑屋敷可相渡旨文言手形にて、田地は持主名所に相極、金子者通例預り金之通り相心得可被申事)

第8条：質入れの証文につき紛失や争いがある場合、書面で詮議の申し立てをすること (田畑屋敷質物に入置候手形、先にて令紛失及争論候はば、双方詮議之趣、書付を以可被相伺候)。

第9条：田畑を質入れする場合、その地方の常識的値段より高値で質に入れ、質入れ人が後になってから、これは普通の質入れではなく倍金証文であると主張し、調べてみてもその地方の相場より高いということが判ったが、それが倍金証文であるという証拠がなかった場合の取扱として、証拠がない以上、証

　　文に記載している文言のごとくするように命じている。

第10条：ある田畑を10両で質物にとり、年季が明けたのに元の地主
　　　　（質入れ主）が請返さないので、その田畑を第三者に20両・
　　　　30両という金額で質に入れた。ところが、大分たってから
　　　　元の地主がその土地の請返しをしたい、しかも最初の10両
　　　　で請返しをしたいと申し出た場合、質取り主はその田畑を
　　　　20両・30両で第三者に質入れしているのであるから、第三
　　　　者から請返して元の地主に返すためには、差額の10両・20
　　　　両を自弁しなくてはならないことになる。このような場合
　　　　に質取り主は元の地主にその差額をださせるかどうかとい
　　　　うことだが、最初の証文に「他（第三者）に質入れしても
　　　　かまわない」という文言がない以上、質取り主の落ち度で
　　　　あるから、それは当然質取り主がその損金をかぶるべきで、
　　　　最初の質入れ主（元の地主）にそれをかぶせるべきでない
　　　　としている。

第11条：田畑屋敷を質物にいれ、年季があけたときに本金で請返す
　　　　という文言のみがあって、ほかには何の条件もついていな
　　　　い証文の場合については、年季があけたら請返すという文
　　　　言のみがあってほかに何の条件もないから、という理由で
　　　　請返しの請求があればそれを許可するようにと指示してい
　　　　る。但し、年季が明けて久しい場合には伺いをたてること。

第12条：（田地譲渡証文にて、礼金為税金金子請取之、子々孫々迄構
　　　　無之旨証文手形之事譲渡之由に候得共、金子取之旨永代売
　　　　と相聞候条、田地取上げ双方永代売作法之通り可申付事、
　　　　勿論由緒無之も有之も可為同前事右之通奉伺候）

　基本的に「質地取扱に関する12ヶ条の覚」は、年季や請渡の条件を
証文にしたためておけば、質流れによる名請人の変更を認める内容と
なっており、質流れを通じて売買が可能となることを示している。それ
でも、「田畑永代之売買禁止令」は生きており、唯一第12条にそれが盛
り込まれている。

大石慎三郎氏は、これにより「事実上の慣習 ── 庶民の相対取決め ── を尊重するという形で、田畑永代之売買禁止令による名請田畑の移動禁止は、質入れ→質流れという道を通って、ほぼ崩れ去ったといいうる段階に達した。」としている。

　関東郡代伊奈半十郎が地方直しで検地を行った頃、貨幣経済は農村に蔓延して、複雑な様相を呈していたことが窺い知れる。

　5代将軍綱吉・6代将軍家宣・7代将軍家継を経て、8代将軍吉宗が就任した。将軍吉宗は、質実剛健を旨とし「①因習に拘らず実学を奨励し、蕃書を解禁したこと。②社会の仕組みに合理性が宿されていることを実感し、科学的視野にたって物事を考えてみようとしたこと。」で名君として評価されており、治世中多くの学者・経世家・吏僚が育ち登用されている。

　その名君も、勤倹・尚武の志を以て懸命に努力を重ねたが、経済面では譲歩し敗北せざるをえなかった。幕府財政立て直しのため米相場とたたかってみたものの、結局商人に頭を下げ、流地禁止令も敗北した。

　享保7（1722）年4月の流地禁止令であるが、「質地取扱に関する12ヶ条の覚」に逆行するような法令がなぜだされたのか、前掲『土地制度史Ⅱ』からみよう。この全文は、長くかつ難解であるので、要約のみとする。

▪ 今まで認めていた質流れを今後認めない理由
「百姓が質入れをした田畑で、年季が過ぎても借用金の返済をしない場合は、その借用金高に応じて5〜60日、または7〜80日といった期限をきって決済を申しつけ、万一その期限内に決済出来ないものは流地を申しつけて日延は許されなかった。しかし、このような方法は、江戸の町方での屋敷地を質入れして借金をした場合の取扱いかたを、村方の百姓地の質入れに適用した結果でてきたもので、それを村方の農地の取扱いに適用すれば、裕福なものは質流れの田地を多量に集積したり、また田地が金を持っている町人の手元に集積される結果となる。田畑永代売買は禁止されているのだから、このように質入れ・質流れを通じて耕地の移動を認めることは、結果的には永代売買同然であるので、田畑永代売買禁止令の本旨にもとるものである。従って、今後一切質入れ田畑の

質流れは認めない。」ということである。つまり、認めない理由は、町方の商習慣を安易に農村に適用したもので、本旨に反するということにある。

■ **質流れを認めないとした場合の質入れ地の扱いをどうするか**

「①質入れしている田畑又は訴え出れば問題となる請戻請求期限内のものは、質年季があけたら手形を書直させ、小作年貢（料）についても、今までに取決めているものは、もし小作年貢（料）が貸金の15％以上の利積りになるものは15％を限度として、あとは損金とする。また今までに質地の小作年貢（料）に滞があるときは、その滞年数を15％の金利積りでこれを元金に差加え、その後は無利息の済崩しにし、その金高の15％ずつを年々返済するという手形に書直させ、元金が終わり次第たとえ何年たっていても質入れ田畑を請返させる。

②また年季があけていない分でも、訴えでると今後は①のルールに従い、15％の金利積りに手形を書直させる。

③今後田畑を質入れして金子を借用するときの金額は、その田畑値段の２割引くらいにすること。また質取り主が、その質地を質入れ主に直小作させる時でも、小作年貢（料）は15％の利積りとすること。それ以上の高利積りにすることを禁止し、15％より利安の場合は当事者の相対次第とする。」という方針を示している。

この流地禁止令は、天領・私領ともに大きな波紋を呼び、騒動をひきおこした。この騒動は羽州村山郡長瀞村や越後頸城郡等で起こっているが、その内、代表的騒動である長瀞村質地騒動をみてみる。

長瀞村を管轄する漆山代官から流地禁止令が長瀞村の名主に伝達されたが、どうしたことか名主は「故ありて未だ村民に告知せず」ということで、農民に伝えることをしなかった。多分伝達すれば村内に混乱がおこり、自分達の利益が損なわれると考えたからであろう。

ところが、同村の新兵衛という百姓が流地禁止令がでていることを知り、他村からその写しをもらって村人と協議した結果、これは徳政令で、質入れ地および質流れ地ともに、今後金子をださずなし崩しに取り返すことができると解釈し、強行的に380人の連判状をとりつけ、名主宅に押しかけ、名主がこの法令を村人に読み聞かせなかったのは不届き

であると責め立て、その罰として質地を取り返し、借金はそのあとで1割ずつなし崩しに返済することとしたうえ、小作年貢（料金）は15%と制限されているにもかかわらず、それ以上だまし取っていたとして、その超過分の返済を要求した。名主側は村人の懐柔に努めたが埒があかず、漆山代官所に助けを求め訴え出た。代官所は村人の数があまりにも多いため対処できず、江戸に急報するのみで手を下しかねた。勢いを得た村人達は46人の金主に押し寄せ、質入証文320通を取り返し、万一に備え、金主・借主が相対のうえ証文を返したとする一札をとって引き上げた。代官所側は両者の話し合いでことを解決しようとしたが成功せず、両者の言い分を書面にして幕府の指示をあおいだ。幕府は両者の代表を江戸に召喚したが、村人は逮捕を恐れてなお闘い続けたので、幕府は隣の山形藩に「召喚に応じることを促し、若し手向かいなどする場合には、弓鉄砲太刀の鞘を外し、村中残らず撫で切りにせよ」と命令した。

　この命を受け、山形藩は総勢800余人の兵を出し、新庄藩も加勢して、一揆は鎮圧され、首謀者は江戸に送られた。江戸で詮議の後、村役人・金主側には何らとがめはなく、村人側は磔2名、獄門4名、死罪2名、遠島9名、田畑取上げ牢送り5名、牢送り1名、過料91名の合計114名が処罰され事件は落着した。

　これが長瀞村質地騒動の概要である。

　この時代、剰余労働部分の一部が切取られ、切取られた部分が小作料に転じ、小作料を目当てに田畑を質に取って金を貸すことがあたりまえになっている。

　関東郡代伊奈半十郎がみたのはこの現実であり、この現実に即して「質地取扱に関する12ヶ条の覚」により対処していることから、流地禁止令は現実からあまりにもかけ離れており、享保8年8月撤回された。1年9カ月の短い命であった。

　なぜ撤回されたのか。

　貨幣経済・消費経済の拡大につれ、貸借が活発となったが、質に入れた耕地を請返すことができるというわけでもなく、流地を禁止すれば、かえって耕地を質にとって金を貸そうという者がなく、金融が逼迫して

迷惑をする者もあるからという理由であった。
「流地に不成裁判有之処、右之通にても質地請返候事も成兼、却迷惑致
候者有之」

　元禄から享保期は、農具の発見・発達等により大きく農民余剰を生み
出す画期的な時代でもあった。貨幣経済が浸透すると共に、刈敷肥料に
代えて干鰯・油滓等の金肥が多用され、千歯扱き※1や備中鍬※2等の農
具が急速に普及し、土地生産力を大いに高めた。
　　※1千歯扱き：鉄製の脱穀器で、元禄期に泉州高師浜の大工が考案し、その後
　　　鳥取県倉吉等で大量に生産され、全国に普及した。それまで、こき箸を
　　　使って寡婦が脱穀し賃稼ぎをしていたが、千歯扱きの出現により職を失っ
　　　たことから、「後家倒し」の異名がある。
　　※2備中鍬：刃先が2〜6本に分かれた鍬のことで、享保時代に刃先が2、
　　　3、4本の備中鍬があらわれ、刃先に土がつきづらい利点から、粘土質の
　　　土壌や棚田を耕すため使用され、急速に普及した。

　農民余剰が借耕関係を生み出すことは、昔からみてきたことである
が、幕藩体制が安定・恒常化し、谷戸農業から平場農業に移行し、貨幣
経済が浸透すれば、否が応でも借耕関係は、量的・質的に変容し、複雑
化する。関東郡代伊奈半十郎がみたものは、この複雑化した借耕関係で
はないだろうか。
　新田開発と共に、農民余剰の拡大は中世的家父長的経営の解体に拍車
をかけたと考えるのが自然である。
　なぜなら、新田開発が家父長的経営内部に滞留する二三男・譜代下
人・年季下人等を分離して小農化すると共に、農民余剰が拡大すること
によって、更に、家父長的経営内部に滞留する二三男・譜代下人・年季
下人等の分離に拍車をかけ、農民余剰が小作料を賄える程度まで増大
し、借耕関係が拡大するからである。
　前に「太閤検地は、作合否定を通じ家父長制的地主を没落させ、小百
姓を名請農民にして年貢を直納させ、中間搾取分を大名・給人に取り込
む施策であり、江戸幕藩体制も当初この施策を継承し、村切りにより出
入り作を整理して、年貢確保を村単位（村請制）としたが、直接耕作者

が必ずしも自立可能な状況まで成長した小百姓ではないということであった」と説明したが、家父長制的地主を没落させるには非常に長い期間が必要で、小百姓の名請地があまりに小さいため、自立するに至らず、なお、家父長制的地主に依存する体制は残された。つまり、生産力が低く、農業余剰の発生する余地が小さく、農業余剰の発生する余地が小さい段階で、金を貸して田畑を質に取っても必要労働部分と年貢（この段階では、剰余労働部分全部に及んでいる）を除くと何も残らないことから、金を貸すものなどなく、年貢納入に困った農民は、田畑を質入れして得た金子で年貢を払うという方法がなく、女房・子供を年季奉公（居消奉公）にだすか、田畑を村中惣作（村請）にするしか方法がなかった。つまり、剰余労働部分＝年貢であり、時に必要労働部分にまで食い込めば、逃散等により耕作は放棄され、年貢の確保は困難となる。土地生産力が大幅に増進し、田畑を質に取って金を貸すことが多くなったのは、農民余剰が生み出されるようになった元禄から享保にかけてのことであった。

　では、なぜ農民余剰（余剰労働部分）が農民に残されるようになったのか。

　幕府財政や諸大名の財政が悪化すれば、当然農民余剰（余剰労働部分）に吸着し、時に必要労働部分にまで食い込んで年貢を増徴しようとするであろう。それをはねのけて農民余剰が農民に残される理由はなんであろうか。

①年貢増徴に対する百姓一揆（承応4〈1655〉年の佐倉一揆、貞享3〈1686〉年の嘉助騒動等、詳しくは『日本の歴史』第15巻参照）が頻発したこと。
　つまり、年貢増徴は農民の疲弊を招き、農民の疲弊は結果的に年貢の減少に繋がり、年貢増徴にも限界があること。『日本の歴史』第17巻の中で奈良本辰也氏は、「百姓一揆で領主側が気づいた時には、既にその農村が荒れ果てていたのである。これをともかくも正常の状態に返すには、思い切った年貢の減免か、あるいは耕作の余力を、他に向ける以外に方法はなかった。」としている。

②年貢の基となる産出額の計量方法として、役人の不正や手間のかかる検見法から、継続的・安定的に計量できる定免法（享保7年）になったこと。

つまり、一定の年貢を納入すれば残りは小農のものとなり、小百姓の労働意欲が高まり、農民余剰が生み出されるようになること。

③『日本の歴史』第15巻の中で、佐々木潤之介氏が指摘しているように、家父長制的経営が解体して、小農経営が一般化すれば、必要労働部分が増大して剰余労働部分に食い込み、剰余労働部分たる年貢が減少すること。

④幕府諸藩の財政悪化により、商人等富裕層からの借金が多くなり、段々と富裕層に対し頭が上がらなくなって富裕層の力が向上し、借金の代償として領主層の取分（剰余労働部分）の中に食い込むようになってきたこと。

等々……であったのではないだろうかと推定される。いずれにしても、農民余剰が農民に残されることには、歴史的・経済的必然性があったものと勝手ながら考えている。

徳川家康が関ヶ原で勝利し1603年に江戸幕府を開いてまもなく、1611年には全国の大名にこれより幕法（法度）を遵守する誓詞を提出させている。つまり、幕法は法であり、「法は理を破るも理は法を破らざれ」という論理のもと幕法は施行され、その法は、軍事力（権力）のもと強制されるということになった。

しかし、摂理や合理に裏付けされない法度（力）は、力（権力）が強い場合において強制力を持つが、そもそも脆弱であり、一過性が強く、朝令暮改を繰り返しながら、力（権力）の衰えとともに、やがて有名無実化して消滅する。

その典型が「田畑永代之売買禁止令（罰則規定）」「流地禁止令」である。

将軍吉宗の時代に成稿した『政談』（辻達也校注）において、荻生徂徠は「田地売買の事、東照宮の御制禁也という。これは百姓の田地を売りて町人になるを制したまいしか。左なくば古の口分田のことを取り違

えて、その時分の学者の申したる事なるべし。田宅・家財・奴婢は売買すること古法也。田宅も奴婢も家財なれば、貧になりては売らずして叶わざる事也。口分田というは、古令の定めに、男子二十歳にて口分田を賜わり、六十一歳にてこれを返す。口分田は公儀へ返すべきものなる故に、売買する事ならず。永業田というは、永くその家に持ちて伝えたる田なり。これは賜田たりといえども売買すといえり。この法をもって見る時は、今の百姓の田地は面々に金を出して買いたるものなれば、これを売る事定りたる道理也。それを売らせぬという事、甚だしき無理也。無理なる法を立てんとする故、あるいは譲りたるなどと名を付け、あるいは借金の手形を拵えて、種々の偽り等これより起る。奉行のその偽りと知りながら、法を立てんためにこれ免す事になる。畢竟は民に偽りを教ゆることになる也。」として「田畑永代之売買禁止令」を荒唐無稽な偽りであるとしている。

　また、田中丘隅は、『民間省要』の中で、「御治世既に百有余年なれば、諸国の郷村開国の砌、田地草分けの百姓の末々、いまに相続して有は希なり、初富める者は後に衰え、初貧しき者は後に栄え、または人に召仕はれし者、他所より来たりてわずか成商事などして、小事より段々身帯を仕上げ、田地山林を買ふやして富家に成る世に多し、……夫れ国土の田地山林という物、自由売買有之を以てこそ、百姓の宝とは成事なり、世界に常に変ることのあればこそ、日月と共に尽きる期なし、何事か常住なり、殊に田地自由に売買なくして、いずれの国、いずれの郡、御料私領ともに、御年貢米金の無滞相済事ありなんや」として、田畑の自由売買を許可すべきと主張している。

　こうした経世家達の意見もあって、幕政の中心にあった大岡越前守忠相等は連名で「田畑永代之売買禁止令」廃止を申し入れしたが、将軍吉宗は「田畑永代売買の罰則を全くなくすれば、かならずしも万止むをえぬ百姓でなくとも、一時の利得に迷って田畑を売ることもあろうから、罪を軽くしておいたことでもあるので、まあこのまま残したがよかろう」として、罰則の軽減に止め、幕末まで「田畑永代之売買禁止令」は有名無実のまま残されることとなった。

　田畑永代之売買禁止令の事実上の消滅及び流地禁止令の撤回の意味す

るところはなんであろう。また、流地禁止令において「今後田畑を質入れして金子を借用するときの金額は、その田畑値段の２割引くらいにすること。また質取り主が、その質地を質入れ主に直小作させる時でも、小作年貢（料）は15％の利積りとすること。それ以上の高利積りにすることを禁止し、15％より利安の場合は当事者の相対次第とする。」との条文があったが、この意味するところはなんであろう。

　一言でいえば、町人・商人の力が強くなったことである。泰平の世が慢性化し、農民の労働意欲が高まり、農民余剰（余剰労働部分）が生み出されるようになる。その農民余剰を求めて貨幣経済・消費経済が農村にも浸透し、時代が流れて、農民余剰が年貢や必要労働部分を除いてもなお余りある場合、この余りある部分を利息として、田畑を質に取って金を貸す者が現れる。そして返済年限内に金を返すことができなくなると、貸主は質物である田畑を貸金のかたに取得し、取得した田畑を貸主自ら耕作するか、金借主に耕作（直小作）させるか、別人に耕作（別小作）させて小作料（利得）を得る。

　前に、「流地を禁止すれば、かえって耕地を質にとって金を貸そうという者がなく、金融が逼迫して迷惑をする者もあるから」と書いたが、この時代、幕府及び諸大名の領主経済も深刻な状態となっており、町人・商人から融通を受けなければやりくりできない状態であった。「物を売れば金を得る」「金を貸せば利子を得る」「土地を貸せば地子を得る」「借りたものは返す」という商いの道理で町人や商人は動く。この道理が通らないかぎり、商いの道は途絶え、貨幣経済・消費経済は失速して、士農工商を問わず全ての人々の生活は混迷する。それほどまでに町人・商人の力が強くなり、商いの道理が幅を利かすようになっていた。

　また、「流地禁止令」において、「小作年貢（料）は15％の利積りとすること」として、一定限度において小作年貢（料）を容認しており、作合を否定し、剰余労働部分＝年貢とする当初の施策から大きく譲歩し、剰余労働部分の一部を金主又は町人に割譲することによって、寄生地主制への新しい展開を示したものと言える。

　町方と村方では幕府諸藩の処し方は異なり、幕藩体制の基となる小農確保のため、小農維持に努め、町方の経済法則が村方の封建支配の法則

を浸食することを忌避した。例えば、借金が返済できない場合、村方では身代限りは田畑のみとし家財にまで及ばなかった。しかしここにきて、身代限りが家財にまで及ぶとする町方の身代限りが村方にも適用され、町方と村方を分離する処し方は変容を余儀なくされ、商農統一されて町方の経済法則に一本化された。

　結局、将軍吉宗は勤倹・尚武の志を以て懸命に努力を重ねたが、幕府・諸藩の財政状況は一向に好転せず、逆に、地力をつけてきた商人・豪農の資本を当てにして、本田畑中心とする施策を改め、これまで禁じられてきた町人による新田開発を解除し、享保7（1722）年7月26日付、次のような高札を江戸日本橋に掲げて、町人請負による新田開発を解禁した。

覚

1. 諸国御料所又ハ入組候場所ニテモ、新田二可成場所於有之ハ、其所之御代官、地頭幷百姓申談、何モ得心之上、新田取立候仕形、委細絵図書付二印、五畿内ハ京都町奉行所、西国・中国筋ハ大坂町奉行所、北国筋・関八州ハ江戸町奉行所ヱ可願出候、願人或ハ百姓ヲタマシ、或ハ金元之モノヘ巧ヲ以勧メ、金銀等ムサホリ取候儀ヲ専一二存、偽リヲ以申出モノアラハ、吟味之上相トカムルニテ可有之事

1. 惣テ御代官申付候筋之儀二付、納方之益ニモ不相成、下々却テ致難儀候事在之ハ、可申出之、併申立ヘキ謂モ無之、自分勝手ニヨロシキ儀計願出ニオイテハ、取上無之候事、右之趣可相心得者也

　なお、新田開発に町人資本を期待する以上、町人の投下資本に対する一定の利潤を小作料として保証する必要があり、これに対し「質地小作料制限に関する法令」を出して、小作料は投下資本に対して15％を正当なものとするとして保証し、また、投下資本の15％の範囲の小作料は年貢同様として、幕府権力によって身代限りをもって取立できることを保証している。

　この高札により開発された最も大規模かつ典型的な町人請負新田が越

後国北蒲原郡の「紫雲寺潟新田」である。竹前権兵衛は信州硫黄山の経営で築いた資金を新田開発に投資しようとして色々物色していたが、紫雲寺潟という大湖沼に目をつけ、同湖沼から流出していた小川を掘り下げ、水を日本海に落とし沼地を新田化するべく努力を重ね、苦心のすえ約2,000町歩に及ぶ干拓型新田を造出した。紫雲寺潟は新発田藩領にとりかこまれているが、幕府は排水溝が日本海に注がれるため、私領一円のうちではなく私領地先であるとの見解から新田を天領に組み込んだ。そのため、新発田藩と度々紛争を巻き起こし、結局幕府の力で天領としたが、後に新発田藩の顔をたて、新発田藩の預地にしている（『土地制度史Ⅱ』参照）。

　小生には分からないことがいっぱいある。前に全国耕地面積推移表を掲げたが、この表によれば、耕地面積は1600〜1720年まで1.8倍以上飛躍的に増加し、その後幕末までほとんど増加していない。つまり、1722年の町人請負新田の高札により開発された新田による耕地の増加はほとんどない。高札により開発された飯沼新田や武蔵野新田や紫雲寺潟新田等の増分は少ないのであろうか。

　高札がでる以前から、町人資本を投じて新田開発は行われており、例えば、大和川の付替（1704年）に呼応して、宝永2（1705）年旧大和川河川敷及び周辺沼地の開発（鴻池新田等）に着手している。また、武庫川河口の葭原は寛文9（1669）年の道意新田をかわきりに天保10（1839）年に至るまで、漸次その地先が開発され、ほぼ現在工場等が建ち並ぶ地域にまで達している。この道意新田は、尼崎藩主青山幸利が西成郡海老江村（大阪市福島区）中野道意宅に立ち寄り、針治療を行ったところたいそう気に入り、中野道意は尼崎城に度々参上して藩主の治療を行っているうち、藩主から尼崎の新田開発を勧められた。そこで道意は、自分一人では非力につき、町人を募りその財力の加勢により、寛文9年に村高614石3斗7升6合の新田を開発した（『尼崎市史』第2巻参照）。

　徳川家康が関ヶ原で勝利し1603年に江戸幕府を開いてまもなく、1611年には全国の大名にこれより幕法（法度）を遵守する誓詞を提出させているが、「田畑永代之売買禁止令」にしても「流地禁止令」にしても

「町人請負による新田開発の制限」にしても一連の幕法に対する諸藩の対応はまちまちである。即ち、徳川幕府は400万石の知行地と主導権を持って全国諸藩に君臨する最大の大名であって、分権的封建領主の上にたった絶対性を欠く緩やかな集権的封建領主であり、領知は諸藩領主に委ねられる。領知とは、領有により領民を支配することで、その支配のため、少し中世的な言いまわしであるが、検田権と検断権を有する。検田権とは本田の検地により、田積・等級を定めて名請人を確定し、名請人から年貢・公役を徴収して、幕府・諸藩の財源とすることであり、検断権とは、武力（兵農分離）に準拠した行政・司法の権限により強制的に領民を取り締まることである。これが、江戸幕府の支配体制であり、封建制度の内容である。

　新田は、河川下流デルタ湿地帯に堤塘と排水溝を築き、湖沼等の湿地帯から水を落とし、用水を確保して耕地となる基礎条件（インフラ）を造ることをいうのであって、このインフラが整備されて後、入作農民が鋤鍬で一筆一筆耕地を拓いて造られる。インフラを造るのは領主で、耕地を造るのは農民で、いずれも資本と労働力を投下する。この資本と労働力の見返りとして、農民は鍬下期間（3〜10年）中年貢が免除され、鍬下期間が満了すれば、領主は年貢・公役を徴収することとなる。年貢・公役の徴収は領知であり、当初、町人請負による新田開発はこの領知を侵害するものとして、貞享4（1687）年町人請負新田を禁止している。この町人請負による新田開発が「流地禁止令」を契機に享保7（1722）年解禁された。この原因は、幕府・諸藩の財政状況の悪化にあり、本田畑中心とする施策を改め、新田開発を町人の資本に委ね、町人の投下資本に対する一定の利潤を小作料として保証し、投下資本の15％の範囲の小作料は年貢同様として、幕府権力によって身代限りをもって取立できることを保証している。つまり、町人（商人）が領知の一部を囓り取ったことになる。

　新田に関して松好貞夫氏は優れた研究を行い、その成果を『新田の研究』（昭和11年発行、有斐閣）として一冊の本に纏められている。同氏は高知において長く研究を続け、新田と領知の興味ある関係を示しているのが、同書第3編土佐藩の郷士制度と新田である。戦前の旧字体で書

かれているため、読みにくいが、その概要を土佐藩の郷士制度と新田に
関するほんの一部から小生なりに想像し、要約してみる。

　関ヶ原、大坂の陣を経て、四国の覇者である長宗我部氏は滅んだ。こ
の経過を司馬遼太郎氏は『夏草の賦』で小説として描いている。長宗我
部氏滅亡の後、戦功により掛川6万石から20万石に加増され、山内一
豊氏が入部した。この20万石は土佐一国のものであろう。これは、天
正年間の太閤検地による領地高で、従来9万石とされていたものが2倍
以上増徴されることとなり、領民の猛反発を招いている。

長宗我部氏領地高

郡名	村数	村高（石）	備考
安喜郡	53	17,011.65	
香我美郡	66	27,368.06	但し、
長岡郡	48	14,674.75	『新田の研究』では
土佐郡	39	18,690.64	村数は同じだが、村高合計は
吾川郡	41	18,000.04	202,626石52となっており、
高岡郡	75	45,088.84	合計額は異なる。
幡多郡	141	51,792.54	
計	463	192,626.52	

　山内氏入部前、この領地高は、長宗我部氏家臣団に領知されている。
その内、幹部家臣の領分は次頁表の通りである。

　これにより分かることは、長宗我部氏直属の地が僅少で、領地全体が
分権的に構成されていたということである。松好氏によれば、『郷士開
基論』という書物に「元親候の御代は今と違ひたり、凡田を持ちたる者
は皆侍としたる者なり、兵を農より起す様の仕道なり、出家社人とても
田を作れば侍を出す様にしたる者也、一領具足といふも今の郷士などの
類なり、自分に鎌鍬を以て田地を作れども、具足一領用意して事起れば
陣立するなり、人も家も皆如斯に有ける」とあり、また、『土佐物語』
にも「抑彼一領具足と申は、僅の田地を領して、常には守護への勤仕も
なし、只己が領地に引籠り自ら耕し耘り」云々として、明らかに兵を以
て農に寓する制度としている。

長宗我部氏幹部家臣団給地一覧表

家臣名	役職	給地高（石）	家臣名	役職	給地高（石）
久武内蔵助	家老	40,000	比江村掃部助	若年寄	9,500
吉田備中守	家老	10,000	桑名太郎左衛門	若年寄	8,700
久武肥後守	家老	10,000	久武彦七	若年寄	2,000
桑名丹後守	家老	8,500	桑名彌治兵衛	若年寄	1,550
福留飛騨守	家老	5,000	江村孫左衛門	若年寄	1,500
江村備後守	家老	4,500	横山三郎左衛門	若年寄	1,400
中島大和守	家老	4,400	山川五郎左衛門	若年寄	1,300
姫倉豊前守	家老	4,300	桑名将監	若年寄	1,200
吉田伊賀守	家老	3,800	横山九郎兵衛	若年寄	1,200
國吉甚左衛門	家老	3,700	國吉三郎兵衛	若年寄	1,200
吉田治郎左衛門	家老	3,500	野田甚左衛門	若年寄	1,100
中島兵衛尉	家老	3,500	十市新右衛門	若年寄	1,100
馬場因幡守	家老	3,300	吉田彌左衛門	若年寄	1,100
南岡左衛門太夫	家老	1,500	姫倉太郎左衛門	若年寄	1,070
桑名藤蔵人	家老	1,350	南岡四郎兵衛	若年寄	1,050
計	15名	107,350	中内源兵衛	若年寄	1,000
			野中三郎左衛門	若年寄	1,000
幹部家臣団総計	32名	144,320	計	17名	36,970

　田を持つ者全て陣立てするためには、戦国大名武田氏や北条氏の兵動員令にみられるように、陣立1名につき最低2〜3町の田を持って家父長的経営を行っている必要がある。この一領具足が長宗我部氏幹部家臣団を寄親とし、寄子として事あるごとに参陣して軍団を組織したのではないだろうか。兵を以て農に寓するとは、士農（兵農）未分離で、平時、一領具足には一般百姓のように年貢負担はないが、役銀として領知高に応じ公課が徴され、上級家臣団の経済基礎としたのではないだろうか。かくも、長宗我部氏の領知は分権的であり、長宗我部氏がいかに秀吉に忠実であったとしても、一領具足の兵農分離と刀狩りはよほど困難を極め、豊臣氏滅亡まで先送りされたものと推測される（小生雑感）。

　こうした中に、山内氏が掛川6万石から加増されて入部した。掛川からどれだけの家臣団を引き連れて入部したのか不明であるが、江戸時代初期から中期にかけ盛んに転封・改易、増封・減封が行われている。サラリーマンの転勤と異なり、大所帯の移動である。掛川から全家臣が移動したのか、一部掛川に残る家臣があったのか知る由もないが、土佐に移動した家臣は大方増知されたと考えられる。なにせ6万石から20万

石の加増である。長宗我部氏は改易されたので、旧家臣は禄を失ったことになるが、山内氏は6万石から20万石の加増であるから、20万石に相等する家臣団を抱えなければならない。当然、新たなる家臣を追加しなければならない。この家臣団に旧長宗我部氏の家臣が含まれていたのか、含まれるとしてどれだけの家臣がどれだけの待遇で抱えられたのか知る術もない。その前に、一領具足を解体し、士農（兵農）分離と刀狩りを行わなければならない。これは極めて困難なことである。下手すると肥後国人一揆の二の舞になりかねない。司馬遼太郎氏『夏草の賦』は秀吉の九州平定に長宗我部氏が先鋒で参戦したところで終わっているので、その後のことは勝手に想像するしかない。

　誇り高く歴戦の戦士たる一領具足の処遇をどうするか。禄を失った一領具足をどのように兵農分離するか。これが山内氏の課題である。この課題に対し、土佐藩二代藩主忠義は、時の宰相野中兼山を通じ、新田に一領具足を扶植して郷士とする方法で対処した。

　山内氏が受け継いだのは20万石に及ぶ領地で、そこにはおおよそ10,000人に及ぶ一領具足が、一族郎党や譜代下人を従え、半農半士の状態で、兵農未分離のまま農耕を行っていたものと推定される。この農耕地が本田である。

　本田の一領具足は解体され、士農（兵農）分離されて、多くは百姓身分となり、年貢・公役の負担者となったと考えられるが、誇り高く由緒正しい家柄の一領具足にとって家こそ大事で、容易に士農（兵農）分離されることは容認すべからざることであった。うまく対処しなければ、反抗する力が結集して一揆へ発展する。

　そこで野中兼山は、「逸ち早くも前国主の遺臣にして民間に光芒を挫き、失世の嘆を嗍つもの漸く多きを加へ、郷村の安寧将に累卵の危きにあるを看取した」として、高知城の東6里、所謂鏡野（物部川下流域）6千石の地を此等不遇の徒（一領具足）に開発あたらしめ、以て授職用能と新田開発との實を一挙にして収むべしと為し、寛永3（1626）年、開発希望者の家系人品改めを行い、その選に與りたる者には荒地3町物成9石以上の開発を誓約せしめ、開発完成の上はその功を賞して郷士とし、給するに「領知」を以てした。その結果、正保元（1644）年から承

応2（1653）年にかけ約100人の郷士が誕生した。世にいう「百人衆郷士」である。その後、万治（1658年）〜寛文（1673年）にかけ漸次行われこれらの郷士を「百人衆並郷士」とし、元禄8（1695）年に至った時には、当時譜代の家臣991人に対し郷士の合計は794人に達している。

　郷士の領知分限は、最低30石の地を開発することを要し、その地が領知されることにより、物成（年貢）の免除（私有）を認められ、武士としての身分が保証され、名字帯刀の特権が与えられた。一方、その反対給付として、郷士は土佐藩の軍制に編入され、役銀が課せられることとなったが、山内氏譜代の家臣と外様たる郷士との間には、なお越ゆべからざる障壁があった。例えば、「御侍中へ行逢候節、日笠取除成程盡慇懃不禮無之様」を申し付けられたのは郷士と御用人であるとか、城下の歩行には地下人同様頭巾・日笠・木履下駄・杖突等を差し止められしが如きことであった。しかし、郷士制度は予想外に喜びを以て迎えられることとなった。

　ところで、新田開発により郷士に与えられた領知とはどのようなものであったのか。松好氏によれば、土地の領有（支配）には年貢の徴収権である所当知行と耕作権である下地知行とがあり、領知とは所当知行と下地知行とを併せ持つ一円知行であるとしている（上土権・下土権という言葉は、所当知行が下土権、下地知行が上土権に相当するのであろうか）。そして、所当知行と下地知行とのいずれか一つが欠ければ、領知にあらずして郷士の資格を失うとしている。即ち、所当知行と下地知行とは不可分の関係にあり、新田には兵農未分離のまま中世的半農半士の状態が維持されることとなる。元来、新田は農民が自分の田畑周辺の小規模未耕地（荒地）をぼちぼち開墾（切添）して得た検地帳にない簿外の耕地で、本田（検地帳に記載された耕地）と異なり軽視され、検地により切添部分が検地帳に記録されない限り、「田畑永代之売買禁止令」や「流地禁止令」等幕法の対象外で、売買についても無視され、あくまで本田畑の米穀を中心とした農政であった。例えば、幕府は寛永19（1642）年「本田に煙草を作るべからず、新田を開き作るべし」という布令をだすとともに、寛文7（1667）年には、「煙草作之儀米穀之費たる之間、自今以後本田畑に作べからず、野山開き作り候儀者、以前之ご

とく可為格別事」として、本田畑尊重、新田軽視の思想を具現している
（前掲『新田の研究』頁5参照）。

　野中兼山もこうした幕府の思想に則り、長宗我部氏の遺臣を慰撫懐柔
し、彼らの憤懣を抑え、政治的効果と経済的効果の両面において大きな
成果を上げたものと考えられる。土佐藩においても本田と新田との取り
扱いは厳然と区別されており、当初、20万石に及ぶ本田は太閤検地を
踏襲し、兵農分離により、山内氏家臣団等は城住し、給人として所当知
行が割り当てられているが、新田は簿外の耕地として、開発権（可令領
知）を得た郷士に所当知行と下地知行が割り当てられている。これを図
式化すれば次の通りである。

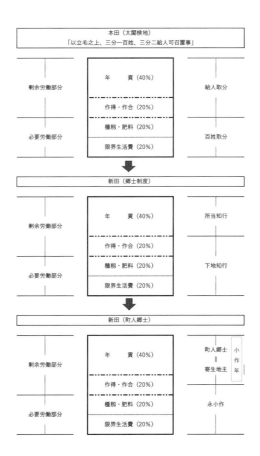

なお、開発権（可令領知）を得た郷士とは、前述した開発希望者の家系人品改めを行い、その選に與りたる者のことである。

　開発権（可令領知）を得た郷士の多くは、自ら開発に従うことなく、その下に農夫を傭役して開発に当たらしめ、開発に当たった農夫は永小作人となり、開発主たる郷士は、作得・作合の部分から加地子（小作料）を得た。こうした郷士は、中地頭ともよばれている。

　その後、宝暦13（1763）年「幡多郡の人が減って、鹿や猪が徘徊して土地が荒れたので新田を開発したい。従来、郷士とするについて先祖の筋目に配慮して厳正に対処したが、この度は、父祖の所業は不問とし、仮に商売の業にある者でも詮議の上召し出すこととする。」という布令を出し、経済的に能力を持つ者にも郷士となる道を開き、郷士の起用につき身分上の要件をほとんど撤廃し、更に郷士株の売買を認めた。これは経済力を持つ町人（商人）にとって資本を投下する格好の条件となり、その後も町人（商人）の資本が新田開発に投じられ、文政5（1822）年には同様の趣旨で仁井田郷士や窪川郷士が誕生し、郷士株も売買され、次のような図式で寄生地主化の道を開いたとも考えられる。

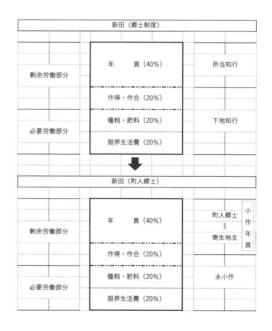

　いささか寄り道をしてしまったが、町人（商人）が領知に介在し、剰余労働部分の一部を手にするようになったのは確かなことであろう。もとより、それを可能にしたのは、町人（商人）経済力の発展であり、貴穀賤金や本田畑重視・新田軽視により農民年貢に依存する封建体質が徳川幕府時代中期以降徐々に変化し始めたことだろう。

　前に、「百姓が成長する背景に、農業生産と商品経済の発展がある。鎌倉時代中期頃、排水による水田の乾田化が行われ、二毛作（米麦）が可能となって、農業生産が増大し、当初、裏作の麦は荘園領主にとって関心が少なく、若干ながら農業余剰が生み出された。また、貨幣の流通が市場を生み出し、商品経済を活性化させ、百姓に若干ながら貨幣が退蔵された」とか、源三のところで、「草刈や山仕事に駆り出されて忙しい合間に10年ほどかけて、山裾の荒地を苦労して2反ばかり新開（切添）し、その畠でとれた麻の苧3束と大豆5升が今日の売物であった。市場へ着くと、既に多くの人で混雑している。ここの荘園は、地頭の請所で、年貢の取立と納入を請け負っており、近年の年貢は銭貨に代えて領家へ送ることになっている。地頭ほどでないが、惣太夫や権介も米・麦・藍・麻を商いしている」とか書いたが、領主にとって荘園時代から年貢の基本は本田畑であり、幕府も寛永19（1642）年「本田に煙草を作るべからず、新田を開き作るべし」、同20（1643）年に「田畑勝手作禁止令」を出して米を作るべき田畑において木綿・煙草・菜種等の商品作物の栽培を禁止する布令をだすとともに、寛文7（1667）年には、「煙草作之儀米穀之費たる之間、自今以後本田畑に作るべからず、野山開き作り候儀者、以前之ごとく可為格別事」として、本田畑を尊重し、新田を軽視している。一方、貨幣経済・市場経済が大きく発展するに呼応して、重い年貢負担からささやかな生計を維持するため、農民は切添した新田に商品作物を植え、商人や市場を介して貨幣を得ていたと考えられる。

　商品作物とは、四木三草（茶・桑・楮・漆、紅花・木綿・麻）を中心として、藍・煙草・砂糖・蘭草・櫨・野菜等のことをいい、その栽培・生産は気候・地理・土壌等の条件により全国に及び、地域の特産品となっている。

勿論、切添した新田に商品作物を植えるのは、需要があるからであり、この需要は城下町（都市）人口の増大と生活スタイルの変化により、消費が拡大したからである。この需要と供給を結ぶものが商人であり、貨幣である。

　一方、将軍吉宗末年から9・10代将軍家重・家治の時代にかけて、幕府はおろか、その支配下にある諸藩の経済は、本田畑中心の現物経済に依存する限り、困窮の一途を辿っていた。豊年の年をもってしても多くの諸藩の財政は赤字で、総収入の3分の1に近い不足額が残るという不思議な状態となっており、その不足を補うため、借上げと称して給人の俸禄を減じるしかなかった。

　参勤交代制度・手伝普請が最大の癌となっており、江戸藩邸等の維持費が嵩み、諸藩財政悪化の原因となっていた。しかし、参勤交代制度等を廃止することは封建支配体制を崩すこととなり、幾分緩和することがあったとしても、やめることができず、諸藩は、年貢増徴若しくは給人の俸禄削減しか方法がなかったが、それもかなわぬ場合、このような慢性的赤字解消は、江戸・京都・大坂を中心とした大町人（豪商）からの借財に依存するしかなかった。

　例えば、江戸の町人、三谷三九郎と米沢藩のごときである。江戸時代屈指の名君といわれ、米沢藩財政立直しに対処した上杉鷹山をして、「今日の国体、上に暴戻の君主なく、下に専権の臣なく、大小の諸有司真実に相勤め、女謁・賄賂の行はれ候事も之なし、何一つ他へ恥ずべき事も之なく候へ共、唯嘆かわしきは勝手向の差支のみにて……」といわしめたほど、米沢藩の窮乏は甚だしく、京・大坂はいうまでもなく、越後の三輪・渡辺の両家、酒田の本間、深川の僧密厳に至るまで、借りうる限りの借金を重ねていた。その三谷三九郎に対して、藩はついに350石の扶持を与えることにした。米沢藩において350石というのは、6,000人の家中において100人に満たない家柄であり、上士侍組の中に属した。さらにいうと、この藩では禄高が僅かに15万石にすぎないので、この6,000人の家中のほとんどが25石以下だったのである（『日本の歴史』第17巻参照）。

　西南の雄藩といわれた長州藩も同様で、周防・長門の両国を支配して

表高36万石、寛永2年の検地で65万石余りともいわれ、300諸侯の大名の中でも屈指の大藩であるが、早くも寛永20年において、総収入銀1,253貫397匁に対し、江戸の諸経費銀1,260貫100匁、京都・大坂ならびに藩地の諸経費銀1,326貫700匁、総支出2,586貫800匁に達し、差引1,333貫403匁の赤字となっている。

　この原因は、前記の通り参勤交代や江戸藩邸等の維持並びに手伝普請にあるが、特に手伝普請は、外様大名に大きな負担を強いた。この内、藩財政を疲弊させた手伝普請の例として薩摩藩に課された宝暦治水工事がある。

　この件に関し、杉本苑子氏が『孤愁の岸』（講談社文庫）、豊田穣氏が『恩讐の川面』（新潮社）で小説にしている。特に、杉本苑子氏はこの作品で直木賞（第48回）を受賞し、小生も通読して感涙した。詳しくは『孤愁の岸』を一読されたい。舞台は美濃・尾張・伊勢の下流域で合流・分流を繰り返し、自在に暴れ回る木曽川・長良川・揖斐川の三流分離工事であり、主役は、幕府によりこの工事の手伝普請を仰せつかった薩摩藩の勝手方家老平田靱負である。ご多分に漏れず50万石の負債を抱えた中で、薩摩藩にこの手伝普請が加わり、藩首脳部は大いに苦悩する。宝暦3年9代将軍家重の時代のことである。これは、『鹿児島県の歴史』（山川出版社）にも収録されており、同書による概要は次の通りである。

　薩摩藩の石高は72万石あまり、金沢藩102万石につぐ天下第二の大藩である。しかし、この数字は籾高であり、他藩なみに米高にすれば36万石程度に過ぎない。しかも、領内は生産性の低い痩せた火山灰土壌（シラス台地）に広く覆われ、米作に適した土地は少ないうえに、台風や火山噴火・土砂崩れなどの災害が多く、農業的には劣悪な藩であった。またその一方で、他藩にみられないほど膨大な家臣団を擁しており、石高の半分は家臣に与える給地高が占めていた。従って、藩の財源となる蔵入高は、米高で12万石程度にしかならず、そこから上がる貢租だけでは藩財政は成り立たなかった。

　また財政再建の切り札としようとした海外交易は、一連の鎖国令によって打撃を受けた。残された琉球での進貢貿易も、幕府の長崎貿易が

軌道にのると、様々な制約が加えられ、貞享3（1686）年には貿易額が3分の1減額された。寛永17年に山ヶ野金山がみつかり、財政を潤すものと期待されたが、万治2（1659）年に青金（銀を含む金）1,867キロを産出したのをピークに減少に転じ、密貿易と島民搾取による砂糖で生計し、財政を好転させるには至らなかった。

　その一方で、この時代は全国的に泰平を謳歌し、驕奢で華美になりがちな傾向にあり、薩摩藩もその例外ではなく、江戸在府や参勤交代に伴う経費が膨らんだ。また、幕府の諸制度にならって藩の諸制度を整備したが、これも簡素の風を失わせることになった。藩当局は、家臣から領知を返上（上知）させたり、臨時課税を賦課して切り抜けようとしたが、焼け石に水といった状態で、藩の借財は増える一方であった。

　さらに、明暦3（1657）年・元禄15（1702）年の江戸大火では藩邸が類焼し、鹿児島城下でも延宝8（1680）年・元禄9年・10年・12年・16年と大火に見舞われ、元禄9年の大火では鶴丸城本丸も焼失した。こうした災害復旧費も藩財政を圧迫した。明暦の大火では、諸侯の屋敷が次々と再建するなかで、薩摩藩の屋敷だけは着工できずにいたという話も伝えられており、藩財政の窮乏ぶりがうかがえる。

　こうした状況に追い打ちをかけたのが、幕府（公儀）の手伝普請である。手伝普請とは本来幕府が行うべき工事などを、御手伝いの名目で諸大名に押しつけていたもので、参勤交代の制度とともに、大名の力を弱める有効な手段とされていた。薩摩藩も慶長11（1606）年に江戸城修築手伝を命じられて以来、江戸城・大坂城普請助役や寛永寺本堂造営手伝・内裏外垣牆修築手伝献金など次々と命じられていた。宝暦3（1753）年、これらの工事を大幅に上回る手伝普請の命令が突如下った。これが美濃・尾張・伊勢の川々普請手伝、いわゆる木曽川治水工事（宝暦治水工事）である。当初、手伝普請の工事費は10万〜15万両と見積もられていた。この金額は薩摩藩の大坂での国産品売上高の1年分に匹敵した。すでに50万両以上の負債を抱えていた薩摩藩にとってたいへんな負担であったが、幕命にさからえず（藩論は紛糾したが、当時幕府は尚絶大の権力を維持していた）工事を受諾し、家老平田靫負を惣奉行に任命して、藩士1,000人余りを美濃に派遣した。翌宝暦4年2月、美

濃に到着した薩摩藩士は早速工事に着手したが、想像外の難工事で、幕府側が町人への工事依頼を制限したこともあって、経費は嵩み、藩士にも大勢の犠牲者がでた。宝暦5年4月、工事は終了したが、それまでに費やした工事費は40万両に達したといわれている。そのうち、22万両は大坂であらたに借財したものである。また、犠牲者は80人余り、なかには死因が「腰の物（刀）にて怪我をいたし」と記されたものがいる。工事を監督する幕府役人の仕打ちに腹をたて、その怒りにみずから命をたったと伝えられている。なお、杉本苑子氏は「屠腹した者50名、病死者202名」としている（『孤愁の岸』参照）。

　惣奉行平田靱負は、宝暦5年5月幕府の検分後、多額の借財と多数の犠牲者をだしたことに対する責任を一人負って自刃した。

　以上が宝暦治水工事の顛末である。

　宝暦治水工事の少し前、時の経世家太宰春台（1680－1747）は、「近来諸侯大小となく、国用不足して貧困する事甚だし、家臣の俸禄を借りる事、少なきは10分の1、多きは10分の5・6なり、それにて足らざれば、国民より金を出さしめて急を救ふ。猶足らざれば、江戸・京・大坂の富商大賈の金を借りる事、年々止まず。借るのみにて返すこと稀なれば、子亦子を生みて、宿債増多すること幾倍といふことを知らず。昔、熊沢蕃山が海内諸侯の借金の数は、日本に在らゆる金の数に百倍なるべしといへるは、寛文・延宝の年の事なり、其れより70年を経ぬれば、今は千倍なるべし。今、諸侯の借金を数の如く償はんとせば、有名無実の金何れの処より出んや」と嘆いている（奈良本辰也著『日本の歴史』第17巻参照）。

　結局、宝暦治水工事を経て、薩摩藩の借金は子亦子を生み、文政10（1827）年において、80年足らずの間に500万両に達している。

　後に、藩債整理を任された調

薩摩藩の借金表

年次			借銀高		
元和	2	（1616年）	1,000	貫余	（2万両）
寛永	9	（1632年）	7,000	貫余	（14万両）
	17	（1640年）	21,000	貫余	（34.5万両）
寛延	2	（1749年）	34,000	貫余	（56万両）
宝暦	4	（1754年）	40,000	貫余	（66万両）
享和	1	（1801年）	72,600	貫余	（117万両）
文化	4	（1807年）	76,128	貫余	（126万両）
文政	10	（1827年）	320,000	貫余	（500万両）

資料：原口虎雄著『鹿児島県の歴史』による

所広郷（後家老）は500万両に達した負債を250年賦、しかも元金のみで利息無という償還法を京・大坂・江戸で実施した。この一方的な償還法に商人は打撃を受け、幕府に訴えたが、調所は事前に幕府に10万両を上納するなどの裏工作を講じていた。

　とにかく諸藩の領国財政は江戸中期以降悪化の一途を辿り、江戸・京・大坂の町人（商人）からの借金（大名貸）に依存し、借りに借りて漸次その度合いを高めた。また、それほどまでに江戸・京・大坂の町人（商人）に金・銀銭貨が蓄積されていた。

　当初、元利金が償還される限り、たとえ利息が少なかろうと、大名貸は、江戸・京・大坂の町人（商人）の潤沢な蓄財の運用方法として有利な手段であったが、その貸金が返済不能になるまで多額になると、大きなリスクとなる。

　享保13（1728）年に出版された三井高房の『町人考見録』では、「京都の町人で大名貸によって倒れた者おおよそ50家をあげている。高房によれば、たしかに大名貸は世間体として立派にみえる。普段見向きもされないような位にある武士たちがその家に出入りし、ときに武士の家に招かれ馳走に預かり、禄高をうけて名字帯刀がゆるされ、武士のような待遇をあたえられるが、このことがもっとも危険な罠で、知らず知らずのうちに、貸し過ぎてしまい、以前の借金をおとりにして、また新しい借金を要求してくる。」として大名貸に警告を発している。例えば、京都の豪商、両替屋の善六は、作州（美作）の森美作守に多額の金員を貸付けていたが、貸金の返済が滞ったためつぶれた。貸金により禄を得て森家の家臣となっていたのが災いしたのである。善六方では早速訴え出たのであるが、家来の物は、同時に主君のもので、返済する必要がないとの理屈であった（前掲『日本の歴史』第17巻頁335〜336参照）。

　これに対し、町人（商人）・豪農も手をこまねいてはいなかった。

　当時、諸藩の年貢米等は、国用に必要なものを残し、主に大坂等中央市場に回送し、市場等で売却して藩費を調達した。そのため、江戸・京・大坂等、商業が盛んで、市場や金融の便がある場所に蔵屋敷を設け、年貢米・特産品を処分し換金した。蔵屋敷には、蔵役人・名代・蔵元・掛屋・用聞・用達の諸役があり、岡山藩の例でいうと、大坂留守

居・大坂定目付の外、判形・銀方・鍵方・米方・名代の諸役人がいた。判形は切手類の裏判をし、銀方は金銀の出納を掌り、鍵方は倉庫の鍵を管理し、米方は堂島浜に出入して、米払に関する諸般のことを掌った。留守居役と定目付は上方借銀と蔵米処分を行う重役である。江戸時代の諸侯は大坂で蔵屋敷の敷地を持つことができなかったので、表面上は町人の屋敷を借りるという形式にしており、その屋敷地を貸すという名義を有する町人のことを名代といった。蔵元は蔵物の出納を掌る役柄で、当初蔵役人が勤めたが、寛文以後には、算勘に明るい町人（商人）が勤めると共に、蔵物の処分・換金・両替、金銭の出納、融通等を行う掛屋を兼務し、諸藩の年貢米等を担保に大名貸を行い、やがて、諸藩の領国経済に深く入り込んだ。本来、領主経済は本田畑を尊重し、農民が切添した新田に商品作物を植え、商人や市場を介して貨幣を得ることに無関心であったが、城下町（都市）人口の増大と生活スタイルの変化により商品作物への需要が大きくなり、その換金性が高くなるに従い、幕府及び諸藩は領内において商品化している特産品に着目し、その仕入と販売に介入して、幕府諸藩財政再建の財源とする藩専売制度※を実施した。とはいえ、幕府諸藩には商業知識も才覚もなく、依然貴穀賤金思想と支配階層としての矜持があり、直接経営は、金銭の出納、融通等を通じて接近した商業知識に長けた商人・豪農に請け負わせ、その利益を収奪した。なにせお金の流れを握っているのであるから。当然、商人・豪農は、利益を生み出す過程でしっかり商業利潤としての利益を確保する。

　例えば、米沢藩における三谷三九郎は、安永4（1775）年新しく1万1千両を融通したが、その見返りとして木蠟2千貫の荷駄請負、国産織物の一手販売権などを約束させている。すなわち、藩経済の内部まで立ち入って、生産と密着して利益を確保しようとするのである（前掲『日本の歴史』第17巻頁338参照）。

※藩専売制度（Wikipedia より）
　藩専売制とは、江戸時代に諸藩が財政困窮を解決するための手段として、領内における特定商品、あるいは領外から移入さ

れる商品の販売を独占する制度をいう。すでに江戸初期から実施され、諸藩の財政窮乏が表面化する中期以降に多くの藩で実施されている。藩専売制における商品買い占めの形態は、領主自身が直接、特定商品の買い占めにあたる直接的購買独占と、城下有力商人らと提携し、彼らに資金を与えて買い占めを行わせる間接的購買独占の二つに分けることができる。なかには領主自身が特定商品の栽培または生産を行う場合もある。商品の販売にあたっては、領主が領内に一手に売りさばく領内配給独占と、独占した商品を大坂や江戸市場に送って売りさばく領外移出独占との二つに分けることができる。あるいは、両者をともに行っている例もある。多くの場合、特定商品の仕入れおよび販売にあたっては、産物方・産物会所や国産会所といった専門の役所を設置し、なかには統制の対象となる商品名をつけた紙方会所、木綿会所、砂糖会所などといった名称をもつものもある。直接的購買独占の場合、藩の役人が会所役人に任命されている例が多く、間接的購買独占の場合には、城下の有力商人や統制の対象となる商品を扱う問屋商人が会所の頭取に任命されている例が多い。また、領外移出独占の場合、大坂や江戸に出先の大坂・江戸会所を設け、同地の有力問屋商人に商品の販売を任せている例もある。領主は商品の買い占めにあたって資金の準備を必要とするが、中期以降、諸藩で藩札が発行されると、藩札をもって商品を購入し、これを大坂・江戸に送って正貨を獲得する方法が実施された。このために会所と並んで藩札発行のための会所を併置した例もあり、なかには会所頭取の有力商人が札元を兼ねる場合もあった。専売の対象となった商品は、全期間を通して紙がもっとも多く、続いて櫨および櫨蠟、漆および漆蠟、塩、藍、砂糖、繰綿、木綿、青苧、生糸、絹織物、煙草、寒天、蒟蒻、人参、紫根、明礬など実に多種多様であった。専売制が開始されると、専売商品の生産および流通に関係する人々は、商品の自由取引を禁止されて、領主の統制によって生活は圧迫されざるをえない。このため各地で生産

者や仲買人らによる専売制反対の動きが広まった。なかには、領民の専売制反対の運動によって中止されている例もあり、実施されても長期にわたって継続されている例は、辺境雄藩の場合を除いて非常に少ない。専売制の具体例としては、まず初期専売の代表的なものとして、金沢藩における塩専売制の実施をあげることができる。この藩では古くから能登半島の沿岸を中心に、揚浜塩田による製塩が行われていたが、寛永（1624〜1644年）ごろ藩は塩手米との引き換えの形で製塩を独占し、これを領内各地の問屋を通して一手に売りさばいていた。また、このために瀬戸内で生産された西国塩の領内への輸入は禁止されていた。この塩専売制は初期以降、幕末までほぼ一貫して継続されている。ほかに初期専売制の例としては、仙台藩での塩専売制の実施や東北諸藩における漆蠟専売制の実施などがある。中期以降になると、諸藩は財政窮乏に苦しみ、米以外の領内商品に注目し、これの奨励を目ざして殖産興業政策を実施した。また、その商品の生産が普及すると、専売制による独占を目ざした。あるいは、すでに商品が生産されているところでは、この生産を支配する商人を排除して、それの専売制による独占と販売を目ざした。中期専売の例としては、西南諸藩における紙専売制の実施や、東北諸藩における生糸、絹織物などに対する専売制などがある。また、各藩で多種多様な商品に対する専売制が実施されている。その多くは専売商品を大坂・江戸市場に送る領外移出独占であり、なかには専売商品の移出を条件に、有力商人から資金の援助を受けている例もある。また、この領外移出独占の場合、大坂・江戸へ送られた商品は、同地の問屋商人または出先の会所役人の手によって仲間商人に入札で販売されており、一般庶民や小売への直売は禁止されていた。その意味では、専売商品の取引は既成の流通機構に組み込まれており、それと対立するものではなく、幕府もまた専売制の実施を許可していた。しかし、専売商品が増加し、それがやがて藩の意志によって大坂を排除して各消費地に直送された

り、藩相互間で交易されたりすると、大坂へ集荷する商品は減少し、これが物価騰貴の原因となった。そこで幕府は1841（天保12）年天保の改革による株仲間解散令のときに、諸藩における専売制を禁止している。後期の専売制をもっとも代表するものとしては、鹿児島藩における砂糖専売制の実施がある。この藩ではすでに一時、砂糖、樟脳に対する専売を実施していたが、調所広郷による藩政改革の一環として、1830（天保1）年大島、徳之島、喜界島での三島砂糖惣買入制を実施し、これを三島方御用船によって大坂に送り、同地の仲買仲間に販売して大きな収益をあげることができた。しかし、島民たちは徹底した砂糖栽培のために奴隷労働を強制されていたといわれている。

　前にも述べた通り、商品作物とは、四木三草（茶・桑・楮・漆、紅花・木綿・麻）を中心として、藍・煙草・砂糖・藺草・櫨・野菜等のことをいい、その栽培・生産は気候・地理・土壌等の条件により全国に及び、地域の特産品となっている。
　ここで、特産品の一例として楮（紙）を取り上げてみる。楮（紙）は、当初支配階級の伝達・記録・日記の手段として、障子・襖等の住居用品として用いられたが、農民・町民余剰と共に、城下町（都市）人口の増大と生活スタイルが変化し、従来贅沢品であったものが、日用品・必需品となり、都市・農村を問わず広く用いられ、消費需要が拡大した。特に、江戸時代中期以降の庶民の成長に多大な影響を与えた寺子屋は、江戸末期には全国16,560軒あったとされ、読み書きに多量の紙が消費され、世界的にみて識字率が高く、幕末開港時の居留地に雇用された下女が休憩時間中書物を読んでいたことに外国貿易商が驚いたとも聞く。また、流地禁止令において、長瀞村質地騒動があり、同村の新兵衛という百姓が流地禁止令がでていることを知って他村からその写しをもらい騒動に発展したことを前に書いた。既に読み書きのできる農民が多くいたのである。

　楮（紙）は土佐・美濃をはじめ全国各地に広がる特産品であるが、この内、長州藩における藩営専売の様子をみてみることにする。

　長州藩は米穀のほかに、全国的な商品として和紙を持っていた。これはだいたいにおいて、岩国川の上流地帯で生産されるものであり、慶長から元禄の年代にかけて急速な発展をみせていた。元禄10（1697）年この地方33カ村の民家は約6,000軒、人口29,000人、そのうち、紙を漉く家2,990軒、楮の釜数約1万に及んだといわれている。藩はこれに目をつけたのである。そして専売が始まり、次第に強化されていった。だが、専売はたちまちにしてこの地方の紙業を衰退させ、18世紀の20年代までは年々3万丸を出していたこの地方も、それを過ぎるころになると年2万丸に減少してゆき、更に時代が下ってゆくと、「紙を造る民多年流離し、田宅荒蕪する所ありと云へり、痛ましきことなり」と民衆離散と田の荒廃を招いている。本来ならば、それを育成してゆかねばならない産業であるのに、財政の窮乏がそれを借財穴埋め策としてのみ考え、ついに章魚がみずからの足を喰らってゆくように、その有力な財源を涸らしてしまう結果に持っていったのである（前掲『日本の歴史』第17巻頁327〜328参照）。

　また、木綿・絹等の染料として幅広く使用されていた阿波藩の藍玉についても、藩の手で買い占めて、その利益を独占しようとした藩専売に対し、宝暦6（1756）年専売制度反対の一揆が起こった。藍玉の製造は、おいつめられた百姓の唯一の生活の道であったが、藩が株座をつくって抜け売りは絶対に許さず、強制的に安く買い上げ、大坂等の中央市場に売り出すというのだ。百姓達は藩当局に嘆願を繰り返したが、聞き入れられず、檄文を書き、結束する計画をたてた。

　しかしながら、この檄文が藩側に渡り、首謀者を処刑したが、首謀者達の態度が立派であったことから、これを放置しておくならば、更に重大な危機を呼ぶことを知った藩主は、ついに藍玉株座の撤廃を決めたのである（『日本の歴史』第17巻頁369〜370参照）。

　民衆離散は、領主経済にとって致命傷である。貨幣経済が浸透する局面において、農民側も自給経済を脱し、貨幣を獲得して商品生産による新たなる経済自立を目指していたのであるから、藩もそれとの妥協にお

いて殖産興業を進めなければならず、生産者たる農民にある程度の余剰を認め譲歩しなければならない必然性があった。また、殖産興業を進め、藩営専売を行うためには開発資金を要し、仕入・販売の流通を請け負わせることに加えて、尚一層商業資本への依存を高め、「物を売れば金を得る」「金を貸せば利子を得る」「土地を貸せば地子を得る」「借りたものは返す」という商いの道理に生きる商人に藩営専売による利益が集まるのは当然であろうし、商人にとっても、大名貸によるリスクを回避し、更に利を生み出すチャンスでもあった。

　幕府・諸藩の封建制度は、基本的に農民を支配し、本田畑からの剰余労働部分たる年貢を取り上げ、必要労働部分のみ「生かさず・殺さず」農民に残して、当該年貢により家臣団を養い領国経済を維持することで、商品経済が入ってくると農村の自然状態を壊すことになるので、領主は農村に貨幣や商品経済が入ってくることを極端に嫌った。そこで、本田畑を掌握（検地）し、管理統制する体制に注力して本田畑を維持することに努め、本田畑に米以外の作物を作ることを禁じ、米以外の作物を作るのは、開墾（切添）した簿外の新田に限るとした。しかし、時代とともに城下町（都市）人口の増大と生活スタイルが変化し、それまで支配層や富豪層の一部の需要を満たしてきた藍・煙草・砂糖・藺草・櫨・木綿等商品作物の需要が、農民・町民余剰と共に広く庶民層にも及び、市場及び商人を介して農村へ貨幣経済が浸透し、農民は切添して新田を増すと共に、本田畑にも商品作物（幕府は禁止しているが）を植え、貨幣を獲得して商品生産による新たなる経済自立に向かうことによって商品経済に巻き込まれる必然性がある。

　藍にしても、木綿にしても商品作物は多量の金肥（干鰯・油糟等）を要する。

　木綿は案外新しい商品作物である。インダス文明において栽培されていたとされるが、紀元1世紀にアラブ人商人がモスリン（本来は綿織物）やキャラコをイタリアやスペインにもたらし、木綿栽培法は、ムーア人が紀元9世紀にスペインに伝えたとされる。中国への伝来は北宋・唐末といわれ、比較的新しい。朝鮮へは1364年元の時代に国禁を犯して伝えられ、日本へは799（延暦18）年三河国（愛知県西尾市天竹町

〈てんじく＝天竺〉と言われるが、『日本後紀』には三河国としか書いてない）に漂着した崑崙人（現在のインド。真偽・詳細は不詳。天竹神社参照）によってもたらされ栽培が開始されたが、１年で途切れたという。この崑崙人は各地を廻り、栽培法を伝えたとされているが、伝承であり詳細は不明である。実際の綿は明や朝鮮からの輸入に頼ることになり、長い間高級品であり、主に武具として利用されたようである。その後、連続して栽培され一般的になるのは、16世紀以降とされる。戦国時代後期からは全国的に綿布の使用が普及し、三河などで綿花の栽培も始まり、江戸時代に入ると急速に栽培が拡大し、各地に綿花の大生産地帯が形成され、特に畿内の大坂近郊などにおいて生産が盛んになった。木綿問屋も形成され、綿花産業は大きくなり、綿を染める染料の藍や綿花栽培に欠かせない肥料となる干鰯や鰊粕製造などの関連産業も盛んとなった。

　少し話を前に戻すが、佐々木潤之介氏は、『日本の歴史』第15巻において、現在堺市に含まれる和泉国大鳥郡踞尾村において代官を兼ねる家父長的豪農「与兵衛」の棉作のことを書いている。この地は、17世紀後半に棉作が行われ、畿内綿業先進地帯の一角をなした地域である。これによれば、与兵衛家は、木綿・稲・藍・煙草などの商品作物の栽培を手広く行っていたそうである。これを肥料面からみると、当時最も効率の高い肥料とされている干鰯を使っており、その投入量は延宝３（1675）年において、棉に６石８升、稲に２石６斗、藍に８石５斗、煙草に６斗５升、その他３斗５升の合計18石１斗８升となっている。これを反当たり投入肥料量として計算すれば、棉８斗７升、稲２斗６升、藍２石８斗３升となり、棉と藍とに多量の金肥が投入されたことが分かる。そして、この代銀が石当たり30匁６分〜32匁１分として、550匁から590匁、金１両＝銀60匁とすれば、10両前後の肥料代が使われたことになる。

　商品作物には、多大な金肥を要し、金肥を得るには、多額の貨幣を要する。

　多額の貨幣が獲得できるのは、作物が換価できる大きな市場があり、そこに様々な商人が活動し介入するからである。江戸・京・大坂の町人

（商人）からの借金（大名貸）に依存し、借金支払いの財源と財政改革のため商品作物の専売に目をつけたが、結果的に、農村に商品経済や貨幣が入ることを誘引し、封建制度の基盤である本田畑重視の貴穀賤金思想にひびが入り、更に、商人が活躍する場が広がった。

第9代家重将軍〜第10代家治将軍の期間に、時代の申し子のように登場したのが田沼意次である。本田畑重視の「貴穀賤金」の時代から商人の活躍する「貴金賤穀」の時代となり、社会の実力者は武士から商人に移っている。「侍にあるまじき心をもち商人のごとく」駆け引きができ、商人を逆用する等新しい発想ができる役人（官僚）でないと務まらない時代となっている。こうした能力をもつ人材が重用されることに必然性があった。

田沼家は、もともと紀州家に仕えていた中級藩士であったが、吉宗将軍就任に従って江戸にでてきた。意次の代に、第9代家重将軍の小姓となり、将軍の寵を得て側用人となって、大名の位にまで達した。意次が異例の累進を果たし、側用人と老中を兼務して幕閣の中心をなしたのは、実務面で迅速な処理に長け、大奥に勢力を扶植し、姻戚関係を増大したからだという。家柄や門閥に拘らず、身分の高下と無関係に諸藩江戸留守居役達に接したことから人望を高め、家重・家治に重用され、元禄以降からの懸案であった幕府財政の立て直しに着手した。

意次が、最初に手がけたのは、貨幣の改鋳である。幕府財政改革として、貨幣改鋳は元禄時代の荻原重秀以来度々行われてきたが、財政の窮乏を救う手段として行えば、どうしてもその質を落とし、悪貨が良貨を駆逐（グレシャムの法則）して物価の騰貴はさけられず、旗本・御家人や庶民の暮らしに影響を及ぼし、利益を得るのは商人だけということになり、極めて危険な政策であった。しかし、このリスクを冒して、意次は改鋳に着手した。手始めに、5匁銀を新鋳した。銀はもともと秤量貨幣として、秤にかけその重さで価値を計ったが、明和4（1767）年重さに関係なく1両につき5匁銀12個とした。銀を定位貨幣としたことは画期的なことであったが、質が悪く不評のため流通せず失敗した。次いで、真鍮銭である4文銭を発行したが、これまた「四文銭色はうこんでよけれどもかはいや後はなみの一文」と揶揄され、世間評判はよくな

かった。

　金貨は、甲州金の単位を受け継ぎ、両・分・朱からなり、1両＝4分＝16朱の4進法を採用した計数貨幣であったが、銀貨は貫・匁・分からなり、銀1貫＝銀1,000匁、銀1匁＝銀10分の10進法を採用した秤量貨幣である。また「銀20匁」は「銀20目」（匁＝目）と表すのが一般的であった。

　意次は、失敗に懲りず、次いで安永1（1772）年、南鐐二朱判という定位貨幣を大量に新鋳した。これは銀貨であるが、南鐐二朱判8個をもって金1両に相当すると決めた。つまり、銀貨の単位に金貨の単位を使い、4進法と10進法をリンクさせたことになる。当時ヨーロッパへポトシ銀山から大量の銀が流入して、金に対し銀の価格が著しく低くなっており、オランダから輸入された銀で新鋳された南鐐二朱判は良質の銀貨であったため、その流通により、金1両に対し銀55〜56匁まで金が下落し、物価はそれに反比例して上昇した。国際的にみて、金に対し銀の価格が著しく低くなっているのであるから、この時、金銀比価を国際水準に修正するチャンスがあり、意次はそこに目をつけ、財政窮乏に対処しようとしたのであろうが、意次の失脚により実現できず、その後もこうしたことに無頓着で、金銀比価を温存させ、幕末に大量の金が流出※することとなる（『日本の歴史』第17巻頁411〜414参照）。

※幕末、日米和親条約の調印後、通商開港に向けての日米交渉が始まった。争点の一つが双方通貨の交換比価である。アメリカは日本との貿易で、当時アジア市場の貿易通貨だったメキシコ銀貨（洋銀）を使おうとした。それを幕府は銀の地金と見なした。洋銀1枚の素材価値（銀純量約24グラム）を分析したところ、幕府が定める銀地金買い上げ基準で秤量銀

貨（天保銀）16匁に相当する、との結果を得た。なおこれはあくまで幕府による買い上げ価格であり、秤量銀貨16匁が含む銀純量は洋銀1枚分より少ない。秤量銀貨16匁は幕府の法定比価である金貨1両＝秤量銀貨60匁で換算すると約4分の1両、つまり1分に相当する。そこで洋銀1枚と、額面1分の金貨単位計数銀貨である天保1分銀1枚とを1：1で交換すると主張した。これに対し、アメリカの駐日総領事ハリスは、当時欧米諸国の間で行われていた、同じ銀貨ならば同じ質量のものを交換する方式を採用するように求めた。1分銀1枚の銀純量が約8.5グラムなので、洋銀1枚を1分銀3枚と交換すべきと主張し、結局、アメリカの主張に沿った形で条約が調印され、開港後の1年間、幕府が外国通貨を日本通貨に交換する義務を負うとされた。

洋銀1枚と1分銀3枚と交換するとどうなるか。外国商人が日本で洋銀1枚を金貨単位計数銀貨である1分銀3枚に交換し、それを金貨（天保金）3分に交換する。天保金3分を日本の外に持ち出す。当時の国際金銀比価は質量ベースで金1≒銀16だった。天保金3分に含まれる金純量は約4.8グラムである。

だから、天保金3分は日本の国外では銀約77グラムと交換できる。これは洋銀3枚にあたる。この洋銀を日本に持ちこみ1分銀9枚と交換し、さらに天保金9分に交換して、国外で洋銀9枚に交換する……というサイクルを繰り返せば外国商人は際限なく利益を得て、大量に金貨が国外に流出する（中公新書、高木久史著『通貨の日本史』頁166〜168から抜粋）。

尤も、西の銀遣い・東の金遣いという鎖国体制において、金銀比価を国際水準に修正できる可能性があったのかどうか考えてみたこともない。

　次いで、手がけたのは「専売」「鉱山開発」「印旛沼干拓」「蝦夷地開拓」など一連の殖産興業である。この件については、藤田覚著ミネルヴァ書房発行『田沼意次』を参考としながら纏めてみた。すでに貴穀賤金の時代は去り、年貢の増徴にも限界があって、年貢を基盤とする幕府・藩財政に綻びが生じており、年貢以外の財政収入を模索する必要があった。そのためには、従来の考え方とは異なる新しい考え方を必要とした。田沼意次が洋学者平賀源内などの新しい知識や技術に注目したのは、幕府内部に漂う因習や保守的な空気を一掃する彼等の持つ新しい知識・技術である。こうした新しい考え方・やり方により利益を追求する人々を山師といい、その利益を運上という。藤田覚氏は、田沼時代のことを山師・運上の時代としている。なお、山師という言葉は、皮肉をまじえ、幕府御庭番梶野平九郎が風聞書で使ったという。

　つまり、山師・運上とは、興利（合理）の道を究めて運上（利益）を追求することで、それには、さまざまな技術や知識やひらめきが必要とされた。そして、新しい技術や知識を求めて、吉宗時代に解禁され、その後長崎蘭館を通じて持ち込まれた夥しい蘭書・漢訳蘭書が翻訳され読まれた。この時代を代表する人物として、本多利明、平賀源内、杉田玄白、前野良沢、桂川甫周、志筑忠雄、三浦梅園、工藤平助、田村藍水、林子平、大田蜀山人、本居宣長……等があげられ、将に啓蒙時代といってもよく、多くの書物が翻訳され、翻訳書や解説書や著作物が世に出た。

　一方、山師とは、射倖的・場当たり的で、詐欺師まがいの者であるというレッテルを貼る傾向が江戸時代にもあり、武士の倫理観である儒教の精神から逸脱することから、多くの人々から批判され、伊勢貞丈などは、「日本の風俗は今後50年経つとオランダと同じようになるだろう。なぜなら、オランダは仁義を尊ぶことを知らず、ただ富や財産を増やして豊かになる方法を考える者を賢者として貴ぶからである……」としている（藤田覚著『田沼意次』頁81参照）。
「富や財産を増やして豊かになる」とは、重商主義的考え方で、重商主義とは資本主義が産業革命により生み出される以前、15世紀半ばから18世紀にかけてヨーロッパで絶対主義を標榜する諸国家がとった政策

のことである。封建諸侯を解体・止揚して中央に絶対王権が確立し、絶対王権の基盤となる軍事力と官僚機構を維持するため国富増大を目指し、東インド会社等による交易を通じて植民地の獲得と収奪を行い、覇を競うと共に、国内では政権と結びついた特権商人（山師・運上に通じる者）が派生して問題となり、特権商人を排除する自由経済思想が発達するもとになったという。これに近いことを田沼意次は目論んでいたという。

　オランダは東インド会社の先駆けである。この頃のオランダは４度の英蘭戦争により些か国力こそ弱まっているが、東インド会社を通じて長崎蘭館から対外情報や文物が入ってくる。長崎に舶来する外国の珍しい書物や器械はほとんど外様の雄である島津重豪の所有するところであったという。この重豪と昵懇である意次が、対外情報や文物と無縁であるはずがない。ましてや、夥しい蘭書・漢訳蘭書が翻訳され、その翻訳書や解説書や著作物が世に溢れ、意次の目にも留まっている。意次は、新しい知識や技術に注目し、山師・運上を通じて「殖産興業」に着手したと考えられる。山師・運上には利権が絡む、利権の中に賄賂が横行する。殖産興業と賄賂は、光と影であり、物事の表と裏である。
「専売」は商品流通において株仲間を公認し、冥加金と運上を課すと共に、従来輸入に頼っていた「朝鮮人参」「白砂糖」等の国産化を図り幕府専売とした。「鉱山開発」は輸入銀に頼っていた南鐐二朱判増鋳のため、平賀源内をして国内鉱山の開発に努めたが、大田蜀山人メモの通りこの頃既に金・銀山は掘り尽くされて採掘量が極めて少なくなっており、たいした成果をあげることができなかった（次頁図参照）。

「印旛沼干拓」は、享保７（1722）年７月26日付町人請負による新田開発の解禁をうけて、下総印旛郡平戸村の染谷源右衛門が、享保９（1724）年幕府に印旛沼干拓を願い出たことに始まるが、この干拓工事は資金不足により頓挫したままであった。安永９（1780）年幕府代官宮村孫左衛門は印旛郡平左衛門と治郎兵衛の二人の名主に中断している干拓事業の再開案を提出することを命じ、その資金を大坂天王寺屋藤八郎と江戸長谷川新五郎から導入する方式により印旛沼を干拓する企画案を

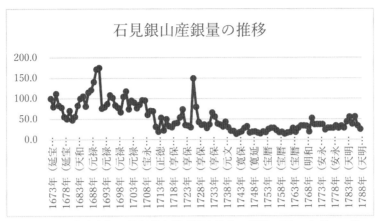

石見銀山産銀量の推移

資料：清文堂発行　仲野義文著『銀山社会の解明』頁43をグラフ化

　勘定奉行所に提出したところ、この案が意次らの幕閣の目にとまり、勘定所役人の現地視察が行われ、天明２年工事に着手されたとしている。この工事が完了すれば新たに3,900町歩の新田が創出されるという一大プロジェクトである。

　この工事は、利根川から印旛沼に水が流入するのを遮断し、印旛沼の水位を下げるという「〆切工法」により行われた。工事が順調に推移している中、天明６年７月事態は急変した。７月12日から激しい風雨が続き、大増水した利根川の水が〆切堤防を破壊して大量の水が印旛沼に流れ込み「元の木阿弥」になった。これは天明飢饉の原因となった天明３年の浅間山噴火の大量の降灰が利根川の河床を浅くしていたことにあった。工事を再開することに選択肢はなく、工事は中止された（藤田覚著『田沼意次』頁123〜127参照）。

　印旛沼干拓は、後に水野忠邦も手がけて失敗した曰く付きの干拓事業である。

　「蝦夷地開拓」は、仙台藩蘭学者工藤平助の『赤蝦夷風説考』に興味を持ち刺激されて、勘定奉行の松本秀持に調査を命じたことからはじまったとされているが、寄り道して、当時のロシアにおけるシベリアに対する動向をみておきたい。

　なお、この件に関して、『日本の歴史』第17巻頁458〜466、加藤九祚

著『シベリアに憑かれた人々』、ワクセル著平林広人訳『ベーリングの大探検』、司馬遼太郎著『ロシアについて』、井上靖著『おろしや国酔夢譚』を参考に纏めてみた。

　下図は、おおまかなシベリアを中心とした周辺地図である。

　約250年に及ぶタタール（モンゴル）の軛から脱したモスクワ公国イヴァン４世（雷帝）の時代、ウラル山脈を越えてロシアは東進した。ウラル地方で製塩業や黒貂の商い等により財をなした富豪ストロガノフ家の勧誘を受けて、コザックの頭領イエルマークがシビル・ハン国の首都イスケルを1583年（本能寺の変の１年後）に陥落させたことがロシア東進の始まりである。

　司馬遼太郎氏にいわせると、コザックという名称は、トルコ語のハザクからきており、遊牧社会のはぐれ集団のことで、ロシア語ではカザークといい、主にカスピ海に注ぐボルガ川等を中心に船舶を襲い沿岸の村々で略奪を繰り返すモスクワ公国（政府）のお尋ね者であった。コザックは、粗暴で血なまぐさく、戦うにあたっては勇敢で、日常は怯者を憎み、人々から恐れられていた。このコザックに目を付けたのがストロガノフ家である。ストロガノフ家の用人はイエルマークに近づき、「政府は君に対し既に死刑を宣告している。いずれ政府軍が君を追いかけ捕捉し、君はぼろきれのように縊られ、不名誉のまま死ぬだろう。しかし、わが家なら君の命を救うことができる。それどころか、人々から英雄視され、富もふんだんに手に入れる方法がある」といい、次に「シビル・ハン国をストロガノフ家において攻撃せよ」というイヴァン４世（雷帝）からの命令書を示して、イエルマークが攻撃軍の総隊長になるように勧誘した。攻撃軍の総隊長ということは、イヴァン４世（雷帝）即ち皇帝（ツアーリ）の手足であり、官軍であることから死刑は取り消され、成功した暁には名誉と富をえることができる。イエルマークは快諾し、シビル・ハン国の首都イスケルを攻撃するに至った。

　当初、イエルマークにしても、わずか500〜600人の配下で巨大なシビル・ハン国を倒せるとは思っていなかったが、鉄砲・大砲の威力がシビル・ハン側の騎射に勝り、結果としてイスケルを陥落させるに至った（1575年の長篠の戦いに似ている）。

　ストロガノフ家は、特権を得て、シベリアの広大な針葉樹帯（タイガ）に生息する夥しい黒貂や黒狐等の毛皮を一手に集荷し、モスクワ公国の財政を豊かにするという殖産興業の担い手であった。当時黒貂等の毛皮はヨーロッパへの重大な輸出品であり、モスクワ公国に大いなる国

富をもたらし、イヴァン4世（雷帝）を絶対君主に仕立て上げると共に、蓄積された国富によりヨーロッパから技術や武器がロシアに輸入され、ロシアは、絶対主義国家としての道を歩きはじめた。その道を切り開いたのがイエルマークであり、コザック達であった。その意味でイエルマークは、第一の功労者であり、この業績によりイヴァン雷帝から皇帝自ら着用していた甲冑を与えられるという名誉を得た。しかし、皮肉にもこの名誉はイエルマークの命を奪う原因となった。この名誉の象徴である甲冑は、皇帝の紋章である双頭の鷲が刻印された銀製の重い鎧である。1685年、イエルマークは、首都イスケルを奪回しようとするクチュム汗の罠にはまり、イルティシュ川で野営中襲われ、河中に身を投じ、甲冑の重みで水死したという。

　シベリアには南の高地を源流として、オビ川・エニセイ川・レナ川等の大河が北極海に注いでいる。これら河川の流れは緩慢で、コザックや探検家達は舟を利用して大河の支流を遡上し、源流の丘陵部を越え、他の大河の支流を下り、また遡上することを繰り返しつつ、針葉樹帯（タイガ）に居住する人々を襲い、彼らを隷属させ、毛皮税（ヤサク）を取り立て、集荷された夥しい毛皮と征服した大地を皇帝（ツアーリ）に献上し、やがて、1632年、レナ川の河畔ヤクーツクに東シベリア開発の拠点を築いた。シビル・ハン国が消滅すれば、抵抗する勢力は弱く、イスケル陥落から僅かに約50年、徳川3代将軍家光の時代のことであった。

　東シベリアには、多様なツングース系の人々が居住していたが、50人から100人程度のコザック達は、銃と大砲を駆使し、弓と石で抵抗する原住民をいとも簡単に征服し、現地人はコザックを「火の人」として恐れた。

　こうして、ヤクーツクを拠点に、僅かのコザックのもと、征服した原住民を隷属させ、毛皮獣を求め、新たなる柵を設けながら東進を続け、コザック隊長セミヨン・デジネフは1648年にはシベリアの東端（デジネフ岬）に達し、ベーリング海峡を通過して、アナディリ川河口にアナディリ柵を設けている。

　1643年、セミヨン・シェルコヴィニコフの一隊は、レナ川支流のマヤ川上流を遡り、ジュグジュル山脈を越え、オーホタ川を下ってオホー

ツク海に達し、1649年にはオホーツク柵を設けている。オホーツク海を隔ててカムチャッカ半島が横たわっているが、オホーツク海を航行する船を建造することはできず、オホーツク柵はしばらく放置された。カムチャッカ半島の探検・征服は、1697年、ウラジミール・アトラソフがアナディリ柵から陸路南進して、カムチャダル族（カムチャッカ原住民）と接触しつつ、カムチャッカの中央部を貫流するカムチャッカ川畔の村落、ニジネカムチャッカに達し、そこで漂流日本人伝兵衛一行に遭遇している。その後、伝兵衛はペテルブルグに連行され、最初の日本語学校教師としてロシアで生涯を終えている。一方、オホーツク柵が設けられた約30年後の1718年、クジマ・ソコロフはオホーツクで船を建造し、カムチャッカ半島ポリシェレックに航行している。このように、陸路・海路を通じてカムチャッカは征服され、カムチャッカの地理が明らかになると共に、千島列島に進出し、千島アイヌと接触し、ラッコ・アザラシ等の海獣を追いながら南下した。

　当時の地図では、カムチャッカの南、「エゾの地」の東方に空想の大陸があり、「ガマの陸地」として知られていたが、「ガマの陸地」はアメリカのカリフォルニアと接続しているかも知れないという推測に過ぎなかった。

　ドイツ人学者ライプニッツと時の開明的皇帝ピョートル1世とは親交があり、ライプニッツは、「アジア大陸とアメリカ大陸とは、その北方でつながっているのか、海峡で隔てられているのか」という問題を提起し、皇帝の命令により、1725年にデンマーク人ベーリングを隊長とするカムチャッカ探検隊が派遣された。

　ベーリング探検隊は二度行われている。第一次探検隊は、1726年6月ベーリングが拝命を受けヤクーツクを経由して、1726年10月オホーツクに到着している。当時オホーツク港には未完成の平底船があったが、長さ10m、幅4mほどのもので、とても遠洋航海ができるような代物でなかった。これを完成させ、フォルトゥナ（フォーチュン）号と名づけて、資材食糧をポリシェレックへ運び、陸路900kmカムチャッカ半島を横断して、東海岸のニジネカムチャッカへ出た。この移動は、

205

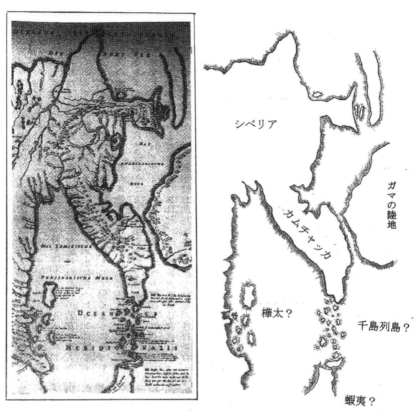

シベリア

ガマの陸地

カムチャッカ

樺太？

千島列島？

蝦夷？

ガマの陸地

左図はドイツの地図制作者ホーマン（1664－1724）による「カスピ海及びカム
チャッカ図」の右半分カムチャッカ図で、右図はカムチャッカ図をトレースして書
き込みを入れた図です。右図カムチャッカの右側に「ガマの陸地」が描かれていま
す。

カムチャッカ半島南端ロパトカ岬を回り込むのは危険と判断し、ポリシェレックからポリシャヤ川を遡行し、最上流で荷物を橇に積み替え、犬橇を利用して分水嶺を越え、カムチャッカ川を下り、河口付近の町ニジネカムチャッカへ至るものであった。当時、ニジネカムチャッカには、漂流民伝兵衛がとらわれていたように、カムチャダル族の大きな集落があった。ここで、探検船ガブリエール号（長さ18.3m、幅16.1m、吃水2.3m）を建造し、1728年7月針路を北にとり、隊長ベーリングのもと、シュパンベルグ、チリコフ以下隊員44名、糧秣1年分を乗せて出港した。カムチャッカ半島沿いにアナディリ川河口を通過し尚北行した。このルートは既にコザックのセミヨン・デジネフにより知られていたが、これは風説に過ぎず、ベーリングは、これを確認したということで、針路を南に反転させた。しかし、大陸との間に海峡が存在することは明らかになったとしても、それが「ガマの陸地」である客観的証明にならず、ペテルブルグでは不満が続出した。

　ベーリングは、2回目の探検は不可避であると知り、第二次探検の計画書を起草した。その計画は著しく拡大され、シベリア北氷洋岸の調査、カムチャッカから日本へ至る調査を含む大事業であり、シベリアの自然、歴史、民族の学術調査を加え、多くの学者達が参加している。学者グループは、かつてシベリア学者メッサーシュミットが行った調査を継続するもので、航海を主とするベーリング本隊とは別行動し、第一次科学アカデミー探検隊とも呼ばれている。この学術探検は、未知に溢れた自然（動植物、岩石等）や民族・歴史を調査することで、学者達にとって魅力的な探検であり、多くのヨーロッパ諸国の学者が参加している。

　その主だった学者として、歴史学・民俗学のドイツ人ミューラー、自然科学・民俗学のドイツ人グメリン、グメリンについて植物学の実地教育を受け『カムチャッカ誌』（1755年刊行）を完成させたクラシェニンニコフ、地理学・民俗学のスウェーデン人リンデナウ、ベーリングに同行し、北アメリカ、カヤック島を調査した自然科学者ステラー等枚挙にいとまがない。

　開明的皇帝ピョートル1世は、ヨーロッパ各地から造船等の技術、学

術の導入に注力し、多くの学者や技術者が招聘されており、当時のロシア科学アカデミー会員は全部ドイツ人であったとされている（以上加藤九祚著『シベリアに憑かれた人々』参照）。

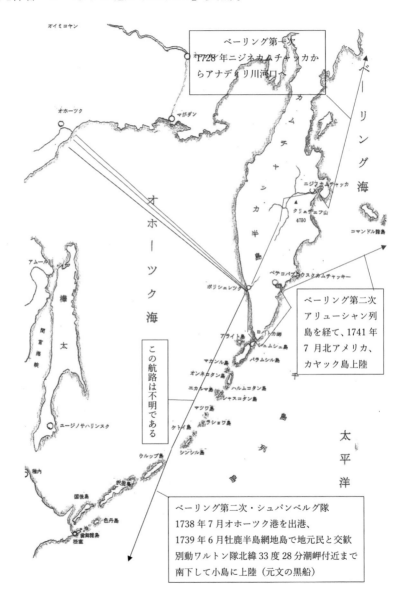

ベーリング第一次
1728年ニジネカムチャッカからアナデイリ川河口へ

この航路は不明である

ベーリング第二次
アリューシャン列島を経て、1741年7月北アメリカ、カヤック島上陸

ベーリング第二次・シュパンベルグ隊
1738年7月オホーツク港を出港、
1739年6月牡鹿半島網地島で地元民と交歓
別動ワルトン隊北緯33度28分潮岬付近まで
南下して小島に上陸（元文の黒船）

　第二次探検については、ワクセル著平林広人訳『ベーリングの大探検』を参考とする。ワクセルはスウェーデン人ロシア士官であり、ベーリングをはじめ大部分の隊員が亡くなったため司令となり、ベーリング第二次探検隊の生き残り責任者として本書を残している。

　とにかく、多くの課題を持つ探検隊の規模は大きい。500名に及ぶ遠征隊員に加えて総勢1,000名に及び、これに夥しい造船用資材・糧食・大砲武器弾薬等を輸送するため、コザックや現地住民を雇い上げて常時2,000名以上の人員が行動したとされている。それも1733年ペテルブルグを出発しヤクーツクを経由してオホーツク（オコック）へ至るという気の遠くなる長旅である。ヤクーツクでは、鉄工所や船用ロープのタール工場まで作られたという。

　シュパンベルグ（スパンベア）は、1735年に日本探検のためオホーツクへ先発し、潤沢な木材を利用して、1本マストのミカエル号と2本マストの縦帆船希望号を建造し、第一次探検で使われたガブリエル号を修繕し、1738年6月、ミカエル号はシュパンベルグ、希望号はワルトン、ガブリエル号はシェルチンガが指揮し、カムチャッカ半島のポリシェレックに向かいオホーツク港を出帆した。

　ポリシェレックから更に針路を南西にとり千島列島沿いに航行したが、海流が速く、波浪も高いため、ポリシェレックに引き返した。ポリシェレックで越冬し、その間にシュパンベルグはブナ材で1隻の小さいヨットを建造し、ポリシェレック号と名付け、翌年1739年5月、4隻にて出帆した。南西方向に海また海のむなしい千島列島沿いの航行を続け、全島の終わるころになってついに大洋に出ることができた。この全島が終わるという場所が不明であり、大洋というのが太平洋であるのかは不明であるが、大洋に出ると同時に猛烈な濃霧に視界を奪われ、ばらばらになったとしていることから大洋は太平洋であると考えられる。ガブリエル号はポリシェレックへ引き返したようである。この後、シュパンベルグとワルトンは、別々の行動をとって日本へ航行する。

　ワルトンは、しばらく仲間の船体を捜したが捜しきれず、日本探検を行うことを決意し、日本の島影をみる北緯39度線付近まで南下した。日本の沿岸に近づくと15〜20人乗りの船を見たが、船は近づいてくる

ことなく、ワルトンは石造りと思われるおよそ1,500戸程度の家屋が建ち並ぶ湾に入り投錨した。そこに1隻の巨船が現れ、一人の立派な絹の衣装を着けた男が随行者を伴い乗船している。この男は常人でなく、この町の代表者か総督で、然るべき公人として交渉に来たものと考え、乗船させてブランデー等を供し歓待し、ボートをおろして7名の部下を上陸させた。彼らはその土地の産物と日本酒で饗応され、ワルトンにも酒が贈呈された。その酒は少々暗い黄色を帯び、ほのかな酸味を含み、芳醇な味がした。しかし、夕闇がせまる頃、石粒を積み込んだ一群の船団に周りを囲まれ、危険を感じてその湾を離れた。

ワルトンは、更に北緯33度30分地点まで南下を続け、同じような町を目撃したが、陸上から近寄ることを禁止する信号のようなものをみて、この場を立ち去り、ポリシェレックへ引き揚げることを決意した。この北緯33度30分地点ということで、ワルトンは潮岬周辺まで南下したのではないかと思われる。

一方、シュパンベルグは、ワルトン等を見失って後、北緯47度地点から針路を南西にとり、多くの島々を望み、変化する潮流に悩みながら、北緯38度41分の地点まで達した。そこは待望の日本であり、陸上にはいくつかの村落が見え、無数の日本船が群がって近づいてきたが、シュパンベルグは上陸をやめ、更に北緯38度23分地点まで南下した湾に入って投錨した。湾内にいると、2隻の船が交換・交易のため魚・米・タバコ・キュウリ等を載せやってきた。双方の貨幣や織物・数珠等を交換したが、貨幣の黄金の質はすこぶる良いものであった。

その後、漆黒の染物等色々なものと交換・交易し、数日にわたり沿岸沿いに実情を視察して、この国は容易ならざる国であることを知り、第二次探検の目的の一つであるカムチャッカから日本へ至る調査を果たしたことに大きな喜びを得て、日本を去り、帰国した。なお、第二次探検におけるシュパンベルグ別動隊の行動は、日本では「元文の黒船」として知られている。

ワルトンの立ち寄った場所は、安房国長狭郡天津村と推定される。日本側の記録によれば、安房国長狭郡天津村の2里沖に、外国船1艘来て、靴を履いた8人乗の端艇が水樽を持って上陸し、水を汲んだ謝礼に

糸に連ねた玉17連、外に玉7を置き、紙筆を与えたが書かず、戸口の大根と引き替えに銀子を1個置き、銀子を返そうとするが言葉は通じない。直ちに、名主組頭に報告し、名主長右衛門、組頭八郎兵衛が来るも既にいず、跡を追うも、本船は錨を上げて立ち去る。

　名主組頭は、玉及び銀子と状をこの地の支配なる代官原新五郎に届け、幕府は銀子及び玉を長崎奉行に下し、オランダカピタンに鑑定させたところ、銀子はロシアの通貨であったことから、外国船はロシアの船であったことが判明した。

　シュパンベルグの立ち寄った場所は、元文己未5月23日、奥州仙台領牡鹿郡の沖に見慣れぬ船3艘出没し、翌24日の朝、亘理郡浜沖に3艘、27日の薄暮、牡鹿郡網地浜の漁夫喜三兵衛が田代浜沖で1船1台艘（台とあるのはポリシェレック号であろうか、3艘とあるのはガブリエル号がいるのであろうか）と遭遇し、空腹のため蒸餅を貰い、喜三兵衛はタバコを与えたところ、十文字を印した札1枚が贈られた。その船中を見るに丈高き男が40〜50人居た。この船はしばらく出没し、噂を聞いて藩臣千葉勘七郎が見分のため出張したところ、ロシア船は船室に招じ、船将（シュパンベルグのことか）自ら出て酒を薦め、万国図を示して日本に至ったと云う。船中には皮類が充満し、狐の皮のようなものを勘七の従者に与え、着ていた紙合羽を欲しがるので与えたとしていることから、牡鹿郡網地浜であったと考えられている（前掲『シベリアに憑かれた人々』参照）。

　ところで、ベーリング本隊はどうしたであろうか。

　シュパンベルグ別動隊が日本探検に出発した後1739年に、オホーツクで20名の船大工を動員して、いずれも14門の大砲が備えられた2本マストのバケットボート（排水量6千プード、約100t）2隻を建造し、「聖ペテロ（ピョートル）号」「聖パブロ号」と名付け、1740年9月、ペテロ号はベーリングを司令とし、パブロ号はチリコフを司令としてオホーツクを出発した。ワクセルはペテロ号の副司令として乗り込んでおり、カムチャッカ半島ロパトカ岬の危険箇所を苦労して通過したと書いている。その後カムチャッカ半島東岸アワチャ湾に良港を見つけ、この地を両船の名から「ペデロパブロウスク」と命名し、後の時代、この地

はカムチャッカ半島最大の都市となっている。

　ペデロパブロウスクで越冬し、翌1741年6月アワチャ湾を出て、未知の海へ臨んだが、出鱈目な地図のため混乱し、嵐と濃霧に阻まれて、僚船を見失い、その後ばらばらに航行した。両船とも悲惨なジグザグ航行でアメリカ大陸に近づき、アリューシャン列島とステラーによるカヤック島での学術調査の成果を得たが、多くの苦難により、ベーリング隊長をはじめ多くの死者を出して、1742年8月、ペデロパブロウスクへ帰還した。

　この顛末は省略し、前掲ワクセル著平林広人訳『ベーリングの大探検』に委ねる。

　少し寄り道し過ぎたようなので、本題に戻ることとする。

　仙台藩蘭学者工藤平助の『赤蝦夷風説考』は天明元（1781）年に脱稿し、天明3（1783）年に田沼意次はこれをみて、大いに興味を持ったという。

　工藤平助は、仙台藩の医者として、長崎にも医学修業しており、前掲『田沼意次』で藤田覚氏は、その滞在中、オランダ人から当時の世界事情に関する知識を得、1744年版の『ロシア誌』や1769年版のヒュブネル『地理全誌』をみて『赤蝦夷風説考』を著したとしているが、その前に、工藤の家に医学修業にきていた人から元蝦夷地の役人であった松前浪人湊源左衛門なる者を知り、源左衛門から東蝦夷地にロシア人が出没していることを聞き、また、仙台藩との関係で「元文の黒船」のことも知っているだろうから、矢も盾もたまらず『赤蝦夷風説考』を纏め意次に蝦夷地の情勢を知らしめたのであろう。

　意次の意向を受けて、勘定奉行松本秀持は蝦夷地政策を立案した。その案は、蝦夷地の金銀銅でロシアと交易して利益を獲得するというものであった。そのため、調査船2隻を新造し、天明5（1785）年4月、歴史的な蝦夷地調査が始まった。調査の結果、蝦夷地本島、カラフト、クナシリ、エトロフの広大な土地において約10万人の労働力により開発すれば約116.6万町歩の新田が生み出され、農民が増加すれば商人も集まり、他国からの侵略も防備できるという壮大な構想をたてた。しかし、鎖国の国是もあり、交易は長崎で十分対応できるということで、いつのまにか鉱山開発により金銀銅を得てロシアとの交易に充てるという計画も立ち消え、意次は、鉱山開発とロシアとの交易を放棄してしまった。

　意次失脚後、松平定信による寛政の改革で、意次の政策の多くが否定されたが、この蝦夷地調査と開発構想の意義は大きく、数度にわたるロシアの接近に伴い幕府内部の底流で生き続け、寛政11（1799）年の東蝦夷地の幕府直轄、文化4（1807）年の全蝦夷地の幕府直轄に繋がり、文政4（1821）年まで続いた。

　その間、長崎にもたらされた夥しい蘭（洋）書が訳出され、学者・医者や経世家により、訳書や経世書等が出版されている。主なものとして、志筑忠雄はケンペル『日本誌』から『鎖国論』（1801年）を著し、

前野良沢は第二次ベーリング探検隊に参加したクラシェニンニコフ『カムチャッカ誌』を『東察加（カムサッカ）志』（1790年）として訳出し、本多利明は『交易論』『経世秘策』等を著し、林子平は『海国兵談』（1791年）等を著している。前野良沢は語学力に優れ、杉田玄白等と共に、蘭書『ターヘル・アナトミア』（原典は1731年発行のドイツ医学書）を『解体新書』（1774年）として訳出したが、腑分けの場に各自ターヘル・アナトミアを持参して見比べ、主に前野良沢が訳出したといわれている。それぞれ蘭書を持参しているということは、当時、オランダを通じて様々な蘭（洋）書が輸入されていたことの証しであり、大いなる向学心と旺盛な知識欲により、蘭（洋）書の買い手も多く、オランダにも十分な利益があったと想像できる。

　本多利明は、『経世秘策』において、「日本は海国なれば、渡海運送交易は固より国君の第一の国務なれば、万国へ船舶を遣りて、国用の要用たる産物及び金銀銅を抜取て日本に入れ、国力を厚くすべきは海国具足の仕方なり、自国の力を以て治るばかりにしては国力次第に弱り、其弱り皆農民に当り農民連年耗減するは自然の勢なり。」としている。

　林子平は、オランダ商館長フェイトから海外情勢を聞いて刺激され、『海国兵談』を著し、「江戸の日本橋より唐、阿蘭陀迄境なしの水路」として、日本の国は四方を海に囲まれており、他国はどこからでも侵入できるとした。従って、「外寇を防ぐの術は水戦にあり、水戦の要は大銃にあり、此二つを能く調度する事」が重要であるとし、全国的な沿岸防備の必要性と常時調練、及び兵器や戦術などの整備を提案している。しかし、幕府はこれを妄説として版木などを没収のうえ子平を蟄居処分とした。彼は失意のうちに死去するが、皮肉にもその直後にロシア船が根室に来航し、幕府は海防の策定に追われることになる。

　本多利明にしても林子平にしても、いずれも交易により殖産興業と富国強兵をめざすという重商主義的な考え方に立っている。

　重商主義というのは、前に「封建勢力が統一された絶対王制において、絶対王権の基盤となる軍事力と官僚機構を維持するため国富増大を目指し、東インド会社等による交易を通じて植民地の獲得と収奪を行い、覇を競うと共に、国内では政権と結びついた特権商人が派生する」

と書いたが、ポルトガルやスペインが大航海時代に富（貴金属・香料等）を求めて乗り出し、その後、イギリス・オランダ等が参加し、相互に富を奪い合うという海賊行為を繰り返しながら、やがて原住民を支配し、植民地の獲得を競い合った。鉄砲や大砲さえあれば僅かの兵力での征服は容易で、抵抗力のある領土（国）を除き、ほとんどの領土（国）が征服され植民地化された。ロシアは海路でなく陸路であるが、僅かの期間中に広大な領土（国）を征服しており、領土（国）に昔から居住する住民や住民の文化・財産は力で蹂躙され、昔から居住する住民（原住民）にとって迷惑な話である。

　このように簡単に奪われる領土（国）又は国家とはどういうものであろうか。

　国家の起源に定説はないとされており、領土・領民の争奪合戦が長く続いたヨーロッパ諸国の中で徐々に確立されたもので、ドイツの公法学者ゲオルグ・イェリネックによれば、領土・領民・権力を国家の三要素としているが、国家は永遠の昔からあったものでなく、国家なしにすんでいた社会、国家という概念や国家権力など夢にも知らなかった社会もある。こうした落差を利用し、力（武器等軍事力）による一方的な交易を通じて収奪を行うのが重商主義の本質である。

　尤も、ロシアの勢力が日増しに強くなりつつある蝦夷地で、かなり昔から日本はロシアと同じようなことをやっていたのだから、偉そうなことはいえない。

　はたして、本多利明や林子平はどのような重商主義を目指したのであろうか。鎖国を国是とし、外洋船の建造を禁止して、物資の輸送が沿岸しか航行できない帆掛け船で、重商主義を実行することは茶番である。

　徳川時代の初めまで、海外との交易は朱印船・奉書船により行われ、外洋船が建造され、南シナ海周辺の国々と交易した。末次船・荒木船といった外洋船は、竜骨で仕上げられ、前檣と２〜３本のマストで風を操り、自在に大海を航行できた。

　その後、第３代将軍家光時代、鎖国が国是となり、外洋船の建造は禁止され、船は、帆柱１本、帆１枚、積載量千石（150t）までとし、そん

な帆掛け船は沿岸しか航行でき
ず、外洋船の建造技術は蔵入り
となり、やがて忘れ去られた。

　世は、多様な商品を大量消費
する時代となっている。生活に
は米・酒・塩・醤油・砂糖が欠
かせない。照明には菜種油や蠟
燭が必要である。木綿や藍には
魚肥が必要である。こうした商
品は全国津々浦々からぐるりと
帆掛け船で運ばれる。

MITSURU

末次船

　商品経済の拡大と共に、夥しい数の帆掛け船が沿岸を航行している。
天気晴朗にして風良ければ、順風満帆にして快適である。しかし、一旦
天候が崩れ、暴風が吹くと、帆と舵を絶え、どこに流されるか分からな
い。風任せ潮任せ運任せで漂流するしかない。こんな漂流船がこの時代
急激に増えている。主に太平洋に多く、千島列島、アリューシャン列
島、小笠原諸島に至るまでかなり遠方まで漂流している。ニジネカム
チャッカにいた伝兵衛もその一人であり、その他多くの漂流民が記録さ
れている。その中にあって代表的な漂流民は大黒屋光太夫であり、その
漂流記は、井上靖著『おろしや国酔夢譚』で小説化され、映画化されて
いる。天明2（1782）年伊勢白子の浦を出航した光太夫等が漂流した先
は、アリューシャン列島のアムチトカ島であり、そこからシベリアを横
断してペテルブルグに至り、約10年の歳月を経て光太夫と磯吉の二名
が日本へ帰還した。この顛末を桂川甫周は『北槎聞略』として纏めた
が、隠密の書として永く世にでることもなく、光太夫と磯吉も薬草園に
留め置かれ、二度と故郷の土を踏むことはなかった。『おろしや国酔夢
譚』は『北槎聞略』を基底に小説化されている。

　帰還する光太夫達を伴いアダム・ラクスマンが根室へ来航することに
前後して、日本の近海に外国船が通商等を求めて来航することが相次
ぎ、かしましくなる。その概要を年次列記すれば次の通りである。

和暦		西暦	事　項
正徳	1 年	1711年	ロシア囚人兵が占守島に侵攻
正徳	3 年	1713年	コズイレフスキー幌筵島占領
元文	5 年	1740年	ベーリング別働隊シュパンベルグ牡鹿郡網地浜来航
宝暦	4 年	1754年	松前藩家臣知行地として国後場所が置かれる
天明	5 年	1785年	第1回カラフト探検・調査
天明	6 年	1786年	蝦夷地調査団最上徳内がエトロフ・ウルップ島上陸
寛政	4 年	1792年	ロシア使節ラクスマン光太夫達を伴い根室に来航
寛政	5 年	1793年	幕府沿海諸藩に防海を命じる
寛政	6 年	1794年	ロシアがウルップ島に強固な植民地建設
寛政	9 年	1797年	ロシア人エトロフ島に上陸
寛政	10 年	1798年	蝦夷地調査団近藤重蔵がエトロフ島を調査する
寛政	11 年	1799年	東蝦夷地及び島嶼を幕府直轄とする
文化	1 年	1804年	ロシア使節レザノフ長崎来航、通商を求める
文化	4 年	1807年	ロシア人利尻・エトロフ島に侵入、フヴォストフ事件
文化	同年	同年	蝦夷地を幕府直轄とし、松前藩は陸奥梁川に転封
文化	5 年	1808年	第一次カラフト探検・調査、間宮海峡発見
文化	同年	同年	英鑑長崎に侵入、フェートン号事件
文化	8 年	1811年	ゴロヴニン幽囚事件
文化	10 年	1812年	英船長崎に来航、オランダ商館乗っ取りを企てる
文化	14 年	1817年	英船浦賀に来航
文政	1 年	1818年	英船浦賀に来航、通商を求めるも幕府拒否
文政	4 年	1821年	ロシア極東戦略が後退し、蝦夷地を松前藩に還付
文政	5 年	1822年	英船浦賀に来航、薪水を求める
文政	7 年	1824年	英船員常陸、薩摩に上陸して略奪する
文政	8 年	1825年	異国船打払令、英船陸奥沖に来航
天保	2 年	1831年	外国船東蝦夷を侵す
天保	8 年	1837年	米船モリソン号浦賀来港、浦賀奉行砲撃する

天保	11年	1840年	アヘン戦争勃発
弘化	1年	1844年	フランス船琉球来航、オランダ開国を薦める
弘化	2年	1845年	英船琉球来航、通商強要、幕府オランダ勧告拒む
弘化	3年	1846年	米艦浦賀来航して通商求めるも、幕府拒絶

　忍び寄る外圧と共に、浅間山の大噴火により、天明の大飢饉が生じている。

　「天明3年の冬は全国的に異常な暖かさで、年が明けてもあいかわらず南風が吹き、豪雪地帯でもほとんど雪が降らず、28年前の宝暦の大飢饉を体験した老人たちは、凶作の前兆ではないかと語り合ったという。5月中旬の田植えのころから逆に冷気がつづき、土用のさなかにも年寄は綿入を着なければ過ごせないほどの低温であった。これに東風（やませ）や大霜が加わったため、麦はくさり、稲は青立ちとなり、その他の作物もほとんど結実せず、完全な凶作となった。とくに、関東から奥羽にかけて北へゆくほど被害は深刻であった。……津軽藩では、天明3年9月から翌4年6月までの餓死者は男女合計8万1702人、斃馬1万7211頭、荒田1万3977町5畝25歩、荒畑6911町8反5畝24歩と記録され、領内約2/3が荒廃に帰したという。これは、奥州各藩でも同様である。……貢租の大減収をおそれた幕府・諸藩は他領からの食料買入、津留、酒造の禁止・制限、囲籾等救済活動をおこなったが、先立つものを欠き、それを村役人や地主・商人に肩代わりさせ、村役人や地主・商人は難民への高利貸付けを行い、農民は平素の重税と借金の二重の責苦に苛まれ、窮乏のあまり父祖伝来の耕地を手放し、あるいは借金のかたに質に出して潰百姓となるものが続出し、他方、村役人や地主・商人は質地を集めて土地集積を行い、幕府・諸藩はこれを黙認せざるをえなかった。この結果、農民層は分解し、本百姓（自作農）は小作人となり、貧農の出稼ぎや離村も激化して、都市へ流入すると共に、博徒・無宿人などの無頼の遊民も続出し、百姓一揆・都市騒擾と並んで領主層を脅かす社会不安が招来した」（『日本の歴史』第18巻頁18〜23参照）。

　内憂外患の中、天明7年6月、松平定信が老中首座に着任した。定信

は三卿田安家の出身で、将軍吉宗の孫にあたり、毛並みの良さと学殖豊かな才能の持ち主である。田沼意次の計略もあって、白河藩松平家の養子に出されていたが、天明の大飢饉を乗り切った力量を買われて幕閣に入り、老中首座に抜擢された。定信は、煮え湯を飲まされた意次に対し強い反感を持っており、その反動から意次とは真逆の政策、寛政の改革に着手した。改革といえば、享保の改革（吉宗）、天保の改革（水野忠邦）があるが、いずれも倹約を旨とするデフレ政策である。その前後がインフレ政策で、定信の後、老中首座を託された水野忠成は、「水の出てもとの田沼となりにける」といわれるなど、相互に動・反動を繰り返している。

　定信は、田沼時代の山師・運上を排除し、享保の改革に習い倹約勤行に努めたが、飢饉の尾を引く内政の混乱は避けられず、借金苦から潰百姓が続出し、村役人や地主・商人による土地集積が更に進展し、村役人や地主・商人に対する襲撃や打ち壊し等の村方騒動も頻発した。また、ロシアの蝦夷地への接近は大きな恐怖をもたらし、定信の蝦夷地に対する関心は意次同様強く、蝦夷地の調査と防備に腐心したものの、なぜか林子平に蟄居を命じ、『三国通覧図説』『海国兵談』の版木などを没収するなど、開明的・重商主義的考え方に消極的であった。結果的に、定信は、意次とちがって蝦夷地非開拓論をとなえ、この膨大な土地を不毛にゆだねて、日露両国間の障壁にしたほうが日本の安全のためになると考えていた（『日本の歴史』第18巻頁203参照）。

　何故、定信は蝦夷地非開拓論を唱え、日露の緩衝地帯にしようと考えたのか、緊縮財政による費用対効果を考えたからか、それとも鎖国を国是とする縛りからか、定信には大きなジレンマがあったに違いないが、結局、聡明な定信をもってしても、内憂外患は好転せず、業を煮やし退任している。

　これは領土の問題であり、鎖国とは、他国を侵略せず、他国から侵略されず、交易を幕府が独占し、制限して、他国との関係を一切絶ち、領土への野心を持たないということであるが、他国にはそういう考え方はなく、領土の拡張と獲得のため、交易のため、探検と冒険、侵略と戦争、不平等交易を繰り返していた。本多利明や林子平が危惧したのはそ

んな世界情勢であり、鎖国の限界であった。

　とはいえ、ラクスマンの来航後、蝦夷地防衛のため、とりあえず諸藩の藩兵が配置された。その後、ラクスマンが得た交易信任状を持って来航したレザノフに対して鎖国を理由に拒絶し、これを不服としてエトロフ島を急襲（1807年フヴォストフ事件）した。当時、エトロフ島には、津軽・南部藩兵が配置され、防衛に当たっていたが、永年の鎖国により弛緩し、停滞した軍事力は、侵略と戦争の中で長足に進化した鉄砲・大砲・造船技術に太刀打ちできるはずはなく、少数の侵略者に対し藩兵は逃げ回るしかなかった。こうした状況をエトロフ島に居合わせた間宮林蔵が目撃している。その後、この屈辱に対するゴロヴニン幽囚事件、高田屋嘉兵衛拉致事件に発展するが、エトロフ島急襲はフヴォストフの個人的事件であり、ロシア政府は関与していないということで、ゴロヴニンも高田屋嘉兵衛も解放されて、一件落着となっている。

　ここで、蝦夷地探検調査の概略についてみておきたい。当時、松前氏が蝦夷地南部の狭い一角を領有し、蝦夷地に分散するアイヌとの交易権を秀吉・家康時代から安堵され、この交易権を家臣に知行として分与し、後に交易権は場所請負制として商人が差配し年貢に代わる運上金を徴収した。商品経済の発展とともに海上輸送は賑わい、遠隔地貿易は大きな利益を生むことから、膨大な数の商人が蝦夷地に一攫千金を求めてやって来たに違いなく、樺太南部も樺太アイヌとの交易を通じて松前藩による知行が徐々に進んでおり、商人は樺太や千島列島はもとより遠くカムチャッカの地に至るまで、幕府が知らない範囲まで活動していたものと推測される。一方、蝦夷地は石高も乏しく、不毛の地として、鎖国を国是とする限り、幕府レベルでの蝦夷地探検調査が行われることはなかったが、『赤蝦夷風説考』（1781年）に触発された田沼意次は蝦夷地に大きな関心を持ち、意次の意向を受けて、勘定奉行松本秀持は蝦夷地政策を立案し、そのため、調査船2隻を新造し、天明5（1785）年4月、歴史的な蝦夷地調査が始まり、調査は蝦夷地本島、カラフト、クナシリ、エトロフに及んだことを前に書いた。この調査に本多利明が同行することになっていたが、病気のため、本多の弟子である最上徳内が代理で参加し、後に、徳内は1798年近藤重蔵の調査に加わる等、8度の

蝦夷地探検調査を行った。樺太探検調査は最上徳内が最初であったが、樺太南部を中心としており、樺太北部は未知の領域であった。当時、樺太が島であるか半島であるか不明であり、世界に注目され、フランス・イギリス・ロシアにより探検調査されている。カムチャッカや千島列島が地理的に明らかにされているのに樺太が地理的に明らかにされていないのは、アムール河が原因である。ロシアの勢力がアムール河に及ぶのが遅かったのとアムール河そのものによるものと考えられる。当時、清国がアムール河流域を領有しており、ネルチンスク条約（1689年）により、アムール河のはるか北方、スタノボイ山脈が露清国境とされ、ロシアはアムール河の航行ができず、ロシアの南下が阻まれたからである。また、アムール河は極東の大河であり、その河口は樺太とは狭い水路を隔てて対峙し、その狭い水路に膨大な量の土砂が流出し、水路は堆積した土砂により水深が浅く、大型船の通行が不可能であったことによる。フランスの探検家ラ・ペルーズは1787年に黄海から日本海に入り、北上して西海岸から樺太と沿海州の間を航行したが、海は浅くなり航行不可能として引き返し、樺太が半島であると誤認した。ラ・ペルーズの探検結果を確認するため、1796年イギリスの探検家ブロートンは、太平洋から津軽海峡をぬけ樺太の西海岸沿いにラ・ペルーズの到達地点より更に北へ航行したが、ラ・ペルーズ同様水深が浅くなったことから引き返し、引き返し地点から北の方角に大きな湾を認め湾内の水面が静止していることから半島の付け根と考え、ラ・ペルーズの半島説を支持する結果となった。1805年ロシアのレザノフに命じられクルーゼンシュテルンはラ・ペルーズやブロートンと異なる樺太東海岸を北上し樺太最北端の岬にたどり着き、岬を回って西海岸に出ようとしたが、やはり水深が浅くなったためカムチャッカに引き返し、樺太は、アムール河河口の南で接続する半島であるとの結論に達した。以来、世界は樺太が半島であるとするのが定説となり、日本の有識者もこの説に従っていた。当時、樺太へのロシア影響はみられず、樺太防衛計画上、半島である樺太がどのように大陸に繋がっているのか調査するところとなり、松田伝十郎と間宮林蔵が適任であるとしてこの調査に抜擢された。この調査の様子を吉村昭著『間宮林蔵』からみてみることにする。

両者は協議し、伝十郎は樺太西海岸から、林蔵は樺太東海岸から北上することとし、1808年4月樺太白主に向け宗谷を出帆した（この時最上徳内が在住しており、アドバイスをうけている）。伝十郎は西海岸沿いにノテトを経てラッカに至り、樺太が半島でなく島であることを確認している（第一次樺太探検調査）。

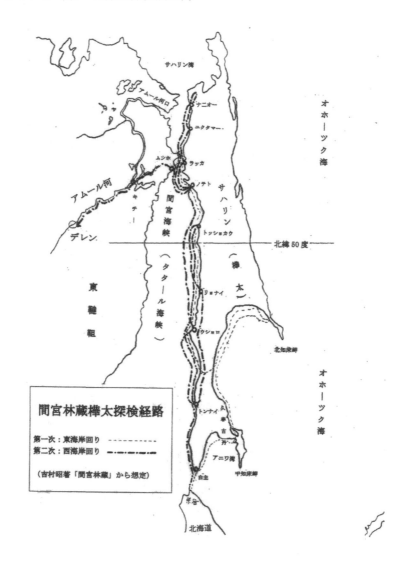

サハリン湾

アムール河口

ナニオー

ニクタマー

オホーツク海

ムショホ　ラッカ

ノテト

サハリン

アムール河

キテー

間宮海峡

デレン

トッショカク

北緯50度

（樺太）

（タタール海峡）

東韃靼

リョナイ

ウショロ

北知床岬

オホーツク海

間宮林蔵樺太探検経路

第一次：東海岸回り　－－－－－

第二次：西海岸回り　・・・・・・

（吉村昭著「間宮林蔵」から想定）

トンナイ

多来加

久春古丹

アニワ湾

平知床岬

白主

平谷

北海道

　一方、林蔵はアニワ湾沿いに九春古丹を経て中知床岬を陸路迂回し、東海岸沿いに進み、北知床岬をかわしてオホーツク海に至るも、波浪激しく引き返し、東海岸と西海岸の最短部を越えて西海岸沿いを進み、ノテトで伝次郎と合流した。こうしてみると、樺太は半島との定説を覆したのは松田伝十郎ということになる。しかし、伝十郎はノテトの先に海面が広がっており、大陸との接合部が確認できなかったとして半島説を覆しているが、海面が東海岸に繋がっていることまで確認しておらず、半島説を覆すにはやや問題を残している。

　そこで、再度樺太へ林蔵が派遣され調査が行われることとなった。第二次間宮林蔵樺太探検である。第一次探検結果を踏まえ、西海岸を進み、ラッカより更に北上して最北端に達し、東海岸沿いに出発地点である白主に戻る計画であった。

　林蔵は、第一次探検帰着後間もない1809年7月宗谷を出発して、白主に至り、トンナイで樺太アイヌの協力によりポロチップ舟（長さ12.7m幅1.8m）と6名の漕手を得て、リョナイを経由して、同年9月トッショカウに到達した。北緯50度線辺りを境として南方は樺太アイヌの居住地帯となっているが、北方はギリヤーク、オロッコの居住地帯となっているようである。この地域に沿海州から時々山丹人が交易にやってくるが、武器（弓矢や蛮刀）を携えた強奪同様の交易で、樺太アイヌは極度に山丹人を恐れた。林蔵探検隊もリョナイでこの山丹人に食糧を奪われ、怯える漕手達を叱咤激励しながらトッショカウに到達したものの、この先へ進むことができず、この地で越冬することもできず、なにより恐れおののき帰還を望む漕手達を説得できず、リョナイへ引き返した。しかし、冬が近づき、海は荒れて氷塊も流れ出して、舟も使えなくなり、食糧確保が難しいため、リョナイに舟と道具を残し、陸路トンナイへ戻ることにしたが、トンナイにたどりつくには、深い氷雪との闘いが待っていた。苦労に苦労を重ね、凍傷に冒され、1カ月かかり九死に一生を得て、奇跡的にトンナイに帰還した。

　熊の胆が功を奏して凍傷も癒え、翌年1月、結氷した氷海を歩いて5日目にウショロに達し、苦労を共にし、トンナイからただ一人同行したラロニというアイヌ以外に5名のアイヌを高い報酬で新たに雇い、3月

上旬、海氷が融けると同時に2艘のチップ舟でリョナイに戻り、リョナイに残したポロチップ舟を駆って4月9日リョナイから255km北にあるノテトにたどり着いた。ノテトは第一次探検において松田伝十郎と遭遇した場所であり、ギリヤークの酋長コーニとは顔見知りである。ノテトの北にあるラッカは前回伝十郎と共に達した地点で、今回は更に北へ向かわねばならない。ここから先は海が荒く潮流が激しくなりポロチップ舟は使えないので、コーニは持舟である1艘の山丹舟を貸与し、アイヌ語が話せるギリヤークの通訳を雇い、山丹人を恐れるアイヌ人達をなだめてノテトを出発し、前回の到達地点であるラッカに辿り着いた。ラッカは日本人が辿り着いた最北端の地で、ラ・ペルーズもブロートンもはるか南方で引き返しているので、探検家として伝十郎と林蔵が樺太西海岸で最も北の海に達したことになる。林蔵は、今、ラッカを越えて更に北の未知の領域に入ろうとしている。

　アドレナリンが極度に噴出し、今までの苦労は吹っ飛び、これから展開する未知の世界に出会うことに思わず体が震えた。前回干潮のため先に進めなかったが、前途を祝福するかの如く今回は潮が満ちており、北へ進むことができた。風向きもよく、魚皮を綴り合わせた帆に風をはらんで北進を続け、海が大きく開けて大陸を流れる大きな河口もみえてきた。話に聴くアムール河の巨大河口にちがいなく、海岸で野宿して翌日の夕刻ユクタマーというギリヤークの集落に辿り着いた。林蔵はその地で道案内人を雇い、怯えきったアイヌ達を励まし、更に舟を北に進め、数戸のギリヤーク人が住むナニオーという地点に達した。ギリヤーク人は弓矢を手に警戒の目を注いできたが、ギリヤーク人の通訳がとりなして危害の恐れがないと察し、「ナニオーの北は、どのような地勢になっているか」という林蔵の質問に対し、「荒海」だと答えた。林蔵は、目を輝かせた。ナニオーから北へ行くと、陸地は絶え、海だという。更に「この地の北方で大陸と地つづきになっていないかどうか」尋ねた。この質問の意味がわからずしばらく首をかしげていたが、質問を察し、「地つづきになっていない。陸地の果てから広い海だ」と答え、続けて「島の北端を舟でまわり、東海岸へ行けぬか」と尋ねたが、「海は絶えず怒り、波がさかまき、舟などはたちどころに覆り、砕け散る」と怯え

たような目つきで答えた。林蔵は、「それでは山越して東海岸へ行けぬ
か」と質問したが、「遠い昔、陸地を越え東海岸に出て引き返した大男
がいたという話が語りつがれているが、とても行き着けるものでない」
とかすかに笑いながら答えた。林蔵は東海岸に出た男の話に勇気づけら
れて、アイヌ達に山越えで東海岸への同行を懇願したが、野獣に食い殺
されるような山に入りたがらず、拒絶され、山越えを断念せざるをえな
かった。しかし、ナニオーの裏山に登り樺太の北端から大海が広がって
いるのを見て、まちがいなく樺太が島であることを確認できたことに満
足し、ノテトに戻ることを決意した。

　林蔵は、ノテトにしばらく留まり、北樺太の状況を調査し、鎖国とい
う幕法を破ることに躊躇したが、コーニに従って東韃靼へ行く機会を
得た。北樺太は、オホーツク海を隔ててカムチャッカがあり、ロシア
は、大陸とカムチャッカの間を絶えず往き来しているというのに、ロシ
アの影響がみられず、清国の支配下にあるという。清国は、アムール河
のデレンというところに役所を置いており、北樺太のギリヤーク達はこ
の地に貢物を持ってゆくという。この朝貢の旅に便乗するチャンスを得
て、林蔵は、コーニと共に山丹舟に乗り、風待ちのためラッカを経由し
て大陸側にあるムシホという地の入江に辿り着いた。ムシホから山越え
してタバマチー川を下りキチー湖に入りキチーという山丹人の集落に着
いた。キチーはキチー湖とアムール河の接する地点にあり、この地から
山丹人やコルデッケ人の集落に野宿しながらアムール河の上流を遡行
し、川幅が広くなって二つの島で抱かれた南岸にあるデレンに辿り着い
た。そこには清国の役所があり、清国から上級役人が3名、下級役人が
50〜60名毎年夏の2カ月ほど派遣され、秋になると役所を閉じて帰っ
てゆくという。

　聞いたところによると、アムール河下流地域に中国の勢力がおよんだ
のは、元の時代からであった。その地域に住む多くの種族を総称して山
丹人と呼ぶが、元は遠征軍を編成してこれらの種族と激しい戦闘を繰り
返し、遂に圧伏させた。また、樺太北部にも兵を渡海させ支配下にお
いた。明の時代に入ると、その勢力は衰え、約200年間、アムール河下
流地域は、どこの国からも支配されず、放置されたという。清国が興る

と、大軍を発してアムール河下流地域へ進出し、遠征軍は各種族を降伏させ、この地を完全に支配した。その頃、ロシアがアムール河方面の領有をくわだて、清国と激突したが、優勢な清国軍によりロシアは撃退され、ネルチンスク条約（1689年）により、アムール河のはるか北方、スタノボイ山脈を露清国境と定め、ロシアはアムール河の支配から排除された。林蔵がデレンに赴いた120年前のことであり、康熙帝（在位1661〜1722年）が清国全盛期の基礎を確立した時代で、その頃の清国は強く、その後、雍正帝（在位1722〜1735年）、乾隆帝（在位1735〜1795年）と三代にわたり全盛期が続いたが、乾隆帝は、辺境の乱に軍費を惜しみなくつぎ込み、空前の文化事業に巨額の国費を費やし、乾隆帝の寵臣和珅（ホシェン）の使い込みにより、国庫が不如意となり、まさに「親苦子楽孫乞食」を絵に描いたような三代であった。嘉慶帝（在位1795〜1820年）の時代には、この無理が祟り、いたるところに綻びが生じ、清国の凋落が始まる。林蔵がデレンに滞在したのは清国のそんな時代であり、それでもなお辺境において勢力を維持していたということである。その後、道光帝（在位1820〜1850年）の時代にアヘン戦争（1840〜1842年）が起こり、アロー号事件、太平天国の動乱を経て、清国は欧米列国により半植民地状態にされ、ロシアとも1858年アムール河以北をロシア領、沿海州を両国の共同管理地とするアイグン条約が結ばれ、次いで北京条約に便乗して、ロシアはアムール河の航行権並びに沿海州の支配権をも手に入れ、樺太へ影響を及ぼすことになるが、林蔵にとって後の時代のことで、知る由もない。ともかく、役割を果たし、無事白主に帰還して、第二次樺太探検調査の顛末を報告した。

　間宮林蔵の功績は、樺太が半島でなく島であることを発見して世界に驚きを与えた地理学上の成果と、村上島之允の弟子として測量技術を身につけ、伊能忠敬から測量機器を貸与され、樺太地図を明らかにした点にある。また、アムール河を遡行して東韃靼に至り、北樺太を含む東韃靼の地がロシアでなく清国から影響をうけているということもわかり、アムール河の住人である山丹人が樺太アイヌを介して交易し、蝦夷錦を蝦夷地にもたらしていたこともわかった。

　フヴォストフ事件以来、危機感をえて幕府は蝦夷地に注力し、蝦夷全

島を幕府直轄とし、南部・津軽藩兵に加えて、仙台・会津藩兵約3,600人を追加し、秋田・富山藩にも出兵を命じ、北辺防備を固めた。一方、幕府が北方に注力している合間、丁度松田伝十郎と間宮林蔵が第一次樺太探検を行っていた頃の1808年8月、フェートン号事件が長崎でおこった。フェートン号はオランダ国旗をかかげて入港したため、それを信じたオランダ人が拉致され、長崎奉行や当番の佐賀藩がなにもできなかったという事件である。フェートン号はイギリスの軍艦で、ナポレオンによりオランダがフランスに併呑された英仏抗争の最中、イギリス軍艦がオランダ船を拿捕しようとしておこった事件である。かつて、イギリスはオランダとの貿易戦争に敗れて東アジアや東南アジアから撤退し、インドの攻略に注力していたが、やがて、インドを支配してアジアへ食指を動かし、オランダの勢力を奪い始めた。

　重商主義は、大航海時代のポルトガルを嚆矢とするが、イギリス・オランダによる東インド会社を尖兵とした胡椒貿易から始まったといえよう。胡椒・スパイスは欧州になく食生活は単純であったが、胡椒・スパイスを加えることにより食生活は著しく改善され、欧州の人々は争うようにして胡椒・スパイスを求めた。当初、胡椒はポルトガル船によってリスボンに輸入されて国王の倉庫に蓄積され、破格の値段で販売されて、ポルトガルは繁栄した。胡椒価格の高騰は、欧州各国に胡椒の原産地への関心を誘い、東インド会社という国策会社（植民地会社）を通じてポルトガルを駆逐するに至っている。

　オランダは、独立戦争により1581年にスペイン・フェリーペ2世の統治権を否認し、王権と市民議会との主導権争いに勝利をおさめ、王権を廃して市民議会主権国家となり、自由な経済活動によって繁栄を築いた。自由な経済活動の中、1595～1602年の間に相次いで胡椒貿易を目的とする会社が多数設立されたが、過当競争となって共倒れになることが危惧され、オルデンバルネフェルトの肝煎りで、1602年に市民から莫大な出資金を集め統合した世界最初の有限責任会社「連合東インド会社（V・O・C）」が成立し、その後200年に及び存続した。

　イギリスは、1600年に「イギリス東インド会社」として国王から特許状が下り発足し、1601年最初の東インド会社の船4隻が派遣された

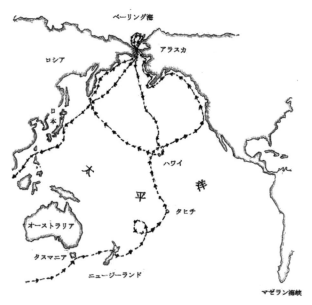

ジェームス・クック第三次探検（1776〜1780年）

経路　→→→→
第一次探検（1768〜1771年）
第二次探検（1772〜1775年）

が、オランダと異なり1航海1取引の当座会社で、一時的に多額の資金が集まることがあったりなかったりして、はなはだ安定性・永続性を欠いていた。その後、ピューリタン革命により、クロムウェルによる議会派が王権派を破った共和政権のもとで、東インド会社は1665年有限責任会社としての会社機構に改編され、4度の英蘭戦争を経て徐々にオランダを駆逐し、その勢力はオランダの拠点であるバタビアに及び、オランダ国旗が掲げられているのは長崎出島だけとなっている。

　このようにしてフェートン号事件は起こっているが、この頃以降、イギリス・アメリカの商船や捕鯨船が日本近海を遊弋している。既に、ジェームス・クックの探検により太平洋の諸島や航路が知られるようになっており、特に、第三次探検（1776〜1780年）は長期間広い範囲に及び、ニュージーランドからタヒチを経て北上しハワイ諸島を発見し、

そこよりアメリカ西岸・アラスカを経てベーリング海に至り、そこより南下してハワイ諸島（この時クックは非業の死をとげている）を経由しカムチャッカ・ベーリング海に至り、踵を返して南下し、日本近海をかすめ小笠原諸島の南で硫黄島を発見してマカオ・南アフリカ喜望峰経由で帰国している。

　それまで、欧米の捕鯨船団は大西洋・北極海を中心に活動していたが、太平洋が明らかになることによって、資源の枯渇と造船技術の進化により、太平洋へ捕鯨活動の拠点を移していた。特に、イギリス・アメリカの捕鯨船が活躍していた。

　捕鯨船は、新鮮な食糧と薪水を求めてしばし日本に上陸し、トラブルをおこしていた。1818年にイギリス商船ブラザー号が浦賀に現れ、1822年にイギリスの捕鯨船が三浦半島沖に投錨し、1824年にイギリスの捕鯨船が常陸大津浜に上陸し、同年薩摩トカラ列島の宝島にイギリス人が上陸して牛を盗もうとして、一人のイギリス人が射殺された。捕鯨船は鯨油のみを取り、鯨肉を捨てた。なぜ、新鮮な鯨肉があるのに牛を盗もうとしたのか、小生には理解できない。常陸大津浜に上陸したイギリス捕鯨員から「沖には20〜30隻の捕鯨船が活動している」との報告を受け、水戸藩ではにわかに攘夷論が盛んとなる（松尾龍之介著『小笠原諸島をめぐる世界史』参照）。

　1808年のフェートン号事件に続く捕鯨船の接近、これを排除しようとした1825年の異国船打払令、1837年のモリソン号事件（漂流民を届けに来航したアメリカ商船をイギリス船と勘違いして浦賀と薩摩で砲撃したが、旧式のお粗末な大砲では効果がなかった）、逆にアヘン戦争（1840年）の情報をえて危機感を覚え、打払令を緩和して1842年の薪水給与令を出している。

　こうした一連の対外事件を憂慮した開明的蘭学者達が会して新知識を研究し交換する「尚歯会」という集団があった。そのメンバーに渡辺崋山・高野長英・小関三英に加えて、川路聖謨・江川英龍・羽倉外記等の幕吏、農学者である佐藤信淵等も参加又は賛同している。

　時の老中首座に抜擢された水野忠邦は、対外危機に直面して江戸湾防備を緊急に整える必要性を認め、側近である代官江川英龍と目付鳥居

耀蔵（儒学者林述斎の子息）に浦賀などの江戸湾防備箇所の巡検を命じ、防備体制の強化策を建策させたが、尚歯会で培われた知識と渡辺崋山の「諸国建地草図」を参考として作成された江川案は鳥居案に比較して革新的であり優れていた。これに屈辱を覚えたのか、極端な蘭学嫌いの鳥居耀蔵は江川英龍とそれを支援する尚歯会のメンバーに対し病的な敵愾心を抱き、陰湿な策※を弄して、渡辺崋山・高野長英を謀殺に追い込み、小関三英は自殺している。いわゆる蛮社の獄（1839年）である。この時、この件に関与していないとして、忠邦は、川路聖謨・江川英龍・羽倉外記等の幕吏は不問に付し、江川追い落としを図った鳥居に歯ぎしりさせ、佐藤信淵は、前から江戸十里四方追放の咎を受けており、難を免れている。

　　※尚歯会が鎖国政策に対する背反行為である小笠原渡航計画に関与していると
　　　してでっち上げ、家宅捜査して渡辺崋山の『慎機論』、高野長英の『戊戌夢
　　　物語』は幕府批判の書であるとして、崋山と長英は検挙され、崋山は累が及
　　　ぶことを恐れ自ら命を絶ち、長英は牢獄から逃亡し最終的に発見され謀殺さ
　　　れている。

　鎖国について是非論があるにしても、鎖国は、絶対に侵すことができない基本中の基本である幕府祖法で、250年間幕府が存続できたのもこの祖法のおかげであると考え、幕府はこの祖法にこだわり続けた。日本を四方堀で囲われた城とみたて、この堀で守られた城は難攻不落であると考えたのか、本多利明の「日本は海国なれば、渡海運送交易は固より国君の第一の国務なれば、万国へ船舶を遣りて、国用の要用たる産物及び金銀銅を抜取て日本に入れ、国力を厚くすべきは海国具足の仕方なり、自国の力を以て治るばかりにしては国力次第に弱り、其弱り皆農民に当り農民連年耗減するは自然の勢なり。」とする考え方や、林子平の「江戸の日本橋より唐、阿蘭陀迄境なしの水路とし、日本の国は四方を海に囲まれており、他国はどこからでも侵入できる。外寇を防ぐの術は水戦（海軍）にあり、水戦の要は大銃（大砲）にあり、此二つを能く調度すべし」とする考え方は討幕につながりかねない妄説とでも考えたのか、幕府は、こうした考え方を危険視したり、罰を加えたりして抹殺した。蛮社の獄はこの延長線であったのか否か、鳥居耀蔵の真意は極端

な蘭学嫌いと単なる私恨からでたものなのか全く理解できない事件である。

　将軍吉宗の蕃書解禁以来多くの蘭書が輸入され、多くの蘭学者により訳出されている。訳出された蘭書から影響を受けて多くの学者達が輩出し、持論を展開する。まさに日本版啓蒙の時代である。鳥居耀蔵が嫌悪したのはこの蘭学である。蕃書解禁以来、訳出された蘭書は多くの人が欲しがるため次々転写されて多くの人の目に触れる。訳出された蘭書は、医学書に始まり、兵学書・世界情勢・政治経済に至るまで多岐に及び、その過程で、幕府及び国の在り方を憂慮し、献策する部分も多々でてくる。幕府もこのことは十分承知しているが、自在に出回る蘭学訳書や経世書は幕府を批判し倒幕の兆しとなることを極度に恐れる。当時、蘭学の第一人者は高野長英である。長英はシーボルトが主宰する鳴滝塾の塾頭として、最も蘭語に精通しており、鳥居耀蔵が最も警戒した蘭学者の一人であったのかもしれない。

　ところで、難を逃れた佐藤信淵は、どうしたであろうか。雉も鳴かずば打たれまいといったところか、幕府から追及されず、雌伏して読書著述に専念している。勿論、この著作物は、秘本として日の目をみることなく隠しおかれた。

　吉村昭著『長英逃亡』において、長英と尚歯会のことが出てくるが、信淵のことは全く触れられておらず、長英と信淵とは小説上の接点がない。しかし、信淵が尚歯会に参加している限り、なんらかの接点があったものと想像されるが、開明的とはいえ幕吏達も参列している席で、信淵がその急進的・倒幕的な持論を述べるはずはなく、様々な意見や論評をただ傍聴していたのか否か定かでない。

　信淵は、宮崎安貞・大蔵永常と共に江戸時代三大農学者として知られており、小生も農学徒のはしくれとして、その程度の浅薄な知識はあったが、詳しいことは知らないまま過ごしてきた。信淵のことを少し知ったのは、友人の父である碓井隆次氏の『佐藤信淵』を読んでからである。読んでみると、信淵が幕末にあってただならぬ人であったことに驚かされた。なお、碓井氏は、兵庫県立農科大学（現神戸大学農学部）・大阪社会事業短期大学で、永らく教鞭を執られてきたが、なぜ、この道

を歩まれてきたのかが、その著『佐藤信淵』を読んで、なんとなく分かったような気がした。

　まず、碓井隆次著『佐藤信淵』の序において信淵思想が要約されていると思われるので、その序を紹介しておく。

〔佐藤信淵は幕末混乱の社会を生きぬいた野の学者・思想家である。文字通り百科全書的な著述も、維新までは、注目する人もまれなまま埋没していたといえよう。信淵著述が発掘され驚異の目で迎えられ始めたのは維新以降である。だが、初期に発掘され注目されたのは農学書で、「我邦農学ノ鼻祖」と評価されるに至った。しかし、ほぼ日露戦争を契機として、信淵の評価は大きく転回した。具体的には、信淵のもつ帝国主義思想を代表する『（宇内）混同秘策』が、維新以降の日本の歩み、特に日露戦争を予見していたということである。この評価がいよいよ極まったのは太平洋戦争にかかってからで、「大東亜戦争の予言者」として、大川周明などによってはなやかな脚光を浴びせられるに至った。……

　このような信淵思想が、戦後には捨てて省みる人もなくなったのは当然で、その名を口にする人もまれになった。しかし、信淵思想には別の見方が早くからある。例えば、マルクス経済学者河上肇などはそれで、明治42年の論文では、わが国に発生した社会主義思想の「珍」なるものとして高く評価している。信淵は常に農民の立場にあり、苛政を厳しく批判しているが、攻撃のさらに急なのは富豪であり、商人である。これらが国をむしばみ、人民を貧困におとしいれるとしている。恐るべきは商業資本家、その売買の権限をすべて国家の手に収め、人民生活の国家保障をとく理想国家論が『垂統秘録』である。乳幼児のための保育施設、男女児皆学の初等学校、無料の国立病院、公益質屋、公設市場……などの国民福祉の構想を描くところ、またはなはだ予見的であり、現代の視点からも注目に値する。……

　大正以降は、信淵はもっぱら社会思想史上の人物にまつりあげられてしまった。一方、農学・鉱山学その他科学技術史上の人物としても検討に値すると思うが、今回はそれを割愛して、信淵の社会思想のみの再評価にとどめることにした。

　なお、信淵の人となりについてはとにかく疑問視されている。その名のみでも嫌う人が、現に私の周辺にも幾人かある。その人となりについては私自身も総てが好ましいとは思われない。右翼左翼両面の評価、賛嘆と顰蹙の混在、こんな意味でも信淵は異なる存在である。信淵の空想の大翼、大言壮語……、私自身もばからしいと思うことがある。しかし、予言とは言わないが、それが維新以降、また、終戦以降の今日のものとなぜこうまで一致するのか、こんな意味でも好悪を離れて、日本思想史上の「珍」なるものと感じられる。……]

　碓井隆次著『佐藤信淵』から大いなる示唆を受け、岩波書店の『日本思想大系45』を近くの図書館で借りてきたが、『混同秘策』『垂統秘録』は校注されているとはいえ原文で書かれているため難しい漢字が多く、読むのに苦労し、結局、碓井氏の著書に助力を得て、小生なりの信淵思想を纏めてみた。

　信淵は、1769（明和6）年秋田県に生を受け、多感な青年時代、天明の飢饉に直面し、自身はもとより、多くの農民が飢餓で苦しんでいる様子を体験している。天明の大飢饉は、それまで安定していた人口が急減するほどの国難に遭遇している。一方、対外的には他国船があちこち出没し、その対応に追われて右往左往する内憂外患の時代である。幕府もなんとかこの状況を打開しようとして模索するが、解決策に事欠いた。こんな時、蘭学等で啓蒙された人々がこの時代を憂慮し、なんとかしないといけないと考え、持論を展開するのは自然であろう。

　信淵は、16歳で宇田川玄随門下に入り、本草学・蘭学を学ぶなどして、26歳で江戸京橋にて医業をひらく。その後、父祖五代の家学の集大成に志をたて、上総大豆谷に退去して、晴耕雨読の生活30年に及び、47歳にして同郷の平田篤胤から国学を学び、神道講談所の学頭となったが、その建設資金募集の不正事件により、江戸十里四方追放の咎を受けている。その間、当時国防策を苦慮する諸藩から招聘されて、主に、兵学・兵器に関する国防論を講じている。江戸追放の身でありながら、藩主や重臣が意見を求めるのは不思議な話であるが、当時各藩は幕府から国防に関する要請を受けており、国防策に窮して識者が招聘されたものと考えられるが、信淵の建言で採用されたものはないと考えられてい

る。そうした中、信淵55歳の時、1823（文政6）年に『混同秘策』を、65歳の時、『垂統秘録』を纏めている。『混同秘策』は外交・対外政策に関するもので、混同とは統合を意味し、信淵の世界観・政治思想が遺憾なく展開されている。一方、『垂統秘録』は内政・政治機構に関するもので、六府（中央省庁）から産業・軍隊・教育・病院・福祉に至るまで全般的な行政の在り方を説明している。『混同秘策』を読んで驚いたことは、強力な中央集権国家の基に、重商主義を通り越して帝国主義的な考え方をしていることである。

　全国を東京（関東）・関西（中京・東海）・西京（関西）・南海（四国）・中洲（山陽山陰）・筑紫（九州）・古志（北陸）・陸奥（東北）に区分し、各地域の地理・物産・兵力（武士でなく屈強な成年男子即ち国民兵）が縷々地政学的に述べられ、既に幕府の影はなく、封建領主も有名無実となり、中央集権国家（皇国）が近隣諸国を侵略して混同事業（八紘一宇）をやるという。アヘン戦争（1840年）の17年前、ペリー来航（1853年）の30年前の話であり、薩英戦争（1863年）・馬関戦争（1864年）も知りようがない「井の中の蛙」の空想である。このような空想がいかに醸し出されたか知る術もないが、信淵は江戸近郊に雌伏して晴耕雨読しており、自身では蘭語ができないため、訳出転写された夥しい量の蘭書や経世書等を読み、東洋思想に重ねてこの国の在り方を空想したのではないかと勝手に想像している。こうした中、他人の説を自説とする剽窃があったと後の学者達が指摘している。しかし、剽窃であれ、ばかばかしい空想であれ、幕府の目に止まればただではすまされない。秘本中の秘本として公開されず永らく手に留められた所以である。信淵思想が公開されるのは、維新政府成立後のことである。

　碓井氏によれば、維新後、信淵を世に出した立役者は織田完之（1842－1923）という。織田完之は三河岡崎の人で、幕末の志士として長州に行ったとき幕府の隠密に間違えられて投獄されたが、品川弥二郎の尽力で釈放されて、明治新政府の役人に登用され、農政を担当して内外の農書を蒐集するかたわら、佐藤信淵の研究に没頭し、『混同秘策』等も公開され、この遺稿を編集し刊行したという。織田完之は、明治政府の元勲大久保利通の知遇を得て『農政垂統紀』を著作しており、織田完之

が遺稿集を刊行する以前から『混同秘策』等は大久保利通をはじめ明治の重臣達が関心をよせていた。大久保利通は『混同秘策』等を読んで東京遷都を建言し、明治政府の在り方等に『混同秘策』等が参考とされ、大きな影響を与え、信淵の空想が現実になり、予言者として称えられた。その後しばらく忘れられていたが、信淵思想が再び顔を出すのは昭和9年以降終戦（太平洋戦争終結）の期間である。右翼や軍部により「八紘一宇」や「大東亜共栄圏」と言ったスローガンに活用されたが、敗戦とともに日本帝国主義（混同秘策）は終焉した。これが混同秘策の顛末である。

　一方、信淵は、富豪・商人を諸悪の根源として非難し、これら富豪・商人が国をむしばみ、人民を貧困におとしいれるとして、商業資本家、その売買の権限をすべて国家の手に収め、人民生活の国家保障する理想国家論を『垂統秘録』で述べている。この考え方は社会主義に通じるものであり、河上肇等から高く評価されているが、あくまで理想であって、国家がそのように移行するには時間がかかり、必ずしも理想的に機能するとは限らない。通常、封建制度が解体されて絶対王権（中央集権）が成立し、中央集権国家の財政基盤として重商主義による富国強兵のもと殖産興業を図り、その過程で中央集権に癒着する特権商人が生まれ、この特権商人を排除しようとして自由主義に移行すると理解されている。この場合の特権商人とは東インド会社等のことで、重商主義の申し子のことである。重商主義を目指している信淵にとってその先にある自由主義なる考え方は脳裏になく、諸悪の根源とする富豪・商人は、このような特権商人ではなく、封建領主に癒着して蜜を吸っている富豪・商人のことであろう。中央集権国家はこうした富豪・商人の知恵と財力を利用し、国家をあげて重商主義を実践することから、信淵はこの道を端折って理想を追う空想家であったとも考えられる。

　しかし、幕末期とはいえ封建時代のまっただ中において、信淵のような思想家がいたことに驚かされる。少し、佐藤信淵を語り過ぎたようである。

　何度も繰り返すようだが、8代将軍吉宗の蕃書解禁（1720年）以来、一時、松平定信が異学を禁令（1790年）して朱子学を奨励した時期が

あったとしても、100年以上にわたり、ヨーロッパ各地の当時先端的な洋書が蘭語に翻訳され、オランダを通じて夥しい蘭書（洋書）が輸入されている。それは、医学・哲学・地理・天文・経済・社会・科学等あらゆるジャンルに及び、蘭書（洋書）は、蘭語・蘭学を会得した人達によって訳出され、転写・出版され、四書五経に加えて多くの人が貪るようにして読んでいる。今や、蘭学を学ぶ場は、長崎、江戸、大坂、……全国に及び、蘭学を学ぶ人はあらゆる階層に及んでいる。とりわけ、物の道理を極める究理学として、コペルニクス、ケプラー、ニュートン等が知られ、究理学が、科学を志向する市井の人にまで及んでいるのが注目される。例えば、新戸雅章著『江戸の科学者』で紹介されている日本電気学の祖とされる大坂の傘の紋書職人橋本宗吉の話がある。橋本宗吉は非凡な記憶力と職人技で見事に傘の紋を描いた。そんな噂を聞き、蘭書を読み翻訳できる人材を探していた蘭方医の小石元俊の目にとまり、元俊は宗吉を勧誘して江戸に蘭語・蘭学修行させた。宗吉は、大槻玄沢の芝蘭堂に入門し、非凡な才能を遺憾なく発揮して元俊の期待に応え、帰坂して、医学書の翻訳に精を出すと共に、自らも蘭人ボイスの編纂した百科事典の電気学を『エレキテル訳説』として翻訳し、検証実験を試みている。

　江戸時代中期以降幕末に至る大凡100年の期間は、内憂外患の中で徐々に幕府の箍が緩み、緩んだ箍の中から国学や蘭学が起こり、それらを介して色々な思想が生まれ、輸入された先端技術は試行錯誤されて取り込まれ、思想・技術は実践され、一連の対立抗争を経て、最終的に戊辰戦争により明治維新を迎えることとなる。維新政府は、薩長土肥等雄藩を中心とする絶対王権（皇国）であり、すでに世界は自由主義の時代に入っているとはいえ、遅ればせながら、絶対王権（皇国・中央集権）の財政基盤として重商主義が実践され、富国強兵のもと殖産興業の道を歩み始めることとなる。しかし、急激に絶対王権が確立したため、旧体制の変革は容易でなく、旧体制の残滓は徐々に克服せざるをえなかった。

　戊辰戦争が起こるのはアヘン戦争から30年弱後、ペリー来航から15年後のことであり、この期間はあまりに短いが、その間の出来事や事件

を語るにはあまりに量が多く、枚挙にいとまがない。論理（ロゴス）・激情（パトス）・力（パワー）がぶつかりあい沸騰するこの期間の出来事や事件について誰もがよく知っているので、この期間を省略する。

　ただ、日本を取り巻く当時の世界情勢について一部重複するが、既にロシアの陸路東進は触れているので、イギリス・オランダ等の海路進出状況について不十分にして簡単ながら小生なりに整理しておくことにする。なお、整理にあたって、モーリス・ブロール著西村六郎訳『オランダ史』、桜田美津夫著『物語　オランダの歴史』、浅田實著『東インド会社』、陳舜臣著『実録　アヘン戦争』を参考とした。

　1498年バスコ・ダ・ガマが喜望峰を越えてインドに到達した時から大航海時代の東方貿易が始まったといえよう。ヨーロッパが寒冷乾燥の地であるのと異なり、南アジアは温暖湿潤の地である。特に、赤道を前後する地帯は高温多湿の気候から植生が豊かで、香辛料（胡椒、チョウジ・ナツメグ等スパイス）の宝庫である。当時、東方に産する胡椒等の香料や絹織物はイスラム商人とイタリア商人との交易（レバント貿易）によりヨーロッパへもたらされた貴重品であったが、インド方面への海路が拓かれたことにより、ポルトガル商人はイスラム商人を駆逐して胡椒をリスボンへもたらし、高値で取引され、ヨーロッパ各地に売却された。これに刺激され、イギリス・オランダは東インド会社を設立してインド方面に進出し、イギリスなどは海賊もどきの掠奪行為を繰り返しながらポルトガル商人を駆逐し、オランダは1596年ジャワ島に達し、大量の胡椒を満載して帰国している。

　前に触れたが、オランダには、1595〜1602年相次いで胡椒貿易を目的とする会社が多数設立され、過当競争となって共倒れになることを恐れて、1602年に市民から莫大な出資金を集め統合した世界最初の有限責任会社「連合東インド会社（V・O・C）」が発足しており、イギリスは、1600年に「イギリス東インド会社」として国王の特許状を得て発足している。1601年イギリスから最初の東インド会社の船4隻が派遣されたが、オランダと異なり1航海1取引の当座会社で、一時的に多額の資金が集まることがあったりなかったりして、はなはだ安定性・永続

性を欠いており、その後、ピューリタン革命により、クロムウェルによる議会派が王権派を破った共和政権のもとで、東インド会社は1665年有限責任会社としての会社機構に改編され、イギリスとオランダは双方の東インド会社を通じて、東方貿易の覇権争いをしていた。この覇権争いは当初オランダが優勢であり、アンボイナ（モルッカ諸島、スパイスの原産地）事件等もあってイギリスはジャワの胡椒等香料交易からも締め出され、イギリス東インド会社は、後退してインドに拠点を移し、インドとの交易に注力した。

　インド最大の交易品は、綿製品（キャラコ、カリカットから積み出されたためこの名がある）である。当時、ヨーロッパに木綿はなく、主に羊毛・麻に依存して衣料の原料としていたが、キャラコの持つ吸湿性や肌触りの良さは肌着として使い勝手が良いことから人気が高く、おまけにインドにおける人件費の安さから低価格であったため、たちまちヨーロッパ全土に普及した。

　この結果、キャラコの輸入が増加したが、それに対応できる輸出品がない。当初、毛織物を輸出品としたが、暑気の強いインドで、高価な毛織物が売れるわけはなく、輸出品は銀地金に限られ、大量の銀がキャラコの対価としてインドへ流出した。

　加えて、17世紀後半に茶が輸入され、18世紀にはキャラコと共に代表的な輸入品となった。茶は、1662年にイギリス王室に嫁いできたポルトガル王女が喫茶の風習を伝えたことに始まり、以来王室の婦人層を中心に喫茶の風習が定着したが、オランダの東インド会社を通じて少量が輸入されたもので異国趣味の贅沢品に過ぎなかった。東インドから直接輸入されるようになったのは1669年であったが、それは中国商人がジャワに持ち込んだもので、ジャワでの足場をオランダに奪われていた当時、茶の交易は限定的であった。一方、1697年にイギリス船が厦門に到着して、中国と直接的に茶の交易が始まり、1713年には清朝政府の公認貿易港である広州での交易権を得て、1701年から本格的に輸入が開始され、18世紀後半には茶の輸入額が絹に代わって中国貿易の80％を超えるに至っている。これまたキャラコ同様それに対応できる輸出品がなく、輸出品は銀地金に限られ、大量の銀が茶の対価として中国

へ流出した。

　イギリス東インド会社が着々とインドに拠点を建設する一方で、17世紀末にはフランス東インド会社も木綿・絹・藍の生産地であるベンガル地方に拠点を設け、インド交易に注力し、18世紀初めにはイギリス東インド会社を圧倒するまでに至っている。プロシャ・イギリス/オーストリア・フランス・ロシアにおけるヨーロッパの抗争即ち7年戦争（1756〜1763年）は、ここベンガルにも及んだ。当時のムガール帝国はほぼ分裂しており、ムガール帝国のベンガル太守は独立状態にあった。このベンガル太守はイギリス東インド会社との関税問題等のもつれから、1757年にフランスの支援のもと、イギリスとの戦い「プラッシーの戦い」が生じた。フランス・ベンガル太守連合軍は兵力においてイギリス東インド会社軍（クライブ指揮するインド傭兵セポイ等からなる軍団）を圧倒したが、ベンガル太守側勢力の過半を占める部隊を指揮するミール・ジャアファルがイギリスに内通し、その結果、イギリス東インド会社軍が勝利し、フランスはインドからの撤退を余儀なくされた。

　その後、ミール・ジャアファルがベンガル太守となり、イギリス東インド会社はベンガルでの自由通商権を得たが、次のベンガル太守ミール・カーシムはイギリス東インド会社と通商権をめぐって対立し、アワド太守やムガール皇帝を引き込んで、1760年、帝国軍とイギリス東インド会社との間に戦いが生じた。これが「プクサールの戦い」である。しかし、帝国軍はイギリスへの内通者が多く、給与も未払いで兵の戦意を欠く始末で、結局、イギリス東インド会社がこの戦いを制し、イギリスは、ベンガル・ビハール・オリッサ3州のディワーニー（徴税権）を獲得し、通商権という商業利益に加えて徴税権という領土権を得た。つまり、日本でいうところの年貢を徴する権利即ち領知権を得たことになり、イギリス東インド会社が商事会社でなく植民地支配者に転じたことを意味するものである。もともとイギリス東インド会社の商行為は、海賊に近い「恐喝」と「略奪」を専らとするための軍事力が必要であり、多くの士官と兵士を雇用し、現地では傭兵を雇用して交易していた。交易品の購入と軍事力による現地経営には潤沢な資金が必要で、そのため本国から多量の銀地金が流出していたが、ディワーニー（徴税権）を取

得することによって銀地金の流出が止み、貿易収支は著しく改善されて株価も高騰している。

　一方、イギリス本国では、単なる商事会社が、領土と会社軍を持つことに疑念が生じ、批判や非難が相次ぎ、1773年に東インド会社の経営を統制する「ノースの規制法」が成立し、1784年には東インド会社が得た領土や徴税権は国王のものであるとするピットの「インド法」が成立して、事実上、インドはイギリスの植民地と化した。

　その頃、イギリス本国では産業革命が進展していた。東インド会社の輸入する良質低廉なキャラコの人気は依然高く、キャラコ輸入禁止法や使用禁止法をもってしても、キャラコや更に良質なモスリンには対抗し得ず、逆にキャラコの輸入が増大する始末である。当時、イギリス本国では麻を経糸とし綿を緯糸とするファスティアン織が行われていたが、とてもキャラコに太刀打ちできるものでなく、紡績業者は危機に瀕していた。そんな時、1771年のアークライトによる水力紡績機が発明され、綿を経糸緯糸とすることが可能となり、1779年改良型ミュール紡績機が発明され、1789年には蒸気機関（1769年ワット）が動力に採用されるなど一連のイノベーションにより、インド綿業とイギリス綿業との間に逆転現象が生じ始めていた。産業革命によりマニュファクチュアは機械製工場生産に移行し、少ない人件費による大量生産を可能とし、やがて、インドキャラコを駆逐すると共に産業資本家が台頭することとなった。

　本書初頭において、18世紀半ばから19世紀初めにかけ、第二次囲い込み（エンクロージャー）が行われたことに触れた。フランスとの対戦にそなえ、食糧増産のため大規模農法（ノーフォーク農法）を採用したからである。

　ノーフォーク農法には大規模耕地を要し、そのため耕地の囲い込みが行われ、比較的大規模耕地を持つ者が資本家に転じる一方、小規模耕地を持つ大多数の者は、土地を手放し労働者に転じた。この囲い込みによって創出された労働者は、産業革命により台頭した産業資本家の機械製工場に生計の道を求め吸収された。資本主義（資本制生産）の始まりである。資本（機械・建物等）と工場労働者、そして製品を販売する市場を持ち、これらが経営により効率的に運営されて利益を得るのが資本

主義（資本制生産）の本質である。

　19世紀に入ると、イギリス綿業は本格的に世界市場へ進出し、イン
ドへも輸出されるようになった。イギリス産業資本家や私貿易商人は、
インドへの輸出貿易を独占する東インド会社に対し、市場を開放すべき
であると働きかけ、1813年に「インド貿易独占廃止法」が成立し、つ
いにインド市場は全面的に開放されるに至り、1820年頃にはカルカッ
タに32社、ボンベイに19社のイギリス商人が進出している。機械製の
安い綿布のインドへの流入は、インドの綿手工業をずたずたにし、イン
ド綿業を徹底的に破壊した。

　次に、イギリス商人が目指したのは中国貿易である。中国貿易を代表
する輸入品は茶と絹であるが、これに対応できる輸出品がなく、輸出品
は銀地金に限られ、大量の銀が茶の対価として中国へ流出していた。そ
こで、銀地金に代わる輸出品として目を付けたのがベンガル産のアヘン
である。「インド貿易独占廃止法」は中国を除外しており、東インド会
社の独占が継続されていたが、イギリス商人や産業資本家から独占に反
対する対中国貿易自由化の請願がなされ、独占期限もあって、1833年
に東インド会社の対中国貿易の独占が廃止された。中国貿易においても
市場が全面的に開放され、広州にはジャーディン・マセソン商会やデン
ト商会等イギリス商社だけでも66社が進出している。もとより、茶・
絹等の輸入対価としてアヘンを売り込むためである。

　広州には、イギリス商人だけでなくアメリカ商人やヨーロッパ各国商
人も進出していた。同じ鎖国政策をとるにしても、日本が長崎に限りオ
ランダ・中国のみに交易させたのと異なり、清国は広州に限るも、誰で
もどこの国でも交易に参加できた。例えば、アメリカ商人は自国の農産
物をヨーロッパに運んでスペイン銀貨に換え、インドからアヘンをマカ
オへ運搬し、広州で中国の茶と絹を積載して本国に帰還しているので、
アヘンは各国から持ち込まれていた。

　当時の清朝は、乾隆帝が辺境の乱に軍費を惜しみなくつぎ込み、空前
の文化事業に巨額の国費を費やし、寵臣和珅（ホシェン）の使い込みに
より、国庫が不如意となり、嘉慶帝（在位1795〜1820年）の時代には、
この無理が祟っていたところに綻びが生じ、その後を継承した道光帝

の時代である。

　すでに清国の凋落が始まっており、政治の腐敗と人口増加で庶民の生活は苦しく、この苦しみから一時的に逃れるため、アヘンの喫煙が広範囲に常態化していた。勿論、アヘンは禁制品であり、雍正帝（在位1722〜1735年）の時代から禁令が出されているので、密輸品に頼らざるを得ないが、それが広く流通しているという。禁令があっても笊法で、密輸品を取り締まる役人が賄賂で買収されたり、アヘン取引に荷担していたりするので、アヘン流入に歯止めがかかるわけがない。アヘンは大量に取引されて広範に流通し、そのため、かつて茶・絹の対価として中国へ流出した銀が、逆にアヘン対価として中国から流出し、銀不足を招来して物価が高騰し、更に庶民の暮らしを直撃した。

　なんとかアヘンの流入を阻止しなければならない。ここにおいて、特権商人（公行）にアヘン取引を限定することによって密輸を根絶する「弛禁論」と正法（死刑）をもってアヘン輸入を阻止すべきとする「厳罰論」が交錯し、論戦を重ねた。アヘン禁令以来、公行は立場上アヘン取引に参加できず指をくわえていたのであるから、「弛禁論」は渡りに舟とばかりに巧みな奏文をしたため応戦したが、それにも増して「厳罰論」は、アヘンに拒否反応を示す道光帝の心を動かし、「厳罰論」が大勢を占め、欽差大臣（緊急課題解決のため全権を委任された大臣）として林則徐が任命され、現地（広州）に派遣された。

　林則徐は、現場に落ち着くと直ちに公行を介して夷商（諸外国商人）に「今後アヘンは持ち込まない。持ち込めば正法により罰せられ、アヘンは総て没収される」とする誓約書を提出しない限り、あらゆる交易は当地ではできない旨の論旨を伝え、既に当地に持ち込まれていたアヘン1箱当たり茶葉5斤を与えてアヘン約2万箱（1,425t）を没収し、海水と石灰で処理した後海中に放出した。こうした事態に対しイギリス本国はどう対応したのか。

　広州在住のイギリス商務監督官エリオットは、本国に、清国によって財産が奪われ、イギリスの尊厳が侮辱され、広州在住のイギリス臣民の生命が危機に瀕していると本国に報告した。この報告を受けて、ジョンブル魂に火でもついたのか、イギリス議会は賛成271票反対262票の僅

か9票差により不義の戦いである清国への派兵を決定した。

　インド東洋艦隊旗艦ウエルズリーを中心に計15隻の軍艦（搭載砲計518門）、陸兵4,000に動員令が下され、シンガポールに集結し、1840年5月中国本国に向け進発した。艦隊は、封鎖しただけで広州に向かわず、清朝の膝元にある天津を目指し厦門・福州等を経て海岸沿いに北上した。途中、舟山諸島を攻撃するも、守備兵は少なく、戦意もなく、おまけに砲齢250年の旧式武器で応戦する始末で、長年の戦いにより洗練された艦隊（すでに蒸気船を帯同していた）とは雲泥の差があり、たちまち占領して、艦隊はほとんど無傷の状態で天津に到着した。

　天津は北京と指呼の位置にある。あまりに近く、道光帝は動揺し、この原因は林則徐の強行にあると決めつけて林則徐を罷免し、代わりに琦善（チシャン）を交渉に当たらせた。琦善はねばり「広州のことは広州で」交渉することをイギリス側に認めさせ、舞台を広州に移すことに成功した。

　しかし、イギリス側の要求は香港割譲を含めてあまりに厳しく、道光帝は烈火の如く怒り、交渉は決裂して、広州で戦端が開かれた。戦闘が起こったものの、軍事力に彼我の差があり、勝敗は歴然として清国は敗れ、1842年8月南京条約が締結され、清国は、イギリスに香港を割譲するとともに、広東・厦門・福州・寧波・上海が開港され、アヘン没収代金として600万ドル、公行負債300万ドル、遠征費用1200万ドルを支払うことで決着がついた。イギリスが蒔いた不義の戦争に対し清国が対価を支払うというまことに間尺に合わない屈辱的な結果であった。プラッシーの戦いやアヘン戦争は、ムガール帝国や清国という年老いて弱り切った巨象を倒す精悍な（盛期の）ライオンのように小生には思えてならないが、弱肉強食の世界は人間界にも当てはまり、所詮人間も動物であり、これが自然の流れ、いや歴史の流れ（価値観の変動）とでもいうのであろうか、小生には全く分からないことである。

　林則徐は、この顛末に関する諸資料を友人魏源に託し、魏源はこれを50巻におよぶ『海国図志』として纏めた。同書は日本にも伝えられ、様々な人がそれを読み、ムガール帝国や清国と重ねて幕府を想像し、不安と恐怖を感じたとしても不思議ではない。はたして10年後ペリーが

来航してそれが現実となった。

　すっかりペマのことを忘れていた。ペマは、こちらが一方的にしゃべり続けたので、質問もできず、うんざりしたような顔つきでだまって聞いていたが、長々とする領土の話や重商主義・植民地の話に業をにやし、「いったいそんな話は、土地支配と領土とどういう関係にあるのか」聞いてきた。そこで、「冒頭に説明したことだけど、労働は富の父であり、土地は富の母である（ウイリアム・ペティ）。この富の包括的な基礎というべき土地こそが他ならぬ共同体がまさにそれによって成立するところの物質的基礎となるのであり、従って共同体がなによりも占取するところの対象となるのである（大塚久雄）。土地の占取は、共同体が生成する成因であり、共同体間の抗争を引き起こす原因でもある。これを、労働を領民、土地を領土、共同体を国家に置き換えると、領民は富の父であり、領土は富の母である。この富の包括的な基礎というべき領土こそが他ならぬ国家がまさにそれによって成立するところの物質的基礎となるのであり、従って国家がなによりも占取するところの対象となるのである。領土の占取は、国家が生成する成因であり、国家間の抗争を引き起こす原因でもある。最小単位として個人があり、個人から最小共同体である家族が発生し、家族が集まって様々な共同体となり、様々な共同体が集積統合して最大共同体即ち国家となるのであるから、土地支配は領土と密接な関係があるのではないか？　しかし、人間の歴史を紐解けば、長い間、国家間の抗争が続き、領土は取ったり取られたりを繰り返して多くの領民の命が失われた。話し合いなどなく、一方的にやったり、やられたらやり返すやりかた（自力救済）は、長い抗争の経験から一方的で無謀な行為であり、神の摂理に反する行為であることを知っている。今でも、領土（土地）問題は戦争で解決するしかないと発言する人もいるが、この人は世間から顰蹙をかっている。尤も、自力救済は、相互の立場を理解する謙譲の精神と抗争を客観的に調整し処理するフェアな機関や制度があってこそ避けられることであるが、それが不可能又は不十分だと、起こりうるのが人間のあさはかさである」と答えると、ペマは、腑に落ちなさそうな顔をして頷いた。

6）明治維新と地租改正

イ．明治維新

　幕末期は、対内的には、相次ぐ飢饉（天災）と無策（人災）により疲弊する領民、商品経済と市場の発展による商人への富の偏在、対外的には外圧から生じた開港による混乱、富を独占する特権商人に依存する幕府・諸藩の封建勢力、……こうしたことが時流に加わり、小流が大流となり激流に変じて、この時代を動かし、幕藩体制という封建制度を揺るがした。領民が疲弊することから封建領主の財政を支える年貢収入にも限りがあり、商品作物に専売制を強要したところで商人を利するばかりで、富は商人に偏在し、幕府諸藩の財政は商人に依存した。

　そもそも、封建制度とは士農工商という身分を設け、富の生産を農に委ね、再生産のための必要労働部分だけを残し、全剰余労働部分を吸い上げて、支配階級（士）の生計をまかなう貴穀賤金（本田畑主義）のシステムで、工商は富の生産から除外され、富を士にもたらすサービス（奉仕）階層として取り扱われてきた。

　しかし、参勤交代や御用普請により財力が削がれた諸藩は幕府に対抗する術もなく、鎖国により長期間比較的安泰であった中で、領民（農工商）も成長し、時代と共に商品経済と市場が発達し、貨幣経済があらゆる階層に浸透した。商品・市場・貨幣は経済（商い）の根本であり、貨幣経済の浸透と共に、経済（商い）の根本を熟知した商人の役割が増大した。特に、大坂は全国から商品が集まる最大市場であり、天下の台所ともいわれている。諸藩はここに蔵屋敷を築き、領内の年貢や専売品を換金したが、この役割を担ったのが経済（商い）の根本を熟知した商人であり、やがて、財政の悪化とともに手元不如意となった幕府諸藩に対し、年貢米等を抵当に大名貸が行われ、有力な商人の中には大小多数の諸藩に貸し付けを行い、その見返りに大名に匹敵する扶持を獲得する者も現れている。つまり、富を支配階層にもたらすサービス（奉仕）階層が、扶持（領知）を得て支配階層（士）に変じたことになる。

　地方においても、商品経済が発展することによって北前船が寄港するところに銭貨が集まり、貨幣経済の浸透により、質地関係から土地の集

積が一段と進んでおり、当初、連帯責任による村請制から村内村役人層が土地集積を行ったが、商品経済の発展と農業余剰の増加と共に一定の小作料が保証され、領主にとっても年貢さえ頂ければ領知の侵害などには無頓着となり、多額の余資を持つ村外地主による土地集積も進んだ。村方地主には豪農や商人が多く、有力な村方地主のなかには、酒造・金融・運輸のみならず、新田開発を行って村落共同体に滞留する遊民や土地を失って無産化した人々を雇用したり、問屋制家内工業に関与したりして、余資の増殖に努め、なかには、大名貸を行い、扶持（領知）を獲得する者も現れている。かくて、商人に富（貨幣）が集積するところとなった。

　一方、幕府は開国（開港）したものの攘夷運動（二度にわたる長州征討等）に躓き、攘夷といって長州が下関（馬関）戦争、薩摩が薩英戦争をしかけたものの、外国の圧倒的な軍備・技術に歯が立たず、新しい時代の構築が要望された。

　身をもって外国との軍備・技術差を体験した薩摩と長州は連合し、天皇を核とする新政府軍（官軍）を結成して、幕府相手に戊辰戦争が引き起こされたが、幕府は御用金を商人に課して戦費を調達した。例えば、攘夷運動に備えて新撰組が組織されたが、その運営予算はなく、隊服にも事欠く次第で、芹沢鴨などは半ば強盗のようにして大坂商人から資金をかき集めて衣服を整え、近藤勇は京都守護職（松平容保）の用途名目で、大坂の豪商22名から、活動資金7万1千両をかき集めたともいわれている（宮本又次著『鴻池善右衛門』参照）。また、二度にわたる長州征討や戊辰戦争に際し、京・大坂・江戸のみならず、全国の豪商・豪農（例えば、新潟新発田の千町歩地主である市島家は長州征伐のための御用金として1万両を拠出したとされている）から多大な御用金を課して戦費に充当している。もはや、幕軍も官軍も商人なくして戦争ができない状態である。

　幕末政争の中で、鳥羽伏見の戦いを皮切りに薩長等西国雄藩（新政府軍）と幕府との間に戊辰戦争が起こり、否が応でも諸藩は旗幟を鮮明にせざるをえないが、洞ヶ峠を決めこんでいた諸藩は新政府軍にたなびき※1、破竹の勢いで新政府軍は東征して、江戸城明け渡しにより幕府

は終局をむかえた。一方、旧幕府勢力は上野戦争や箱館戦争により対抗し、新政府軍の横暴をよしとしない東北等諸藩は奥羽越列藩同盟を結んで対抗するも、年貢減免を掲げ、御一新に期待をもたせ、民心をつかんだ※2新政府軍に抗する術もなく、箱館戦争終結に相前後して幕府は滅び、1868年9月8日、明治政府が樹立された。明治維新である。

> ※1　鳥羽伏見の戦いに際し、幕府軍の拠点となっていたのが淀城である。新政府軍に圧倒された幕府軍が後退を余儀なくされ、拠点とする淀城に集結して再起を図らんとしたところ、淀藩兵は入城を拒否し、新政府軍が追撃して淀城に迫ると藩兵は城門を開き迎え入れたという。淀城は現職の幕府老中（稲葉正邦）を勤めており、幕府軍には予想しえないできごとである。また、淀川を挟んで対峙する山崎において幕命を受けて布陣する津藩兵から、八幡・橋本に布陣する幕府軍に対し、砲撃が行われ、幕府軍が混乱している。

> ※2　西郷隆盛は「京・伏見・大坂の町々より、毎日官軍に酒肴をささげ勝軍を祝い奉り候儀、過分のことにて、これほど幕・会は憎まれおり候ことかといまさら驚くばかりにござ候」と藩地に手紙を送っている。また、会津戦争でも領民が新政府軍に酒肴を供したとも聞き、奥羽越列藩同盟に加入する新潟新発田藩でも激戦が続く長岡・見付方面へ援軍を差し向けようとしたところ、領民は「官軍に刃をむけることなかれ」として、橋を壊し進軍を止めている。

　因みに、ペリー来航から明治政府樹立までの主な出来事を年表にしてみれば、次の通りである。

西暦（年月）	和暦（年）	事　　件
1853年	嘉永6年	ペリー来航
1854年3月	安政元年	日米和親条約
1958年7月	安政5年	日米修好通商条約
1860年3月	安政7年	桜田門外の変
1863年6月	文久3年	馬関戦争（下関戦争）
1863年7月	文久3年	薩英戦争

1864年8月	元治元年	禁門の変（蛤御門の変）・第一次長州征討
1866年3月	慶応2年	薩長同盟
1866年6月	慶応2年	第二次長州征討
1867年11月	慶応3年	大政奉還
1868年		戊辰戦争
1868年1月	慶応4年	鳥羽伏見の戦い
1868年4月	慶応4年	江戸城明け渡し・奥羽越列藩同盟
1868年5月	慶応4年	上野戦争
1868年8月	慶応4年	会津戦争・北越戦争
1868年9月	明治元年	明治政府樹立
1869年5月	明治2年	箱館戦争終結

　明治維新政府が樹立されたものの、新しい時代（御一新）の政治体制をどう構築するかが課題である。御一新に当たり、

　　1．広く会議を興し万機公論に決すべし。
　　2．上下心を一にして盛に経綸を行うべし。
　　3．官武一途庶民に至るまで各その志を遂げ人心をして倦まざらしめんことを要す。
　　4．旧来の陋習を破り天地の公道に基づくべし。
　　5．智識を世界に求め大に皇基を振起すべし。

という「五条御誓文」を掲げて、中央集権的絶対王制を基本方針とする一方で、

　　1．五倫の道を正しゅうすべし。
　　2．党をたてて強訴しあるいは相率いて田里を去るなかれ。
　　3．切支丹邪宗門は旧によりてこれを厳禁す。
　　4．外国人にたいして暴行をなすを禁ず。
　　5．逋逃（逃亡）を禁ず。

　という戒めを「高札」に掲げて、旧幕府の封建専制を引き継ぐような方針をたてており、新政府の性格を端的に見ることができるとしている（『日本の歴史』第20巻頁104参照）。

　明治維新は、封建体制を解体・止揚して、中央集権的絶対王制に再編する社会改革であるが、「ローマは一日にしてならず」の諺にあるとおり、容易に改革し実践できるものではなかった。問題は、中央集権的絶対王制をどう構築するか、300に近い借金だらけの幕府諸藩領主と家臣団をどう解体させるか、民心を鎮撫し領民の安寧秩序を図るにはどうするか、政治体制を運営するための財源をどう確保するか、外国と対等につきあうにはどうするか……難問が山積みである。

　まず、1868（慶応4）年4月、明治政府樹立直前に、新政府の画期的な改革が政体書として発令され、前掲の「五条御誓文」を基準原則とし、「天下の権力すべて太政官に帰す。すなわち政令二途に出ずるの患なからしむ」としている。太政官に帰すとは、太政官が統治機構の総体をなすとした律令時代に復古するものであるが、一応アメリカの制度を文字でまねし、立法・行政・司法の三権分立の建前をとった政治機構が構築された（『日本の歴史』第20巻頁123参照）。

　次に、300に近い分権的領主と家臣団の解体であるが、これが厄介である。なにせ、明治維新は、薩長土肥等の封建領主に属する家臣団を中心に、民衆の協力を得て、一部反抗する諸藩もあったが、多くの封建領主と家臣団も賛同・参加して成し遂げられており、絶対王制を血祭りにあげたフランス革命と異なり、逆に、政治機構が封建家臣団に掌握された絶対王制確立のための社会改革であって、既存の支配構造を総て抹殺するものではなかった。一方、中央集権を進めるためには、版籍奉還を行い、分権的封建領主と家臣団を解体し、廃藩置県して、中央に権力を集中させる必要があったが、「元来家禄与奪の権は政府にあり、ただちにこれを廃するも理において不可なるなし。しかりといえど、2,800余人の華族と150万余人の士族をして、一朝路頭に彷徨せしむるは、決して安民の策にあらず、あるいは不測の禍を生ずるにいたらん」（『日本の歴史』第20巻頁265参照）とし、外債を募集して、分権的封建領主と家臣団を解体する代償つまり補償を行い、その禄を買い取った（秩禄処

分）。諸藩の藩債（商人からの借金や不換紙幣としての藩札）を新政府が引き継ぎ、加えて旧藩主は石高の10分の1の禄を与えられて華族に列され優遇されたが、家臣団の補償は上に厚く下に薄く、誠にヒエラルキーなもので、多くの末端家臣団は僅かな補償で生計の道を失い路頭に迷った。そして、この外債は民衆に転嫁され、新政府軍が約束した年貢減免は反故にされて民衆は困窮し、一揆暴動が相次いだ。一方、産業が未熟で豪商等商人の運用金や御用金と年貢以外、旧幕府諸藩の収入財源はなく、旧幕府諸藩の資産を没収して引き継いだ新政府の財源もこれに頼るしかなかった。また、開港以来、先進的な外国に翻弄されており、外国との対等な関係を築くため、早急に、先進的な技術と制度の研究と導入を余儀なくされた。

ロ．地租改正

　明治政府には、政治体制を運営するためにも、封建領主と家臣団を解体するためにも、莫大な財源が必要である。

　同じことを繰り返すようだが、封建制度とは、儒教教育が徹底され、士農工商という身分を設け、富の生産を農に委ね、再生産のための必要労働部分だけを残し、全剰余労働部分を吸い上げて、支配階級（封建領主と家臣団等）の生計をまかなう貴穀賤金（本田畑主義）のシステムで、農民こそが富を生み出す根源であって、支配階級を支える財源であると考えられていた。一方、工人・商人は富を支配階級（封建領主と家臣団等）にもたらすサービス（奉仕）階層として取り扱われ、物を作らず、物を動かすだけの商人から税を取るのは賤しむべきこととし、商品・市場・貨幣経済の発展により、物を動かして得る莫大な商業利潤（銭貨）に対して御用金を課し、市場調節のため買米させたが、これらは長期・低利であったとしても返還（長期・無利息なものも多く、殆ど踏み倒されたが）されることを前提としており、基本的に商業利潤は富の根源とみなしていなかった。

　従って、富を生み出さない商人や職人には非課税で、地子も免除されており、明治政府の財源は、全国幕府諸藩の年貢米（地租）に頼らざるを得なかった。

　この全国石高がどれだけあるのか、複数の地租改正に関する書物を読んでもなかなか判然としなかったが、ただ、地租改正事業に従事した有尾敬重氏が『本邦地租の沿革』というご自身の著書の中で、「その当時において、税を課するところの石高というものがどの位あったのかと申しますと、これは以前には少しも分からなかったのでありますが、御維新後明治4年になって、全国の総石高が始まりまして、その年が3,043万石でありました。そこでその後私が旧幕当時の総石高を推算しました所によりますれば大体次の様な計算になります。即ち旧幕直轄の御料所ととなえますものが350万石、旗本の知行が450万石、この二口を合わせて所謂旧幕領が800万石ばかりも在ったように聞いております。それから加賀侯の100万石、薩摩侯の77万石等というような藩々の高の推算が合計1,872万石になる、尤もこれは検地の時分に作りましたところの高で、その後新田が出来て高入れをしましたようなものは公儀に届出てないので、それだけ内輪目になって居ります訳でありますから、これに前の800万石幾らと申します旧幕の高を合わせても3,000万石幾らにはなりません。それで各藩の高が検地以来仮に2割増になって居るものと見ますと、両者の合計が3,046万石になりますから、丁度前に申しました総石高位になりますようであります。尤もこれは大体の推算に過ぎません。」としているので、参考までに付しておく。但し、2割増しは1割4分増しとしないと計算は合わないが。

　明治政府の財源は旧幕諸藩の年貢米（地租）に頼るしかないにしても、当初は、まだ地租の取立がうまくゆくはずもなく、財源は不足し、とりあえず、太政官札という不換紙幣を発行したり、豪商から御用金を課したりして、急場を凌いだ。しかし、今後において年貢米（地租）を重要な財源とする限り、多くの難問をクリアしなければならない課題があった。特に、次の点が中央集権国家財政にとって大きな支障となっている。

1．徳川幕府は400万石（前掲『本邦地租の沿革』によれば、幕末天領350万石、旗本知行地450万石となっているが）の知行地と主

導権を持って全国諸藩に君臨する最大の大名であって、分権的封建領主の上にたった絶対性を欠く緩やかな集権的封建領主であり、領知は諸藩領主に委ねられ、幕法こそあるものの、年貢に対する処し方はばらばらで、負担の軽重に格差があること。
2．国家は、現金（貨幣）で支出等支払いを行わねばならないのに、収入は米穀や蔵物等の現物であるため換金を要し、豊凶により価格が変動して安定せず、国家の蔵入・蔵出を計る予算計画がたてられないこと。

　こうした問題をクリアするため、新政府の役人達は論議を重ね、様々な提案を行った。その内、政府の部局制度寮の開明的役人である神田孝平の「税法改革の議」が注目され採用された。その要旨は、土地の売買を許し、地価に応じた一定割合の現金を地租とすること。士と工商にはなんらの課税もなく、ひとり農民のみが負担しているのは不公平であり、重を減じ軽を増して公平を図ること。そのためには、土地所有権を認め、その売買の自由を許し、売買価格を基準とした金納地租をとるべきとした。こうした近代的所有権の考え方はどこからでてきたのであろうか。神田孝平（1830－1898）は、岐阜県不破郡垂井町に生をうけ、ペリー来航をきっかけに杉田成卿・伊東玄朴・手塚律蔵らに蘭学を学び、イギリスの経済学者ウイリアム・エリス著の蘭語訳『経済小学』を重訳し、慶応3（1867）年に初版本を出し、翌年『西洋経済小学』として再販している。ウイリアム・エリスは、アダム・スミス、マルサス、リカード、J.S.ミルに続く古典経済学者で、産業革命後のイギリス資本主義を背景に、生産手段の私的所有と自由競争を原則とした自由放任主義を主張しており、神田孝平がこうした経済の在り方を学び、影響を受けて、近代的所有権の考え方に辿り着いたのではないかと考えられる。この考え方は、既に産業革命を経て資本主義経済の高度な発展を遂げた欧米先進国の強さを身を以て体験した政府首脳部にとっても、資本主義の育成こそ肝要なこととして、維新政府に受け入れられた。
　早速、神田案を基にその方針を定め、政府は身分制度を改廃し、田畑作物の自由・田畑永代売買の自由を認め、地租は、政府が定める地価の

３％、村入費（地方税）は地租の３分の１とし、全国一律金納とすることに決定して、明治６年７月（1873年）地租改正法が布告され、条例と規則が公布された。

新政府財政のためとはいえ、当時の人々にとって、「自由、自由……」というフレーズは、なんと、聞き慣れない斬新な言葉であったことであろうか。

江戸幕府開府後まもない1606（慶長11）年、まだ禁教令がない時代、つまり、「法は理を破るも理は法を破らざれ」という論理がまかり通った時代のことである。禅僧から改宗してイエズス会の修道士（イルマン）となったハビアンという人物が儒学の大家林羅山と「天地」について論争したことがある。ハビアンはイエズス会から知識を得たのか、球体説・地動説を唱えたが、方円説・天動説を唱える林羅山に「これでは天地がさかさまになり、天子が愚民と入れ替わることになるので、ありえないことだ」と糾弾され、ハビアンは、狂い迷った末、棄教して、以後キリスト教弾圧に協力したといわれている。儒学は江戸幕府を通じて、支配者たる封建領主層のバイブルであり、教理であるとして儒教教育が徹底され、「民はこれに由らしめるべし、これを知らしむべからず」とし、徹底的な愚民政策が講じられた。儒教は封建制度を維持するのに格好な規範として常態化していた。

前に、「蘭書（洋書）は、蘭語・蘭学を会得した人達によって訳出され、転写・出版され、四書五経に加えて多くの人が貪るようにして読んでいる。今や、蘭学を学ぶ場は、長崎、江戸、大坂、……全国に及び、蘭学を学ぶ人はあらゆる階層に及んでいる。」と書いたが、蘭書を介して、欧米の先進的制度や考え方が研究され、開明的啓蒙的な知識人が簇出し、こうした人々は学者として、役人として登用されている。神田孝平もその一人であり、福沢諭吉もその一人である。

福沢諭吉は、幕末期、咸臨丸に乗船してサンフランシスコに上陸しているが、そこで見たり聞いたりすることに驚かなかったといわれている。つまり、適塾で蘭学を学び、蘭書等を通じて、欧米の制度や技術等について、十分熟知していたからである。その福沢諭吉が、明治５（1872）年に『学問のすすめ』を刊行している。その冒頭「天は人の上

に人を造らず、人の下に人を造らず」というフレーズはあまりにも有名である。その中で、「民はこれに由らしめるべし、これを知らしむべからずと古人（論語）もいった通り、人民は、ただ政府に服従させておけばよろしい。政治の内幕を知らせる必要はない。どうせ世の中は無知な民衆が多いのだから、すぐれた政治家が上に立って人民を支配し、政府の言う通りに服従させれば、それで十分なのだ」という考え方は、昔孔子が唱えた儒教の主義であるが、これは大変な間違いであるとして、儒教を批判している（伊藤正雄現代語訳『学問のすすめ』から抜粋）。

身分制度をなくして四民平等とし、田畑作物の自由を認め、田畑永代売買の自由を認めるためには、自由の桎梏となっている封建制度とその教理である儒教から解放されなければならない。儒教の教理から解放されなければ、「天は人の上に人を造らず、人の下に人を造らず」という「天賦人権」はありえない。

ここで、ペマの村の長老の話が想い出される。「天賦人権」は、長老がいうところの、洋の東西・神の如何を問わず天地を統べる「自然の理法」のことであり、それは神聖不可侵としている。つまり、神の掟に逆らえないということである。この権利は、生命・精神・身体・財産など、正当な行為により得た全てのものに及んでいる。「天賦人権」なくして財産権としての所有権はない。この所有権は「処分し収益することができる権利」であって、全体利益を損ったり、他の所有権を侵害しない限り、正当に得たものである限り、何人も自由にすることができる財産権である。

神田案による地租改正を実施するには、こうした土地の所有権を志向しなければならない。一方、士と工商には地子※もなく課税もなく、ひとり農民のみが負担しているのは不公平である。士工商にも応分の課税を行い、士農工商の身分制度を撤廃し、制限され硬直的な職業や土地売買を自由にしなければならない。また、諸藩によりばらばらで不公平な課税に対し、重を減じ軽を増して公平を図らねばならない。そして、土地の売買を自由とするためには、画された（一筆一筆の）土地の所有者を確定しなければならない。所有者を確定するためには、所有者を明記しなければならない。所有者を明記するためには、それまであったりな

かったり、禁じられたりして漠然としていた姓名を明確にしなければならない。そういうことがあったかなかったか知らないが、地租改正法が布告され、条例と規則が公布される直前、1870（明治3）年平民苗字許可令が出て、1871年戸籍法が施行され、戸籍役場が設置され、1875年には姓名を戸籍役場に登録することが義務づけられている。

※織田信長の時代まで遡るが、楽市楽座を設けて城下に商人を集め、町方を繁盛させ、後の時代においても、例えば、1634（寛永11）年に徳川家光が二条城から船で大坂城へ入った際、三郷惣年寄などが将軍を今市に招き、祝賀の意を表したところ、将軍より大坂町中の地子銀の永久免除が約束されたといわれている（Wikipedia「釣鐘町の由来」参照）。

　さて、土地の所有者をどのように確定して公認するのか、村方と町方では、土地所有（所持）の公認の仕方が異なっている。
　村方では、基本台帳はあくまで検地帳であり、名寄帳は村請による村帳簿である。検地帳と名寄帳については、前に「近江国今在家村には慶長3年（1598年）の検地帳と名寄帳が残されている。両者は、総面積や村高はほとんど一致しているにもかかわらず、検地帳での名請農民は82人であるが、名寄帳の登録農民は40人であった。この名寄帳にない42人の内、35人は屋敷をもたない名請人であった。」と例示したが、このような検地帳と名寄帳の差は全国にみられるものである。また、福島正夫著『地租改正』においても詳しい説明が行われている。
　この説明によれば、「田畑永代売買禁止令は、高請された本田畑に適用され、町地や高請されていない農地山林の売買には適用されていなかったが、元禄以降農村に貨幣経済が浸透すると共に、高請された本田畑についても、質地や年季売の方法で事実上売買されており、それらは、貢租義務を明確にする必要から、帳簿上の諸手続を要する。即ち、譲渡の場合、子弟といえども必ず互に譲渡証文を作成し、これに村役人が奥書加判しなければならず、質流地・山林・屋敷地の質受の場合も、名主・五人組へ届け、証書作成、帳簿の名を書き替える。しからば、この帳簿とは何か。これは検地帳ではない。貢租の根本として土地台帳の性質をもつのが検地帳で、このほかに村役人の管理する名寄帳の類がある。検地帳は、領主対農民の関係を表示し、課税の基本たる村高を主眼

とするが、農民個人の問題としては、名寄帳が土地権利関係の現況を表示する役割をもつ。だから、実際手続上、土地所有の移動があっても検地帳は直さないのがむしろ普通で、張掛紙で新持主を表示するのが地方的にある程度である。（領主は）証文上の土地表示は、厳しく検地帳と照合したが、名寄帳は、貢租や高掛物を村民に分賦するための文書で、領主が関与しない村方公簿である。農民間の土地取引があれば、ここで名義書換が行われる。かようにして、検地帳は村高および土地の台帳、名寄帳は土地所有の台帳となり、名寄帳が所有権を定めるものとなるのは自然の理である。ただし、名寄帳は、合反別石高のみ記載し、字等も明記しないものが多く、各筆の対照に支障をきたした場合が少なくない。」としている。これでは、村方において、土地の所有者を確定し公認するのは極めて難しい。

　町方では、町地・武家地・寺社地に区分されており、町地の内、沽券地・草創地には町人の私有地としての権利が認められ、その売買・譲渡は自由であった。

　沽券地は、売買譲渡のたびに、町役人、五人組等が加判した沽券が作成され、これが土地所有権の権利証（証明書）として流通し、そこには売買価格も記載されていた。例えば、延宝2（1674）年大坂の豪商鴻池家が、大和屋が破産した際、大和屋から今橋の家宅を買取った時の証文は次のようなものである。

永代賣渡し申す家屋敷の事

1．今橋二丁目難波橋西北角大和屋律子家屋敷、間口九間奥行二十間、西隣眞嶋安栖

右（上）の家屋敷、今度律子身躰（身代）つぶれ申に付、負せ方（債権者）中より入札に仕、其方高札38貫110匁に永代賣渡し、則代銀請取申所實正也。右（上）家屋敷に付、違亂妨申者これあるにおいては、負せ方中並びに判形の者罷出、急度埒明申すべく候。後日のために永代賣券状、件のごとし。

延宝2年寅6月28日　　　　　　　　　　　　　　大和屋律子

負せ方中㊞、五人組紙屋源左衛門㊞、同升屋彌右衛門㊞、同平
野屋利兵衛㊞、同鳥飼屋四郎兵衛㊞、年寄眞嶋安栖㊞
鴻池屋喜右衛門　殿

（前掲宮本又次著『鴻池善右衛門』参照）

　町地では、従来から、町人の私有地としての権利が認められ、その売
買・譲渡は自由で、その権利の証しとして、沽券が作成され、これが土
地所有権の権利証（証明書）として流通し、そこには売買価格も記載さ
れていたことから、村方においてもこの沽券が適用できるのではないか
と考えたのか、神田孝平は、「税法改革の議」（1869年）に続く「田税改
革の議」（1870年）において、村方に「沽券税法」を導入し、地券によ
り土地の所有者を確定し公認することを建議している。

　この建言は、村方の検地帳と名寄帳との齟齬を解消し、一筆一筆ごと
の所有権（1地1主）を地券に置き換え、土地の所有者を確定し公認す
る方法として意義があるが、村請制のもとで名寄帳を管理し、実態を知
悉している現状において、検地帳と名寄帳の照合は村まかせで行うしか
なく、誰に地券（土地所有権）を与えるのか、村落内で混乱と紛糾が引
き起こるのが必然である。

　この「沽券税法」による地券は、町方では市街地券※、村方では郡村
地券とし、両者を合わせて発行年次の干支にちなんで壬申地券と呼ばれ
た。壬申地券は地租改正による改正地券に先駆け、まず東京府市街地を
手始めに、漸次、京・大坂等の町方へ、そして全国の村方へと一筆ごと
（但し、名寄帳との関係から複数筆のものもある）の所有者を記載して
発行された。

　幕藩体制下の土地利用や土地所持（占有）の在り方は地方によって異
なり、複雑かつ不明瞭である。地券発行に際し、当然、この複雑かつ不
明瞭な土地利用や土地所持（占有）の状況に多々直面している。この様
子を前掲『地租改正』を中心として見てみれば、次の通りであった。

　　※市街地券等町方の地租改正については、滝島功著『都市と地租改正』参照。

1. 分割所有権的な土地

　有明海沿海でもとくに旧柳川藩（当時三潴県）の鍬先地は有名な紛争地であった。ここでは、直接的生産者たる小作人の上に、地頭（開拓出願者又は金主）、鍬先主（開拓者）、野主（葭の植栽者）が居て、「一地四称」と呼ばれていた。高知では、前に『新田の研究』で触れたことであるが、長宗我部遺臣の懐柔策として新田開発を行っている。「土地の領有（支配）には年貢の徴収権である所当知行と耕作権である下地知行とがあり、領知とは所当知行と下地知行とを併せ持つ一円知行であるとしている（上土権・下土権という言葉は、所当知行が下土権、下地知行が上土権に相当するのであろうか）。そして、所当知行と下地知行とのいずれか一つが欠ければ、領知にあらずして郷士の資格を失うとしている。即ち、所当知行と下地知行とは不可分の関係にあり、新田には兵農未分離のまま中世的半農半士の状態が維持されることとなる。」としているが、幕末期には、この所当知行と下地知行は分離して郷士は底土権、農民は上土権という二重の構造となっている。封建諸侯の領知が解消されていることにおいて、どちらに地券（土地所有権）を与えるのか混乱・紛糾している。

2. 質入地および年季売地

　土地の質入は日常的であり、全国において一般的に行われている。近代的な権利関係として、通常、担保権と所有権は区別されているが、当時の民間の法意識は異なっている。旧幕藩時代には田畑永代売買が禁じられていたため、質地を介した売買は半売却の性質を持っていた。中には、返金有次第請け戻すとして直小作を行っているものもあり、地券を質入主名義にするか質取主名義にするかで混乱している。

3. 割地

　主に、河川沿いにあって、水害が頻繁に起こる場所（現在でも、河川内に民有地があり、「堤外地」といわれているが、割地と関係があるのか否か、調べたわけでもなく詳細不明である）にみられ、公平の観点から、割替地、籤割地、籤取地などの名称で土地の割替を行う制度が全国的にあった。こうした土地も1地1主とする限り、割替場所と名義人を特定しなければならない。例えば、新潟県では、最後の割替地の名義人

に地券を交付したが、これは、地券上確定したに過ぎず、長年の割替慣行を度外視したもので、地方によっては、割替制度は戦後の農地改革※1まで続き、はなはだしいものは、現在までも続いている※2とのことである。

　※1古島敏雄編『割地制度と農地改革』参照。

　※2吉田和義論文「千曲川沿岸における地割慣行地の地理学的研究」参照。

4．庄屋役地

　旧幕藩時代の村請制のもとで、庄屋・名主は職務俸として給田を受けており、こうしたことは、諸地方でみられる。この庄屋役地に地券が交付されるにおいて、それが庄屋のものであるか、村人のものかをめぐって紛争がおこっている。ある事件では元庄屋が勝訴し、他の事件では村人が勝訴している。例えば、愛媛県宇和四郡の各村でおこった「庄屋役地取戻事件」があり、この事件では、元庄屋のものとして庄屋側が勝訴し、村人側は敗訴した事件として有名である。

5．村持地

　多くは共有地であり、林野だけでなく、田畑・宅地・溜池・郷藏・墓地などが村持地となっている。恐らく、田畑・宅地が村持となっているのは、年貢が負担できないなど田畑等を村中惣作（村請）にしたものと考えられる。一方、1地1主を原則とする限り、名義人を特定しなければならないが、これを個人名義にしたことから、紛争が起こっている。例えば、岩手県の小繋事件※がその一例である。名義人が特定できない場合、本来公有地は払下を受け、払下人の名義としなければならないが、もともと村持であって公有地でないため、村に地券を交付し、村請公有地（現在の地方自治法第294条の財産区）として認めざるをえなかったものもある。

　※戒能通孝著『小繋事件』参照。

　複雑かつ不明瞭な土地利用や土地所持（占有）に対し、地権者を特定して地券を交付する過程で、紛争が続出し、半ば強制的に地租改正事業が進められ、地券が交付できない土地は官有（官民有区分）とされた。

　地券を交付するにあたって、改正事業が行うべきことは、正確な地積

（地押丈量）と券面に表示する地価の算定である。検地は、太閤検地以来、幕府領である天領はもとより、諸藩においても数次にわたり検地が行われている※。その結果が幕末期の検地帳であるが、長年の新田開発や切添・隠田等もあって実態にそぐわない状態になっている。新政府とて、地券交付に際し、そのことは十分熟知しているが、検地は増徴の兆しであるとして忌避されることも知っている。

　そこで、村方では「土地丈量の業を挙て一切人民の担理となし、官吏は適宜分派し丈量の精粗適否を検するに止」として、測量方法（当初は十字法、後は三斜法）を村人に伝習させ、土地調査を村人に委ねた。検尺は1間6尺、300歩を1反とする度量衡を用いて幕府当初のものを継承した。しかし、測量に不慣れな村人が多く、多くの村では報酬を支払って測量師や算者等人を雇って丈量した。地券発行とともに農民自ら丈量を行うことから、精度に多々問題を残し、中には丈量に伴う紛争もあったが、自ら権利を確保するというモチベーションも高く、村方の土地調査は、大方順調に進んだようである。一方、町方では、画地が狭く、寸分の地片でも地価・地租に大きな影響を及ぼすことから詳細を究め、測量は専門業者に委ね、測量誤差は村方に比較し厳重であった。

　　※神崎彰利著『検地　縄と竿の支配』参照。

　次に行うべきことは、券面に表示する地価の算定である。町方では、土地売買が自由であり、取引市場も未熟ながら形成され、相場らしきものもあった。また、土地売買の際には、沽券を改め、券面に売買金額も表示されている。一方、村方では、質地を介した売買こそ行われているものの、基本的に売買が禁止されており、その性質は半売買で、取引市場も相場もなく、売買による名義変更は名寄帳で行うも、売買対象となる土地は検地帳に石高が表示されているだけである。

　万難を排し、検地帳と名寄帳とが照合され、地券が交付されたとしても、地券に地価（金額）を定めて、表示するのはかなり難しい。

　この件に関し、神田孝平は「売買地価主義」を、大阪・兵庫・和歌山等の地方官を務め、現場を熟知している陸奥宗光は「法定地価主義」を建言している。

　「売買地価主義」は、売買価格を基準として地価を決めるというもの

で、真価は売買価格にあると考えた。しかし、取引市場も相場もない状態で、真価を求める術もなく、地価は申告によるとしたが、恣意性が高く、公平性を欠く難点がある。

「法定地価主義」は、土地の生産力に着目し、土地収益を基礎として地価を決めるというものである。

この陸奥案は、郡村においてあまねく広く適用するについて、現実的であるとして採用され、陸奥はやがて租税頭となり、具体的な作業に着手した。

この方法は、田地1反歩の地位・等級を定め、その収穫に米価を乗じて粗収益を求め、それから種子代・肥料代及び村入費（地方税）を控除して純収益を算定し、これを一定の利子率で資本還元したものを地価とするやり方で、今日でいうところの収益還元法による地価である。実務的には「地方官心得書」において検査例が示されており、この検査例は、自作地方式を第1則、小作地方式を第2則とし、標準的地価算定式を次のように例示している。なお、明治3年英国から鋳造機を輸入して造幣所が造られ、この時から10進法と円・銭・厘の単位に変わった。

		第1則（自作地）	第2則（小作地）
①	田	1反歩	1反歩
②	収穫米	1石6斗	1石6斗
③	収穫代金（3円／石）	4円80銭	4円80銭
④	小作米	0	1石8升8合
⑤	小作料	0	3円26銭4厘
⑥	種籾肥料代（15%）	72銭	0（小作人が負担する計算）
⑦	残金	4円8銭	3円26銭4厘
⑧	村入費	$y \times 0.03 \times 1/3 = 0.01\,y$ 即ち40銭8厘	$y \times 0.03 \times 1/3 = 0.01\,y$ 即ち40銭8厘
⑨	地租（X）	$y \times 0.03$ 即ち1円22銭4厘	$y \times 0.03$ 即ち1円22銭4厘

⑩	地価（Y）	$((⑦-(⑧+⑨)))÷\underline{0.06}=y$ $4円8銭-0.04y=0.06y$ $y＝40円80銭$	$((⑦-(⑧+⑨)))÷\underline{0.04}=y$ $3円26銭4厘-0.04y=0.04y$ $y＝40円80銭$
⑪	手取収入（地主）	2円44銭8厘	1円63銭2厘 （3.264-0.408-1.224）
⑫	手取収入（小作人）		81銭6厘 （4.8-3.264-0.72）

（資料：東京大学出版『日本資本主義の成立Ⅱ』第3章頁291〜292の整理）

　総収入の34％が地租・村入費、15％が種籾肥料代、34％が地主手取、17％が小作人手取である。地租・小作料が多過ぎ、労賃を含む小作人手取が異常に少ない。

　利子率を自作地の場合と小作地の場合とで差をつけるという不合理な点があると共に、当時の利子率と比較して利率が著しく低くなっている。また、幕末から明治末期にかけ小作料率が異常に高まっているとはいえ、明治43（1880）年の小作料率は46.8％に過ぎない（『土地制度史Ⅱ』頁17参照）。一方、明治初期の検査例では小作料率68％（1.088/1.6）という現実離れした高率を用いている。つまり、第2則計算は現実離れした辻褄合わせの計算式としか考えられない。

　検査例による小作料率68％は、たとえ現実離れした仮定のものであったとしても誤解を生みかねない。そもそも、小作料は地主と小作人との話し合いにより、相対で決まるものであって一律ではなく、公権が私権に介入すべきものでもない。

　こうしたことから、第2則は全面的に否定され、適用されることはなかった。

　では、具体的に地価調査はどのように進められたのか。ここでは、地租改正事業掛として長年調査に携わった前掲の有尾敬重氏が、その著『本邦地租の沿革』の中で調査の内容を説明しているので、同書の難しい漢字文をできるだけ現代文に近づけ、地価調査（地位等級）の部分に限定して、臨場感があるので要約せずに、次の通り原文のまま忠実に記すことにする。

「おおよそ、各村々にあるところの土地は、細かくいえば一地一筆とっても収穫のちがいのないものはありません、従って、正確を望めば殆ど限りのないものでありますが、実際に当たって見るとそう細かにやれるものでありませんから、地位等級を立てるには大体この辺は１等、この辺は２等というように、一地一筆でなく、大同をとって等級を立てろという示し方であった。これを定める方法は自作地たると小作地たるとを問わず、３ヶ年平均の収穫を標準にして、３ヶ年間無難にとれて一つの取り劣りがないというような所で、且つ村落に近い所を１等とする、村落から少し隔っても地味の非常に良い所はこれも１等とする、これよりいくらか劣るものは２等とし、更にいくらか劣るものを３等にしようという順序であります。しかしながら、村落寄りの土地には木蔭になるとか又は銘々の下水が溜って却ってできすぎるということもある、その外種々悪い所もあって必ずしも１等となるとは限らぬのでありますけれども、理屈としては大体こういう標準を取ったのであります。また両毛作をする土地は収穫本位という方からいえば裏作も混ぜて見させなければならぬのでありますが、裏作をするにはよほど労力もかかり、費用もかかりますから、両毛作の地はまず一作を以て収穫を調べた上、同じ収穫の場所で一作しか取れぬ所と二作取れる所とあれば二作取れる場所の方を１級だけ上位に置くことにいたしました。例えばその村の３等地で本作の方はともに２石取れるが、一方は両毛作ができるのに一方は一毛作しかできぬというような場所は、両毛作の方を２等にくりあげて１等だけ上位に置くという風で、一般に両毛作の所は一毛作の所より上等とせよというような示し方でありました。なお地盤が田の形をしておる平坦部であるならば、形は便宜畑にして桑とか蔬菜とかいうような物を植えている所でも、田の名称をかぶせて地位等級も田と同様にして置くということになっていたのであります。

　地位のわけ方は平坦部では階級が少ない訳であるからおおよそ５等位とし、普通は９等位にわけたと思います。それから山地と平坦部と混じっているような所は12等位にわけ、純然たる山間になって地盤が平坦ならず又地盤の様子によって地味の優劣も多いという所は15・16等とし、甚だしきに至っては等外として別に２・３等を置いてあった様で

あります。しかし、そういう山間の地におきましては少しばかり良い土地がありましても、大部分の土地が１反歩につき１石も取れないわずか４斗とか５斗とか取れぬというような所であるならば、その土地ばかりあまり等級を上げては外の土地との間に非常に等級の差が生じて面白くありませんので、そういう所は際だって上げないという方針でありました。なお等級を分かつということについては前に申しましたようにあまり干渉はしなかったものでありますが、後回しにしておいた関東地方ではこれをやりました。このことは後でお話する積もりであります。次に１等と２等の差はどの位の割合にするかというと、１反歩収穫においておおよそ１斗５升位の差のあるものを区別して等級を編成したのであります。他所からおこなったものには分かりませんけれども、村の人はなかなか詳しく土地の出来不出来を知っていて、この所は癖があるとかないとかいうことが容易に解りますので、従ってこの等級を立てる事は前の丈量及び地図を描かせるのと違って、存外うまく行ったのであります。しかしながらこれにも又弊があってそこに参加する人で少し口頭の巧い利口な男は自分の土地が良くても悪いと主張して大いに等級の不公平を来した様な例もないではなかったが、とにかく等級については官が喙を容れてこれを直すということは十分には手の届き切らぬことでありました。

　而して各村評議の結果がどうであったかと言いますと、いずれの村にしましても、詰まり１等になるものは最も高い税がかけられる、２等はいくらか少ないという事は誰にも感じられるのでありますから、かなり等級を降ろそうとするのが人情であります。それで１等として届出すものは、誰がみても彼の所は１等に出さなければならんという極く上等の物を仮に百町歩の村に１町歩とか５反歩とか又８反歩とかを出して、それから２等３等を作り出して行くのであります。こういう工合では９等位な等級では到底納まりがつきませんのでありまして互いに下り下りする様な傾向になるのであります。従ってこういう時には１等と２等と３等とを合わせてこれを１等とし、４等と５等と６等を合わせて２等とし、順次かくの如く訂正したのでありますが、どうしても矢張り地租をかけられることの少ないのを欲するのでありますから順位が自ら下

りがちになるので村から出したところの地位等級反別帳及び絵図というものを以て見ると丁度富士の山の様に成るべく頭を少なくして裾を広くするという等級別になっております。実際村の状態がそういう有様であれば仕様がありませんが、ただ色々な情実でそんな形に出てくるのであります。ところが地租改正局官吏の一行にはそういう村の様子等を知った者がありませんから別に正直なる老農を顧問役にあげてそれらに諮詢して、いずれもその村の形状によって地位等級の大略を調べ、この村は平坦部の多いところであるから地位の低い土地は少なくなければならない、即ち丁度富士の山を逆さにしたようにならなければならないというような風に、老農に諮詢して意見を聞いたところを根拠として、こういうやり方では到底取り上げることは出来ない、これでは地租を配布する標準が立たないから、おまえの村ではこういう風にして出さなければならないという事を示してやりました。それでも一度や二度では中々思うように直してこない、再三再四色々の手数をかけて先ず官で見る所に一致せしめた様な有様であります。地位等級のことについては先ずこういう風に立てる事は立てさせましたけれども地租の配布は厳格にこの地位等級によって配布したものではないので、村の合計額を算出し、この村は幾らの合計に帰着するからよろしく等級に割り当て一筆限地価帳を出せという事を命じたのであります。しかしその辺については綿密のことは行き届かなかったかと思います。後に至って随分種々の事が起こって改正が済んだ後に等級を組み替えさせてもらいたいという様な事を申し出たところもありましたが、これらは一村の総額に増減を来さざる限りこれを許したのであります。尤もこれは少数の例外でありました。

　以上は郡村の方でありますので次に市街の事を申し上げますが、市街の方の地位等級は村の地位等級と違って、よほど綿密にやらなければなりません、市街地は地価が高いのでありますから少しの違いでも課税上に大なる関係もつのでございます。それでこの方は官においてもよほど干渉して、商業の繁盛なる又売買価格の高いというような処を選びこれを標準として全般の等級を立てさせるという見当でありました。一例として東京の事を申し上げますと、東京市は輦轂（天子の乗物）の下の大都会でありまして他の市街の標的となる処でありますから、一層注意

して取り調べをしなければならないという覚悟でやりかけたのでありますが、第一番に東京市で一等地と見立てるべき処はどこであるかと申しますと、先ず日本橋左右及び室町通り1丁目という所が一番宜しい様に思われる。この辺の地所は広うございまして大きい地主が持っております。従ってこの室町の様な大きい地所につきましては、仮に一筆としましてもこれを裏坪中坪横通という様に分割いたしまして、角地でしかも表に面している処で、売買価格及び賃貸料が何人がみても一番良いという所を講究した結果、日本橋区按針町の魚市場の所の角地（これはあまり大きい地ではありませんが）を以て最一等と定めその坪当たり地価を30円としそれから順次郡境までの地所の等級を183等というものに区別して一番悪い所は1坪当たり7銭5厘となし、それにも猶及ばないのを類外地として置いた様な訳であります。按針町の角地は小さい地所であったので一筆を通じて30円でよろしゅうございました。また室町は表30円と極め、次に中坪を中坪相当に、また裏側を裏側相当に見積もりました上、一筆を均しました結果、表地が按針町と同様な地位の所でありながら一筆としては等級を下げる必要を生じ2等3等を空位として、4・5等の地といたしたかと思います。こういう訳でまた京橋区なれば銀座とかいうように最も好い地所の地位を定め、これを標準として釣合を取って行きませんと充分に相互間の権衡を取る事が出来ませんので、東京市の地位等級を立てるには随分長い日数とよほどの手数をかけてやったものであります。それで出来あがりました結果を見ますと、地価の平均が1坪当たり1円38銭7厘という事になったことかと記憶しております。その時分では地価は敢えて売買価格より安くなっていた訳ではない、勿論中には幾らか安い所もあったでありましょうけれども、大体においては相当のものであったのでございます。しかるに今日から見ますと非常に安いもので、1等地たる按針町の辺は今日の鑑定価格にしたならば300円から500円、おおよそ10倍以上であります。また郡部接近の処の坪当たり7銭5厘は今日では100倍といっても宜しいので、明治9年頃の状況は今日から想像するとよほど様子の異なっていたものと思われます。それから横浜大阪神戸等は担当が異なっておりますけども、東京を標準としたこれとの均衡を得なければなりませんので、

その方法等は多く東京に準じた様でありました。それで横浜では弁天通で元の神奈川県庁の向側の角地が表裏中坪を斟酌した上で1番上等と定められたのでその地価は19円50銭と極められました。次に大阪は心斎橋の橋詰の所が1等地でありますがその処が15円、また神戸では海岸通の境町といって、税関の門の方に向かった角地の処を1等地としこれも15円と定めたのであります。こういう風に1等地を定めましてそれから漸次順を立てて全市街の権衡が取れる様に等級を立てたのであります。その他の市街においてもやっぱりこういう様な事を習ってやりましたが、小市街になりますと1等地も高くなり、やり方もよほど楽であったという事であります。市街地の調べについては随分世間でも非難する人もありますが、実は非常に苦心して、これが公平適当であるという積もりでやり上げたものであります。今日になって実際の事情と違うのは時勢の変遷によるのでやむを得ないのでございます。それから前に申しました東京の1等地が30円という事は素より家の代価は伴わないもので地所のみの価であります。……」

　こうして明治5年に山口県から着手された地租改正事業であるが、途中、西南戦争や改正事業に反対する伊勢暴動※等が起こるなどして遅れに遅れ、紆余曲折もあって明治13〜14年頃まで続いた。その調査結果は福島正夫著『地租改正』においても前掲有尾敬重著『本邦地租の沿革』に基づいて地租改正の成果が報告されているので、引き続き、『本邦地租の沿革』から調査結果を見てみると次の通りである。

　　※改正事業は米価基準で地租が決められ、米価は変動するので、高騰期に改正事業に着手された伊勢地方の農民が地租改正に反対して暴動をおこしている。

「これから地租改正の結果の事を申し上げますが、改正事業に着手したのは山口県が最初でありまして、その山口県のやり方はいわば前に地券を渡す時に行った様な方法を用い、収穫を調べるとか、地価を調べるというようなことは最も正式に行ったのでありますが、土地の丈量ということはやらなかったように思います。山口県では小作米を現生米といいますが、この現生米を確実に調べれば、反別は広くても狭くても問う所

ではないというので、専ら現生米を基礎として調べるというやり方であった。これは主意としてはあまり欠点はないようでありますけれども、実際はそれほど正確には行かなかったように察します。その次は宮城県をやりましたが、この時に至っては最早丈量をしないとかいうことはなく、これは本統の改正の手続を以てやったのである。世の中には山口県及び宮城県は随分地租が安いということを申しますが、これは最初に着手されたものであって、比較の取りようがなかったから、少し位は安くても仕方がなかったのであります。

　しかし、山口県と宮城県を較べると、宮城県の方はそう安くはないようであります。ご承知の通り、宮城県は近来しばしば洪水の襲来する所となって、しきりに害を被っておりますが、改正の当時では、まだそれほどの害を被る土地とは思われなかったので、阿武隈川、北上川などのために水害を被る程度は近頃になって著しくなったようであります。それでその当時の地価について県で調べたところ、田1反歩平均7円位の申し立てでありましたが、それではあまりに安いように見えるというような事で改正局から出張して調べて見ると、売買価格は実際7円位であったようです。従って売買価格を主とすると、地租が著しく安い訳でありますから、改正は売買価格のみによるものでない、その土地の収穫を見て理論上の地価を産出して改正しなければならないという事をしきりに説き聞かせて、何でも20円か22円位の平均に引き上げたと思いますが、とにかく7円というのを20円、22円と切り上げるには随分苦心を要したのです。従ってこれについて種々の物議を醸したこともありましたけれども、これも大事件に至らずして結末をつける事が出来ました。その次は今の大阪府になっている旧堺県の高安郡の一部が出来上がった。これは全国中でも最上の土地であって殊に一郡という狭い土地のことでありますから比較的容易に出来上がりまして、これが1反歩102円位の地価になりました。これには全国でも頗る驚いたようでありましたが、これが大いに一般の標準となってその後の改正のやり方についてあまり心配がなくなったのであります。その後に出来上がったものは浜田県の石見、次に旧小倉県で、これは今の福岡県と大分県との両方に跨がっておりました。この小倉県は山口県に似ていて、同県に引き続

き着手しましたが、反別の丈量などは、先ず山口県の方法と同じやり方です。これが明治7〜8年に出来上がったもので全国中最も早い処であります。これに反して一番遅く出来上がったのが鹿児島県、熊本市及び人吉町で、この地方が殊に遅かったのは、西南戦争のために人心が未だ治まらなかったというようなためであった。従って一般の土地は明治9年を期して改正法を実行いたしまして、遅れたものでも明治9年に遡って実施したのでありますが、この鹿児島県、人吉、熊本だけは特に明治12年から改正法を施行されたのであります。

それで総ての地方においてもこれまで申し上げましたやり方と大同小異でありますが大体からいえば、最初にやった所は幾分手心があって安くなっており、中頃やったのは、種々な調べも緻密になり又見据えもついて、相当に出来たが後の県は、世間の人心も幾らか改正のことを嫌うようになりまして、従って少しは後下りに安くなった様です。即ち初め安く中高くその後は安いという工合で、確実にはいえませんが、大体を摘まんでいえば、そんな形に出来て居ったかと思われるのです。

これから数字上のことを申し上げますが、先ず田においては改正に際し丈量をした反別を皆合計いたしますとすれば263万653町3反歩余り、その収穫が33,209,367石2斗5升9合、これを反当たり平均にいたしますと、1石2斗6升2合4勺となる。また米価の平均が4円18銭5厘で利率の総平均が6朱01毛（6.01％）になっております。1体は丁度6朱に止めたいというのでありましたけれども、最後になって平均してみますと1毛だけ延びる事になりました。それから地価の平均が46円38銭2厘の総額が12億2014万5280円（1,220,145,280円）となり、田租の総計が3千660万4千361円（1,220,145,280円×0.03）余であります。次に畑の総反別は186万2186町5反歩、この収穫が753万6268石7斗6升6合であります、尤も畑は大豆なり、麦なり、粟なり、稗なり小麦なり、種々雑穀を以て調べましたが、これでは合計するのに都合が悪いから総てその県の米価を以てこれらの雑穀を米価に換算して上の様になったのであります。それから畑の地価が2億6728万7290円余、畑租が801万8622円で、また米に直しました畑の収穫が1反歩につき4斗4合7勺、利率の平均は6朱3毛になっております。利率を少し田より良

くしましたのは、山畑などで地価が甚だしく低いのがあったためです。
猶畑の1反歩平均地価は14円35銭3厘余でありましてなかなか安いよ
うでありますが、これは畑が田と異なって随分劣等なものも加わってい
るからで、事実について見ますと田に較べて特に安くなっているとは思
わないのであります。次に郡村の宅地が32万9692町1反歩、この収穫
が292万2720石余（宅地に収穫はおかしいようですが、これは上畑並と
か、田畑の平均とか種々に定めまして収穫を推定したのであります）、
地価は1億396万5707円余、地租が311万8973円余となり、また宅地
の収穫の平均は8斗8升6合5勺、地価の平均が31円53銭4厘であり
ます。また利率はほぼ6朱に一定してやったように思います。次に市街
宅地は坪でやったものでありますけれどもこれを反別に直しますれば
1万9039町9反5畝11歩で、坪数で申せば5711万9861坪（190,399.511
反×300坪/反）あって統計上両者の間に少し相違が出来ております。
それから市街地地価は3千60万6千368円（30,606,368円）、地租が91
万8191円、1坪当たりの地価が53銭6厘（反当たり160円80銭）であ
ります。その他塩田の反別が6,995町歩、地価が203万5476円、地租が
6万1064円、1反歩の平均地価が29円9銭9厘であります。

　以上申し上げた5種の土地が地租条例に所謂1類地であって、つま
り上等地なのであります。これだけのものを総計いたしますと、総反
別が484万8567町歩、収穫が4366万8354石、地価が16億2404万123円
（1,624,040,123円）、地租が4872万1213円であります。……

　次に山林の反別は669万4848町9反歩、その地価が2257万280円、地
租が67万7111円でありました。また原野の反別が77万431町2反歩、
地価が198万0776円、地租が5万9509円で、雑地は4161町3反歩、地
価が5万2740円、地租が1582円、池沼反別が5954町5反歩、地価が
6万3423円、地租が1902円、鉱泉地の反別が2町7畝歩、地価が5万
4033円、地租が1621円であります。これら山林以下のものは条例から
いうと、2類地と申しまして地租の安い方であります。この2類地だけ
の総計反別が763万3614町1反歩、地価が2472万4353円、地租が74万
1731円となる。……」

　これを集計してみると次のようになる。

種別	数量		収穫		米価	地価		地租	
	町	反	石	石/反	円/反	総額（円）	単価（円/反）	総額（円）	単価（円/反）
田	2,630,653	26,306,533	33,209,367	1.262	4.185	1,220,145,280	46.382	36,604,361	1.391
畑	1,862,187	18,621,865	7,536,269	0.405	4.185	267,287,291	14.353	8,108,622	0.435
郡村宅地	329,692	3,296,921	2,922,720	0.886	4.185	103,965,707	31.534	3,118,973	0.946
市街宅地	19,040	190,400				30,606,368	160.800	918,191	4.822
塩田	6,995	69,950				2,035,476	29.990	61,064	0.873
山林	6,694,849	66,948,489				22,570,280		677,111	0.010
原野	770,431	7,704,310				1,980,776		59,509	0.008
雑地	4,161	41,613				52,740		1,582	0.038
池沼	5,955	59,545				63,423		1,902	0.032
合計	12,323,963	123,239,626	43,668,356			1,648,707,341	56.612	49,549,414	0.402

　なお、福島正夫著『地租改正』頁245に収録されている「地租改正報告書」の「改正地租表」は次の通りで概ね『本邦地租の沿革』と相違はない。

種別	数量		収穫		米価	地価		地租	
	町	反	石	石/反	円/反	総額（円）	単価（円/反）	総額（円）	単価（円/反）
田	2,630,653	26,306,533	33,209,367	1.262	4.185	1,220,145,280	46.382	36,604,362	1.391
畑	1,862,187	18,621,865	7,536,269	0.405	4.185	267,287,291	14.353	8,018,623	0.431
郡村宅地	329,692	3,296,921	2,922,720	0.886	4.185	103,965,707	31.534	3,118,973	0.946
市街宅地	19,040	190,400				30,606,369	160.800	918,192	4.822
塩田	6,995	69,950				2,305,476	29.990	61,064	0.873
山林	6,694,849	66,948,489				22,570,380		677,116	0.010
原野	770,431	7,704,310				1,983,776		59,509	0.008
雑地池沼等	168,334	1,683,340				170,197		5,106	0.003
合計	12,482,181	124,821,808	43,668,356			1,649,034,476	56.612	49,462,945	0.396

　この調査結果（実績）を、旧幕藩体制の検地帳を元に作成された予算と比較してみることにする。この点については、前掲福島正夫著『地租改正』に詳しく述べられているので、同書を中心に纏めてみた。

- 数量（反別）において、実績は予算とほぼ見合っているとしている。ただ、同書では、旧反別326万444町歩に対し48.7％の増歩があったとしており、この原因として、調査による増歩と隠田の検出にあるとしているが、これは1類地（5種の土地）484万8567町歩に対応する数値であり、旧反別が1類地を対象にしているのか否か不明である。若し、旧反別が田畑に限られるとすれば13.8％の増歩に止まる。
- 収穫において、予算4,800万石に対し実績4,367万石でほぼ見合っている。
- 地価において、予算12億2,400万円に対し実績16億4,900万円で実

に35%近く増加している。

- 地租において、予算3,670万円に対し実績4,946万円でこれも35%近く増加している。

　但し、予算は米価3円/石を基準としており、実績は4.15円/石に約38%高騰しているので、地価及び地租の実績はほぼ予算に見合う結果となっている。同書では、大局的な予算と実際施行の結果は、驚くほど合致しており、なぜそれができたのかといえば、改正当局者が断固として目標を堅持し、懸命の努力を注いだことによるとしている。例えば、岡山県では地方官その他との対立を意に介せず、農民に対し各種の強権を行使しており、いくつかの流血闘争と無数の紛擾をおりまぜつつ、懐柔と強行により成し遂げられたとしている。また、予算を達成するため、逆算計算により還元利回り6％が求められており、この利回りにあらずして予算は達成できないとして、断固この利回りを堅守して作業を行った事も、予算と実績が整合した原因であったと考えられる。

　地租改正事業は、前に「士と工商には地子もなく課税もなく、ひとり農民のみが負担しているのは不公平である。士工商にも応分の課税を行い、士農工商の身分制度を撤廃し、制限され硬直的な職業や土地売買を自由にしなければならない。また、諸藩によりばらばらで不公平な課税に対し、重を減じ軽を増して公平を図らねばならない」と書いたように、負担の公平化が根本目的である。ところで、この地租改正によりはたして負担の公平化が図られたのであろうか、前掲福島正夫著『地租改正』において、〔地方的に大観すれば、富山・石川から滋賀・三重を連ねる線で本州を横に切り、この線をふくんで以西は改組により減租となり、以東は増租されている。温暖で古くから水田の発達した近畿・中国・西部緒地方では減租が多く、畑地の多い東北・関東は一般に増租となった。しかし、これにはもとより多くの例外がある。関東でも水田の多い千葉や、草高が多く実収がこれにともなわず藩が苛斂誅求した旧水戸藩の茨城など、相当減租されている。特殊な原因で新地租が割合に安くなったとされるものもある。その典型は山口県で、ここでは改租が地租改正法発布前、すなわち明治5年9月から着手され、7年はじめその

改租竣功の裁可をえた。従ってその方法が一般とは異なり、減租が著しかったのである。そのため後に山口県改租の不当がしばしば攻撃された。また、改租の時期によって査定の寛厳があったことは、有尾敬重も述べている。改租の利害を農民の貧富階層別にみればどうか。旧制において富農は負担の軽い土地を兼併し、貧農はその重い土地を背負されていたので、改租により「富者は憂い貧者は悦ぶべし」と予想された。8年1月水沢県のように初期の改租報告をみると、そうした報告の例もある。けれども、「地方官心得書」検査例が地主の得分を手厚く保障していることにみられるように、全体として地主・富農が地租改正により損をすることはありえない仕組みになっている。だからその後の改租報告でそうしたことは全く聞かれなくなった。更に、地租の金納移行は、端境期までもちこたえ小作米を高く売ることのできる地主と出来秋に窮迫販売する貧農層との格差を激化させた。これは特に松方デフレの時期に農民没落の原因となった。〕としている。

　以上の文面を読むと、はたして負担の公平化が図られたのか否か疑問の残るところである。また、「地租改正報告書」の作成年次が不明であるが、山林・原野の改正事業は明治14（1881）年までかかっているので、前掲「改正地租表」はそれ以後のものと推定される。しかし、明治9（1876）年に伊勢暴動がおこり、明治10（1877）年に西南戦争が勃発すると同時に、民心離反を懸念した政府は、税率を3％から2.5％に引き下げている。いわゆる「竹槍でどんと突き出す2分5厘」である。その一方、「改正地租表」の地租は3％として計算されている。因みに、佐々木寛司著『地租改正』頁127の耕宅地の新旧地租額比較表2.5％と3％の両面で新旧比較が行われているのは何故だろう（次頁表参照）。

　次に、地租改正に伴い山林原野の官民有区分が行われているので、官民有区分について概略をみておきたい。地租改正事業は、原則として「1地1主」を前提として地券を発行し、地券が交付できない土地は官有（官民有区分）とされた。
　一方、昔から山と海は、建築・薪等生活資材と食材の宝庫である。今でこそ植林や養殖等人為的に行うものも在るが、多くは自然の恵みの場

地区	新旧地租額増減割合 (2.5%)			新旧地租額増減割合 (3.0%)				
	田	畑宅地	小計	田	畑宅地	小計		
東北	-19.4	27.3	-11.9	-3.3	52.7	5.7		増租
関東	-28.2	99.6	-8.6	-13.9	139.5	9.7		
北陸	-14.9	-27.8	-25.0	2.1	-13.4	-10.0		減租
東海	-2.8	-18.8	-7.6	16.6	-2.6	10.8		
東山	-9.1	-13.0	-10.3	9.1	4.4	7.6		
近畿	-24.8	-27.6	-25.3	-9.8	-13.1	-10.4		
山陰	-32.3	6.9	-27.5	-18.7	28.3	-13.0		
山陽	-16.3	-20.1	-14.0	0.5	-4.2	3.2		
四国	-24.2	-20.9	-23.5	-9.1	-5.1	-8.2		
九州	-32.9	-14.8	-29.2	-19.4	2.3	-15.1		
全国	-23.2	-2.0	-19.5	-7.8	17.6	-3.5		

所であり、飢饉の時にはワラビの根等で餓えを凌いできた。奈良時代、板蠅杣（名張市郊外）が寺院建立のため東大寺に施入されたり、幕藩体制下でも、尾張藩の木曽五木や秋田藩・飫肥藩の杉など良質の用材林を産する場所は藩営林に組み込み山奉行や山役人を置いて山を排他的に管理したりしたが、多くの雑木林や原野は、時に村と村が縄張り争いをすることがあっても、村人が自由に出入りし下草・秣を刈って、肥料や飼料を得るなどして山の恵みを享受してきた。また、山は耕作・牧畜に欠かせない水源でもあり、大事な場所でもある。つまり、山は公共性が高く、検地帳に記されない総有的な場所（入会地）として領知され、入会に際して村は年貢の代わりに小物成（雑税）を納めることが多いと聞く。今、入会地の領知が解体解消し、主のいなくなった山林原野に地租改正事業が行われようとしている。

　山林原野の改正事業が完了したのは明治13〜14年頃とされており、当初の官有林野の面積は全国林野面積の31％（藩営林等）であったが、官民有区分により地押丈量が完了した明治23年には53％に増大している（『土地制度史Ⅱ』頁254参照）。つまり、多くの入会林野が官有地に編入されたということである。

　入会慣行が明瞭で、村人の生活に欠かせない入会地は、村持（財産区等）乃至名義上村の有力者個人（例えば小繋事件における庄屋等）所有

に区分されることになるが、民有となれば地租を負担しなければならないことを忌避し、所有権の支配力・排除力などの排他性も知らずに、たとえ官有地になっても従来通り山に入れるものとして、官有地に編入されたものもあって、入会慣行を保留したままの林野が官有林に組み込まれて増大したものと思料される。

　小生も長年仕事をしていると、官民有区分に由来すると思われる出来事に遭遇することがままある。例えば、山を取得して開発に取りかかったところ、その山は株山であることが村帳簿から判明し、株山消滅のための補償額算定の可否を尋ねられたり、入会地が村人の共有地（共有物分割して個人所有となっている村もある）であり、その共有持分の評価の可否を尋ねられたりして、令和に至る今日においても、割地慣行の例を前に示したように、官民有区分に由来する出来事はあちこちで痕跡を残し、生き続けている。

　とにかく、地租改正事業が曲がりなりにも完了し、地券を通じて土地の所有権が確定され、近代的所有権らしきものが確立されたことになる。

　最後に、地租改正の社会経済的意義について整理しておきたい。

　地租改正は、太閤検地以来の土地改革であると共に、一大社会改革でもある。

　前に、「地租改正事業は、既に産業革命を経て資本主義経済の高度な発展を遂げた欧米先進国の強さを身を以て体験した政府首脳部にとっても、資本主義の育成こそ肝要なこととして、維新政府に受け入れられた」と書いた。その目的はとりあえず政府財政の財源を旧租に求め、旧幕藩体制下の統一性を欠く年貢を均等化し、士と工商にも課税して不公平を是正し、あまねく広く課税して金納化を図ることにあったが、究極は殖産興業を図り富国強兵を目指すことにあった。そのためには、身分及び職業上の格差をなくして土地を所有し、土地の利用と売買を自由とする近代的所有権の概念を扶植する必要があった。その意味で、地租改

正はブルジョア革命といえる。

　近代的所有権は、自由に利用して収益を得ると共に、時と場合によっては、誰にでも自由に売ることができる財産権であり、私有財産制を以て資本主義への途を開く魁であった。

　まず、村請制の時代は、土地の利用や所有が村で管理され、村の連帯責任で年貢を納めていたものが、各個人に地券が交付されることによって、所有者としての意識が高まる一方、地租は地券所有者たる各個人が負担することによって、納税は村の連帯責任から個人の自己責任となり、村の共同体としての在り方にひびが入った。

　次に、地租は金納とされているので、納税のため米などの作物を市場で販売して換金しなければならない。当時の農民は、商品経済に深く巻き込まれていたとはいえ、作物を換金することは不慣れであった。それでも、西南戦争をきっかけにして地租も引き下げられ、戦費調達のため大量の不換紙幣が発行されてインフレーションが蔓延し、明治10〜15年の間、農作物の値段も高騰して地租に対する抵抗感もなく村方では比較的安泰であった。しかし、この不換紙幣を解消するため紙幣整理（いわゆる松方デフレ）が行われるや、一転して村方は不況となり、おまけに官民有区分により、これまで自由に出入りして下草・秣を刈り、肥料や飼料を得てきた入会原野からも排除され、お金で肥料や飼料を購入しなければならず、多くの農民は資金繰りに窮して、商人や富農から借金までして納税資金を工面した。借金は返済しなければならない。やがて返済に窮した農民の内に、借金のかたを取られて小作人に転じたり、土地を手放して村外に流出するケースが続出した。その一方で、商人や富農の土地集積が進み、寄生地主が簇生して、農民層の分解に拍車がかかった。

　幕末から維新にかけ、それまでの商品経済の浸透もあって小作率がほぼ30％（28.9〜30.63％とする説がある）程度であったものが、紙幣整理により、明治17（1884）年37％、明治20年39.5％、明治25年40.1％と急増している。

　この傾向は、青森・岩手・宮城・福島といった東北地方太平洋岸が農民層の分解が最も遅く、栃木・群馬・茨城・宮崎・鹿児島・高知など北

関東と南海がこれに次ぎ、秋田・新潟・富山の裏日本水田地帯と大阪・東京・埼玉・千葉・神奈川・兵庫・和歌山・愛知の大都市周辺において農民層の分解が著しく、これは商品経済と農民層分解との間に深いからみあいのあることを示しているとしている（前掲『日本資本主義の成立Ⅱ』第3章頁475〜476参照）。

　反面、商人・富農は大きく土地集積を進めており、例えば、福島正夫著『地租改正』からこの様子をみてみれば、新潟県中蒲原郡横越村の伊藤家は、慶応3年の所有田畑25.6町であったが、明治10年には176.7町、同20年には463.3町となっており、伊藤家の土地集積は下表の通り明治17年〜25年の9年間に集中している。

年　　　代		期間	集積面積	年平均
文化8年〜明治7年	1811〜1874	63年	108町2613	1町7184
明治8年〜明治16年	1875〜1883	9年	73町7411	8町1911
明治17年〜明治25年	1884〜1892	9年	455町2316	50町5805
明治26年〜昭和16年	1893〜1941	48年	482町6225	10町0514
合　　　計		129年	1,119町8625	8町6811

資料：新潟県史研究会『新潟県百年史　上巻』

　福島正夫氏は「このように土地を集積した地主は、経営地主とはならずすべて寄生地主に転化していった。それは、基本的には地租改正事業において制度上地主の取分が保証※され、それが現実の小作料にも反映して、高額の現物小作料を取得することができ、かつデフレーションが過ぎたのち米価の高騰により地租負担が減少したので、年々手間賃の上がる手作りよりも小作料収入に依存するのが有利となったためである。しかし、また、取得した土地が各所に散在する零細地所であって、進歩した農業技術を導入すべき適正規模をもたないという事情も、これにともなったであろう。プロイセンのユンカー経営のようなものは、日本では生じる基盤がなかったのである。」としている。

　つまり、封建体制が解体したばかりで、商品作物に分業による問屋

制家内工業がみられるものの、産業も未発達な段階で働き口などなく、零細地所のため、当面、土地を失った農民は小農経営のまま小作人化して、村落内に留まるしかなかった。入会地からの排除はエンクロージャーとは似て非なるものであった。

※政府は公債発行・不換紙幣引受や御用金等を通じて商人・豪農の財力を当てにしており、地租改正事業においても地主の得分を手厚く保障したり、更に寄生化した地主のため小作料収取の法的保証を与えたりしている。

地租改正事業に並行して、封建領主と家臣団を解体する作業、即ち秩禄処分が行われている。この財源はロンドンで募った外債（秩禄公債）と金禄公債が充当された。前掲『日本の歴史』第20巻の著者井上清氏は「明治10年から13年に至る間、多額の金禄公債が発行され、禄高の少ないものが多いものより有利に設定されていたが、わずか476人の華族が金禄の1/3を占め、残る2/3が約32万人の士族に分与され、士族一人当たり平均40円に過ぎないものであった。士族の圧倒的多数は、僅かの公債証書を受け取っても、それでは生活できるわけがない。そんな公債もたちまち金持ちに買い集められ、士族の大部分は無産化した。一方、華族及び少数の最上級士族は禄を失った代わりに数万円、数十万円の公債証書を受け取り、それを資本に転化して資本家となり、土地を買って寄生地主となる。士族の公債を買い集めたものも、それを資本に転化する。すなわち秩禄処分は、主として農民の負担で、封建領主階級を解体させ、全体として封建的な禄を近代的資本に転化させることとなった。」としている。

明治政府の究極の目的は、強力な中央集権により、殖産興業を図り、富国強兵を目指すことにあった。そのため、早急に資本制生産様式を導入する必要があった。資本制生産様式の導入をどのように行い、どのように展望したのか、喧々諤々論議され、綿密な構想が練られたものと想像される。資本制生産様式の端緒は、資本の本源的蓄積である労働力の確保であろう。意図したものか、偶然なのか、自然なのか知らないが、結果的に、この労働力は地租改正と秩禄処分により生み出されることになった。また、地租改正は、土地に近代的所有権としての機能を与え、自由に利用して収益を得ると共に、時と場合によっては誰にでも自由に

売ることができる財産権として、資本に安全性と流動性を保証し、紙幣整理を契機として、公債は資本に転化し、殖産興業が促進された。更に、近代的所有権の考え方は天賦人権に繋がり、やがて天賦人権思想は自由民権運動に影響を及ぼし、近代化が早急に行われたためそこに内包する様々な矛盾が顕在化することとなる。この顛末は『日本の歴史』第20巻と第21巻並びに前掲『日本資本主義の成立Ⅱ』、及び『日本資本主義の発展Ⅰ〜Ⅲ』に詳しく述べられているので参考とされたい。

　以上、不十分ながら、我が国の土地所有権に対するペマの質問に答えたつもりである。本来、ペマへの回答は、地租改正で終わりとせず、次に資本の時代として、資本が産業資本に転じ、土地支配に労働（人権）と産業資本が絡み、相互に競合する局面まで説明を続けなければならないが、この説明が出来るほど小生には知識も時間もないので、一応、資本が活性化する前提条件となる土地の近代的所有権が我が国で確立されるまでとして、ペマに納得してもらい、本書を終わることにする。

4 おわりに

　ペマの質問をきっかけに、かねて興味のあることだったので、小生なりに日本の土地支配の経緯を調べ纏めてみたが、学者でも研究者でもないため、学者・研究者・小説家などの多岐にわたる書籍等からヒントを得て纏めざるを得ず、書籍等の内容に対する勝手な解釈も多く、偏見に満ちていることが懸念される。

　また、「労働は富の父であり、土地は富の母である」「この富の包括的な基礎というべき土地こそが他ならぬ共同体がまさにそれによって成立するところの物質的基礎となるのであり、従って共同体がなによりも占取するところの対象となるのである」というモチーフをもとにし、土地の占取は、共同体が生成する成因であり、共同体間の抗争を引き起こす原因でもあるとして、土地支配を、はるか昔、部族共同体の抗争から始めている。モチーフがこれで良いのか、出発点がこれで良いのか、疑問の残るところであるが、それは、考え方次第である。

　いずれにしても、富は土地支配の源泉となっている。土地支配とは富を占取し分配することである。なにはともあれ、部族共同体から律令時代を経て明治維新に至るまでの間に徐々に土地支配が変容したことは事実であろう。

　その変容に作用するのは人の力である。力は権力（権威）、武力、財力からなり、いずれかの力が強く働いて三力が統合され、土地支配が変容する。最初は権力（権威）、次に武力、そして財力と力点が替わる。本書では、それを貴族の時代、武士の時代、商人の時代に対応させている。やがて、時間と共に土地支配はマンネリ化し、そこに内包する矛盾や限界が顕在化して時代に合わなくなる。そして、弱体化した土地支配の中から新たなる力が台頭して、その力を支点にして土地支配が変容する。土地支配の変容に際し、いつでも、労働は力に利用され、力から疎外されている。ただ、労働、いや農民又は村人とでもいった方が良いかもしれないが、その力が一時的に土地支配に作用した時代がある。その時代とは室町時代のことである。

　本書では、その一例として〔応仁の乱が開始されると、備中守護細川勝久は東軍参加のため、守護領としておさえていたもとの国衙領十ヶ郷に対し、兵糧・人夫・兵士を割り当て、新見荘は伯耆境に近いため、西軍山名勢の南下侵入の恐れがある戦略拠点を築こうとした。しかし、勝久の動員令は地侍・農民の反撥を受け、十ヶ郷の地侍・農民は「地下大寄合」と称して大集会を持ち、守護方に反抗した。守護方を敵として戦おうというのであるから、地侍・農民に多量の武器が貯蔵されていたとみなければならない。現地では地侍も名主も小百姓も身分の差別を超えて総力をあげねばならず、小百姓たちの役割が大きくなり発言権が増大した。守護方から、文明元（1469）年に「新見に進駐する」という最後通牒が発せられ、急報は村人全員に伝えられた。村人は「東寺以外の領主は絶対に受けつけない」として気勢をあげ、かねてから準備していた武器をもって防備についたが、守護方はこの気勢に躊躇し、無事に終わった。「東寺以外の領主は絶対に受けつけない」というのは方便で、実際は、領家の凋落をみこして、一切の上級領主権を排除する口実にすぎなかった。当時の室町幕府は、既に政治的機能を喪失しており、覇権を巡る管領家・守護の争いは、在地領主等を巻き込み、在地から兵糧・人夫・兵士を徴集しようとして農民から反発され、騒然として混乱する政治的空白の時代であった〕という事件で説明している。

　ここでいう村とは惣村のことである。惣村は、南北時代の動乱を期に、主に畿内を中心に形成された村民自治組織のことで、応仁の乱などの戦乱に対応するため自治能力を最大限高め、守護・地頭や荘園領主勢力に対捍したとされている。

　本書では、「鎌倉時代中期まで、下層農民は正式な年貢負担者として扱われず、領主の台帳に記載されない簿外の民であったが、鎌倉時代末期から南北朝時代にかけ、いままで文書や帳簿に姿をみせなかった下層農民の名が連署状にぞくぞく登場するようになる。それは、二毛作による農業生産力の発展と共に、畠作の発展、畠作物の加工・販売が下層農民自立の基礎となったからである。つまり、下層農民が畠で自給消費する雑穀・蔬菜が、収奪の対象として軽視され、貨幣の流通と商品経済（市場経済）の発展を通して、下層農民に剰余労働部分の僅少が蓄積

され、剰余労働部分の蓄積は、自己に目覚め、モチベーションを高めて自立の道を志向する。自立を志向するとどうなるか、まず、不当な扱いや不条理なことに憤りを感じ、一人ひとりは非力のため、一味同心して『惣』といわれる自治組織を結成して村人となる。惣民となった村人は、鎮守の社に集まり、神水を飲みかわして返忠（うらぎり）しないことを誓い、連帯感を強める。連帯感が強まると、不当な扱いと不条理なことに対し攻撃的となる。鎌倉末期から南北朝を挟んで室町期は、政治的に最も混沌とした時代である。特に、足利将軍家、家宰たる管領家の惣領職を巡る争いから勃発した応仁の乱（1467〜1477年）は、たちまち地方に波及し、惣民は、一部地侍化し、地侍や有力農民の主導により変革的・反権力的闘争を簇生させて、守護・地頭及び荘園領主勢力と対立した」と書いているが、これが、惣民の実体である。惣民は、鎮守の社（宮座）に集まり、惣民を構成員として代表者を選出し、村の掟（惣掟）を定め、宮座を中核として村の 政 を行った。掟に違反した惣民は、追放・財産没収・刑罰が科され、守護・地頭の検断権を排除して、村独自の検断権（自検断）を行使した。しかし、惣村は、狭い世界で複数の惣村が連合することがあったとしても、全国的な繋がりもなく、検断権（自検断）は自力救済の領域に留まり、やがて、戦国時代になると、戦国大名の一円支配により、惣村の自治権が次第に奪われ、惣村の力は戦国勢力に飲み込まれていった。なお、守護・地頭や荘園領主勢力に対抗する過程で地頭や雑掌を排除して得た百姓請は、村請の原点となっており、この村請は太閤検地において利用され、江戸時代においても村請が継承されている。村請は富の配分が村方に留保され、村方争議の原因ともなっている。これをどのように解釈するのか小生には分からない。

　惣村の自治権が戦国勢力に浸食されたとしても、惣村の残滓は村請を通じて今でもみられる。その一つが村持地である。地租改正に際し、「もともと村持であって公有地でないため、払下げというわけにいかず、村に地券を交付し、村請公有地（地方自治法第294条の財産区）として認めざるをえなかった。」として旧惣村に自治権を認めている。

　この自治権は、慣習の形で、今でも宮座を中核とした村の中に息づいている。

　最後に、土地支配を土地所有の形態からみておきたい。

　我が国の土地所有は、所有形態別・時代別にみれば、王土的土地所有、封建的土地所有、近代的土地所有、社会的土地所有に区分されるのでないかと勝手に考えている。なお、下記土地所有形態からみて、この区分に異論があるかもしれない。

　土地所有の法源はローマ法、ゲルマン法にあると考えられ、土地所有形態は「ローマ法型」、「ゲルマン法型」に分けられている。

　篠塚昭次氏はその著『土地所有権と現代』において、〔「ローマ法型」は、紀元前2世紀から紀元5世紀頃までのローマにみられた類型で、「天は土地所有権の上に土地所有権を作らず、土地所有権の下に土地所有権を作らず」といった感じのもので、絶対的・排他的な土地所有権の原型である。土地を金銭と同視し、資産とみなす傾向があり、土地の「取引」の自由を基本とすることから、土地が「商品」として扱われ、投機がおこりやすい。経済的にみれば、「交換価値」が重視され、都市型の土地所有ともいえる。一方、「ゲルマン法型」は、古代から中世にかけてのドイツでみられた類型で、「天は土地所有権の上に土地所有権を作り、土地所有権の下に土地所有権を作る」といった感じのもので、絶対性・排他性を欠く上下に重畳的階層的な土地所有権の原型である。土地を生活の場として、全人格的に依存している。土地を「取引」の対象としてよりも、「利用」の対象としてとらえ、土地を「商品」とみないことから投機はおこらない。経済的にみれば「使用価値」が重視され、「農村型」の土地所有ともいえる。ヨーロッパでは、18世紀から19世紀末にかけ「ローマ法型」であったが、19世紀末から20世紀にかけては「ゲルマン法型」に変わっている。日本では、市民社会の形成が遅れたため、今日まで「ローマ法型」が中心であった〕としている。ヨーロッパにおける18世紀から19世紀末の「ローマ法型」が19世紀末から20世紀の「ゲルマン法型」にどのように変わったのか、興味深いが、小生にその内容を探求する力が不足していることが残念である。

　こうした側面から、王土的土地所有、封建的土地所有、近代的土地所有、社会的土地所有が「ローマ法型」又は「ゲルマン法型」のどちらに

属するのか考えてみることとする。

　王土的土地所有（この用語が一般的なものか否か知らないが）は、王土王民思想に基づくもので、律令制度における公地公民に対する土地所有のことと考える。公民は6年ごとの班給により公地が与えられており、公民は移転するが公地は移転せず、公地は取引の対象とも商品ともならないので、「ローマ法型」とはいえず、さりとて公民には公地に対してなんらかの権利もないのであるから、「ゲルマン法型」ともいえない。アジア（東洋）独特なものとされている。

　封建的土地所有は、土地を「取引」の対象としてよりも、「利用」の対象としてとらえ、土地を「商品」とみないことから、「ゲルマン法型」といえる。特に太閤検地以降、幕藩体制下の土地所有は、領主的土地所有と農民的土地所有が重なった典型的な「ゲルマン法型」であり、「農村型」の土地所有である。

　近代的土地所有は、明治維新の版籍奉還により、領主的土地所有が解体して上部土地所有権が消滅し、村方や町方の区別なく、町方の沽券的土地所有が村方にも適用され、地券が土地所有の証しとされ、土地の「取引」が自由となって「商品」として扱われるようになったことから、「ローマ法型」であり、「都市型」の土地所有ともいえよう。ただ、我が国の近代的所有権は、幕末開港以来、先進的な外国に翻弄されており、資本主義経済の高度な発展を遂げた欧米先進国に追いつき、外国との対等な関係を築くには、資本主義の育成こそ肝要として、土地改革が行われて急遽確立されたものである。この所有権は絶対的・排他的な権利で、資本の安全性と流動性を求める商人・豪商にとって有利に働く。土地が商品化すると同時に、小作料収取に法的保証が与えられたこともあって、土地は集積され寄生地主が簇生した。地主資本が産業にではなくて、土地に投資されたことは、近代的土地所有が未熟で資本制的土地所有まで変容しえなかったことを意味する。

　社会的土地所有は、国家的土地所有なのか市民的土地所有なのか判らないが、前掲『土地所有権と現代』において、篠塚氏は〔ヨーロッパでは、18世紀から19世紀末にかけ「ローマ法型」であったが、19世紀末から20世紀にかけては「ゲルマン法型」に変わっている。日本では、

市民社会の形成が遅れたため、今日まで「ローマ法型」が中心であった〕として、現在の日本では、近代的土地所有＝その後資本制的土地所有が続いているとしている。つまり、日本の土地所有は市民的土地所有に至っていないことからすると、社会的所有とは市民的所有ということになる。しかし、前にも述べたが、その内容が一段と気になる。思い浮かぶのは、市民的土地所有は、絶対性・排他性の鎧を着けた土地所有の中に、他の権利（生存権や公共の福祉といった社会的な諸権利）が博愛といった形で、自由と共に混在していることかと理解されるが、理解不足かもしれない。

濱本　満（はまもと　みつる）

1943年6月、大阪市生まれ。京都大学農学部農林経済学科
卒業。勧銀土地建物（現日本土地建物）株式会社鑑定部に
て、先輩不動産鑑定士から鑑定評価理論と実務を学ぶ。不
動産鑑定士、現在濱本不動産鑑定士事務所勤務。民事調
停委員、家事調停委員、固定資産評価委員等務める。

土地支配の系譜

2020年8月7日　初版第1刷発行

著　　者	濱本　満
発 行 者	中田 典昭
発 行 所	東京図書出版
発行発売	株式会社 リフレ出版 〒113-0021　東京都文京区本駒込 3-10-4 電話 (03)3823-9171　FAX 0120-41-8080
印　　刷	株式会社 ブレイン

© Mitsuru Hamamoto
ISBN978-4-86641-330-3 C0021
Printed in Japan 2020

落丁・乱丁はお取替えいたします。
ご意見、ご感想をお寄せ下さい。